# 걷기, 두 발로 사유하는 철학

Marcher, une philosophie

**MARCHER, UNE PHILOSOPHIE**
**by Frédéric GROS**

# 걷기, 두 발로 사유하는 철학

프레데리크 그로 지음 | 이재형 옮김

책세상

## 차 례

**일러두기**

1. 원서에서 이탤릭체로 강조한 부분은 고딕체로 표기했다.
2. 원서의 주와 옮긴이주는 모두 * 부호를 써서 각주로 처리했다. 원서의 주에 한해서 문장 끝에 '(지은이)'를 덧붙여 구분했다.

1

# 걷는 것은 스포츠가 아니다

걷는 것은 스포츠가 아니다.

스포츠는 기술과 규칙, 점수, 경기의 문제로, 훈련을 필요로 한다. 어떤 자세를 유지해야 하는지도 알아야 하고, 제대로 된 동작을 취할 줄도 알아야 한다. 그러고 나서 시간이 좀 지나면 즉각적인 대처 능력도 키워야 하고 타고난 재능도 발휘해야 한다.

스포츠는 곧 점수다. 순위는? 기록은? 성적은? 스포츠는 전쟁과 마찬가지로 승자와 패자가 항상 이런 것들을 공유한다. 그 반면에 전쟁과 스포츠 사이에는 다른 점도 존재하는데, 스포츠는 명예를 얻어내고 전쟁은 불명예를 얻어낸다. 즉, 스포츠는 맞수를 존중하고 전쟁은 적을 증오하는 것이다.

스포츠는 인내심의 지각知覺이고 노력의 욕구이며 규율이기도 하다. 또한 하나의 윤리이고 노동이다.

그것은 물질적인 것과 버라이어티 쇼, 스펙터클, 마켓이며, 퍼포먼스다. 스포츠는 브랜드와 이미지를 소비하는 사람들이 몰려드는 거대한 미디어 의식儀式의 원인이 된다. 돈은 스포츠로 밀려들어 영혼을 비우고, 의학은 인공 신체들을 만들어낸다.

걷는 것은 스포츠가 아니다. 한 발을 다른 발 앞에 내딛는 것 정도는 어린아이라도 할 수 있다. 누구를 만나도 성적이나 점수 얘기는 하지 않는다. 걷는 사람은 자기가 무슨 길을 걸어왔는지, 어느 산책길에서 바라보는 경치가 가장 아름다운지, 어떤 곶岬에서 내려다본 풍경이 얼마나 아름다운지를 얘기한다.

그렇지만 우리는 혁신적인 신발, 매우 튼튼하면서도 가벼운 양말, 다용도 배낭, 기능성 바지 등 새로운 시장을 만들려고 각고의 노력을 기울였다. 소위 스포츠 정신이라는 것을 도입하려고 애를 쓰기도 했다. 이제는 걷는 게 아니라 '트레킹을 한다'가 되었다. 걷는 사람이 들고 있으면 영락없이 스키 타는 사람처럼 보이게 하는, 끝이 뾰족한 지팡이도 판다. 하지만 이런 식으로 오랫동안 계속되지는 않을 것이다. 그렇게 될 수가 없다.

느리게 가는 데 걷는 것만큼 좋은 건 일찍이 없었다. 걷기 위해서는 두 다리만 있으면 된다. 다른 건 일체 필요 없다. 더 빨리 가고 싶다고? 그럼 걷지 말고 다른 걸 하라. 구르든지, 미끄러지든지, 날아라. 걷지 마라. 그러고 나서 중요한 건 오직 하늘의 강렬함, 풍경의 찬란함뿐이다. 걷는 것은 스포츠가 아니다.

그러나 인간은 일단 한번 몸을 일으켰다 하면 그냥 가만히 있지 않고 끊임없이 움직인다.

# 2

# 자유

## 비트 제너레이션

**비트 제너레이션beat generation**

1950년대 중반, 산업화되고 획일화된 사회에 반항적인 경향을 보였던 미국의 문학가 · 예술가들을 지칭한다. 제2차 세계대전 동안 대량 학살과 폭격 등이 무자비하게 자행되는 현실에 충격을 받고 인간이 과연 선한지 의구심을 품으면서 삶에 대해 진지한 의문을 던지기 시작한 것이다. 이들은 개인의 개성을 중시하고 인간 존엄성의 회복을 추구하는 한편, 자본주의와 몰인간성을 경멸했다. 창의성과 통찰력이 돋보였던 이들은 주로 재즈, 술에 빠져 살면서 자기도취적인 태도를 견지했으며, 미국 사회 속에 깊게 파고들어 대중을 열광시키는 동시에 분노를 사기도 하는 등 뜨거운 관심을 불러일으켰다.

그냥 산책만 해도 우선 멈춤의 자유를 얻게 된다. 이런저런 걱정거리가 안겨주는 부담을 덜고 잠시나마 일을 잊을 수 있는 것이다. 회사 일은 뒤로 다 미뤄놓기로 한다. 나가서 한가로이 거닐며 다른 걸 생각한다. 먼 길을 며칠씩 걷다 보면 일탈의 움직임이 한층 더 강해진다. 일의 속박에서 벗어나고, 습관의 굴레에서 해방되는 것이다. 그런데 걷는 것의 어떤 점이 교통수단을 이용한 다른 장거리 여행보다 이런 자유를 더 많이 느끼도록 해주는 것일까? 걷는다 해도, 어쨌든 배낭은 무겁고 여정은 길며, 날씨는 비와 폭풍우가 위협할지 푹푹 찌고 더울지 불확실하고, 숙소는 불편하며, 몸은 힘들어 고통스럽기는 마찬가지인 속박 상태가 느껴지는데 말이다. 하지만 걷는 것만이 우리가 필요불가결한 것의 환상에서 벗어나도록 해준다.

걷기 그 자체는 강력한 필연성의 지배를 받는다. 어느 숙박지에 도착하기 위해서는 오랫동안 걸어야 한다. 수많은 발걸음을 옮겨야 하는 것이다. 즉흥적인 행동은 제한된다. 정원의 오솔길을 걷는 게 아니기 때문이다. 예를 들어 사거리에서 길을 잘못 접어들면 안 된다. 그랬다가는 값비싼 대가를 현금으로 치러야 한다. 산에 안개가 끼거나 비가 세차게 내려도 계속 걸어야만 한다. 얼마를 걸어야 하는지, 다음 숙소에 닿기까지 물을 마실 만한 곳은 있는지를 치밀하게 계산하여 먹을 것과 물을 준비해야 한다. 지금 나는 그래서 불편하다는 얘기를 하는 게 아니다. 그럼에도 불구하고 행복하다는 것이 아니라 그 덕분에 행복하다는 것이다. 이것이야말로 일종의 기적이라고 할 수 있다. 먹거나 마실 때 무한한 선택을 할 수 없다는 것, 날씨의 필연성에 복종해야 한다는 것, 오직 발걸음의 규칙성만을 믿어야 한다는 것, 이런 것들이 불현듯 제공물(상품, 교통, 통신망의 제공물)의 과잉과 편리함(연락을 취하고, 구매하고, 돌아다니는 것의 편리함)의 확대를 그만큼의 종속으로 보이게 만든다는 얘기다. 이 모든 미세한 해방은 사회제도가 한층 더 강화되어 나를 더욱 강하게 얽맨다는 것을 의미한다. 시간과 공간에서 나를 해방시켜주는 모든 것은 나로 하여금 속도에서 멀어지게 만든다.

이런 체험을 전혀 해본 적이 없는 사람은 걷는 사람의 상태를 이처럼 단순하게 묘사한 것을 보면 그것이 터무니없고 비정상적이라고, 자발적인 속박이라고 생각할 것이다. 왜냐하면 도시에 사는 사람은 무의식적으로, 걷는 사람이 해방이라고 생각하는 것을 결핍이라고 해석하기 때문이다. 더 이상 교환의 이불에 싸이지 않기, 더 이상 정보와 이미지, 상품을 재분배하는 조직망의 매듭 하나로 축소되지 않기, 이 모든 것이 내가 그것에 부여하는 것만큼의 현실성이나 중요성을 갖지 않는다는 사실을 깨닫기. 접속되지 않았다고 해서 세상이 무너지지는 않는다. 내 눈에는 이 접속이 오히려 지나칠 정도로 갑갑하고 숨 막힐 듯한 억눌림으로 보인다.

이때의 자유는 한 입의 빵, 한 모금의 차가운 물, 한 점의 탁 트여 있는 풍경이다.

그래서 나는 이 멈춤의 자유를 즐기며 행복한 기분으로 출발하고 행복한 기분으로 돌아온다. 그것은 괄호 속의 행복이며, 하루 혹은 여러 날에 걸친 일상으로부터 탈출할 수 있는 자유다. 내가 돌아온다고 해서 실제로 변한 건 아무것도 없다. 그리고 이전의 무기력이 다시 자리를 잡는다. 속도가, 자신에 대한 망각이, 타인에 대한 망각이, 흥분과 피로가 다시 자리 잡는 것이다. 소박함은 내가 걷는 동안만 나를 부를 것이다. "맑은 공기는 그대를 행복하게 해준다." 일시적인 자유. 나는 다시 일상으로 돌아간다.

두 번째 자유는 공격적이고 더 반항적이다. 멈춤의 자유는 우리 삶에서 오직 일시적인 '단절'만 가능하게 해줄 뿐이다. 나는 며칠 동안만 조직망에서 탈출해 인적 없는 오솔길을 걸으며 사회제도에서 벗어나는 체험을 하는 것이다. 그러나 우리는 관계를 끊기로 결심할 수도 있다. 잭 케루악*이나 개리 스나이더** 같은 작가의 작품들에서처럼 위반하라고 외치는 소리를, 집 밖 드넓은 곳으로 나가라고 외치는 소리를 쉽게 들을 수 있다. 어리석은 관습을, 벽 안의 지루한 안전을, 똑같은 것의 권태로움을, 반복으로 인한 마멸을, 모든 걸 다 가

---

* Jack Kerouac(1922~1969). 미국의 소설가. 자신의 방랑을《길 위에서*On the Road*》라는 자전적 소설로 풀어내는 등 곳곳을 여행하고 자아를 찾는 여정을 작품 속에서 그린, 비트 제너레이션의 대표 작가이다.

** Gary Snyder(1930~). 미국의 시인이자 환경운동가, 선불교 사상가. 산을 사랑하여 자연주의적 사상을 전파했고 시집《거북 섬*Turtle Island*》으로 퓰리처상을 수상했다. 케루악과 함께 알프스의 마터호른을 등반하기도 했다.

진 자들의 소심함을, 그리고 변화에 대한 반감을 버리라는 것이다. 출발과 위반을 부추겨야 하고, 열정과 꿈을 키워야 한다. 이번에는 걷겠다는(어디론가 멀리 떠나 다른 것을 시도해보겠다는) 결심이 원시原始의 부름으로 이해된다. 걷다 보면 별이 총총한 밤과 자연의 에너지에서 엄청난 활기가 느껴지고, 우리의 욕구가 그 뒤를 따른다. 그 욕구는 강렬하고, 우리의 몸은 충족된다. 세상의 문을 박차고 나가면 더 이상 그 어느 것에도 얽매이지 않는다. 길이 더 이상 발걸음을 무겁게 하지 않을 것이다. 집으로 돌아가는 과정이 수없이 되풀이된다. 사거리가 꼭 희미한 별처럼 깜박이면 선택해야 한다는 두려움이 다시 느껴져 온몸을 전율케 하고, 자유가 다시 찾아와 현기증을 불러일으킨다.

이번에는 소박한 즐거움을 맛보기 위해 벗어나는 것이 문제가 아니라 자기 자신과 인간이 가진 한계로서의, 나를 넘어서는 반항적인 자연의 자기 초월로서의 자유를 만나는 것이 문제다. 걷다 보면 너무 피곤해져서 정신이 혼란스러워지고, 너무 아름다워서 영혼이 동요하게 되며, 산꼭대기에서는 너무 도취하여 몸이 폭발한다. 걷기는 결국 우리 안에 잠들어 있던 그 반항적이고 근원적인 부분을 일깨운다. 우리의 욕구는 거칠어지고 일체 타협하지 않으며, 우리의 충동은 영감을 얻는다. 걷다 보면 생명의 축軸에 수직으로 맞서게 되기 때문이다. 우리 발밑에서 솟아나는 급류에 휩쓸려 가는 것이다.

다시 말하자면, 자기 자신을 만나려고 걷는 게 아니라는 얘기다. 자신을 재발견하고 오래된 소외에서 벗어나 진정한 자아를, 잃어버린 정체성을 다시 찾아야 한다는 게 아니다. 걷다 보면 어떤 사람이 되어 하나의 이름과 하나의 역사를 가지고 싶다는 유혹을, 하나의 정체성을 가져야 한다는 생각을 떨쳐버리게 된다. 각자가 자기 얘기를 늘어놓는 사교계 파티나 정신과 진료실에서는 어떤 사람이 되는 것이 좋다. 그러나 어떤 사람이 된다는 것, 그것은 우리를 어쩔 수 없이 자기 자신의 초상에 충실해야만 한다고 속박하는 사회적 의무가 아닐까? 우리 어깨를 짓누르는 어리석은 거짓이 아닐까? 아무도 아닌 사람이 되는 것, 그것이 바로 걸을 때 누릴 수 있는 자유다. 걸어가는 몸은 역사를 가진 것이 아니라 그냥 태곳적에 시작된 생명의 흐름일 뿐이기 때문이다. 그래서 우리는 그냥 두 다리를 움직여 앞으로 나아가는 짐승, 키 큰 나무들 사이의 순수한 힘, 한 번의 외침에 불과한 것이다. 흔히 사람들은 자기가 동물로 존재한다는 것을 알리기 위해 걸으며 소리를 지르곤 한다. 앨런 긴즈버그*나 윌리엄 버로스** 같은 비트 제너레이션이 찬양한 그 무한한 자유 속에서, 우리의 존재를 갈기갈기 찢어놓고 순종하는 자들의 지표들을 폭발시켜 없애버리게 될 이 에너지의 과잉 속에서 산속을 걷는다는 것은 곧 마약과 알코올, 술잔치, 통음과 난무 등 그것을 통해 무구無垢 상태에

---

* Irwin Allen Ginsberg(1926~1997). 미국의 유대계 시인. 황폐한 세대를 대담하게 묘사한 산문적 시집《울부짖음*Howl*》으로 일약 비트 제너레이션의 교조가 되었다.

** William Seward Burroughs(1914~1997). 미국의 소설가. 동성애, 마약 등 파격적인 소재를 다루어 반항의 상징으로 떠오른 작가. 대표작으로《네이키드 런치*The Naked Lunch*》와《정키 *Junkie*》등이 있다.

도달하려고 시도하는 많은 방법들 중의 한 가지가 된다.

그러나 걷다 보면 어떤 꿈이 얼핏 보이기도 한다. 즉, 인간을 소외시키는 부패하고 오염되고 남루한 문명을 거부한다는 의사를 표현할 수도 있는 것이다.

월트 휘트먼Walt Whitman을 읽었다. 그런데 그가 무슨 얘기를 하는지 아는가? "외국의 폭군들이 두려움에 떨도록 노예들이여 일어나라." 그는 선禪의 계시를 받고 사막 길을 걸어가는 미치광이 음유시인이 바로 이런 자세를 보여주어야 한다고 생각한다. 이 세계를, 배낭을 메고 전진하는 떠돌이들의, 생산된 모든 것을 소비해야 한다는, 고로 소비를 위해 일해야 한다는, 냉장고나 텔레비전, 자동차 등 아무짝에도 필요 없는 쇳덩어리들과 그 온갖 쓸모없는 쓰레기들을 사야 한다는 의무를 거부하는 천상의 거지들이 만나는 약속 장소로 상상해야 한다고 생각한다. (……) 수천 명의, 수백만 명의 미국 젊은이들이 배낭을 꾸려 길을 떠난다.

잭 케루악, 《천상의 거지들*The Dharma Bums*》

걷는 사람이 마지막으로 누리는 자유가 있다. 이 마지막 자유를 누리는 것은 힘든 일이다. 그것은 소박한 즐거움을 다시 느끼고 시원적始原的 동물의 존재로 되돌아간 다음에야 도달하는 세 번째 단계의 자유로, 세상에 대한 집착을 버린 자의 자유다. 위대한 인도학자의 한 사람인 하인리히 치머Heinrich Zimmer는 힌두 철학에서는 삶의 길에 네 단계가 있다고 말한다. 첫 번째는 학생의, 배우는 자의, 제자의 단계다.

하루 중의 아침에 해당하는 이 삶의 단계에서는 주로 스승의 명령에 복종하고, 그의 말씀에 귀 기울이고, 비판을 겸허히 수용하고, 정해진 원칙에 따라야 한다. 모든 걸 받아들여야 한다. 하루 중의 정오에 해당하는 두 번째 단계에는 성인이 된 인간이 결혼하여 가장이 되고 가정을 책임지게 된다. 재산을 관리하고, 사제들의 생활비를 보조해주고, 어떤 직업에 종사하고, 사회적 제약을 따르고, 그것을 다른 사람에게도 강제하는 것이다. 그는 사회와 가정에서 자신이 어떤 역할을 해야 하는지를 정해주는 사회적 가면을 쓰라는 요구를 받아들인다. 훗날 삶의 오후에 해당하는 단계가 되어 자식들이 그의 뒤를 이을 준비가 되면 그는 사회적 의무와 가족 부양의 의무, 경제적 부담을 훌훌 벗어던져 버리고 은자隱者가 된다. 바로 이것이 '숲으로 떠나는' 단계로, 여기서는 명상과 묵상을 통해 이미 오래전부터 우리 마음속에서 변하지 않고 있는 것, 우리 마음속에서 깨어나기를 기다리고 있는 것과 가면과 직무와 정체성과 역사를 초월하는 그 영원한 자아와 친숙해지는 법을 배워야 할 것이다. 그리고 마지막으로 순례자는 은자의 뒤를 이어받아 우리 삶의 끝없이 이어지는 찬란한 여름밤(이것은 떠돌이 거지의 단계다)을 보낸다. 그 뒤로 이 삶은 이동으로 이루어지며, 여기서는 이곳에서 저곳으로 이동하는 끝없는 걷기가 이름 없는 자아와 이 세상 어디에나 존재하는 마음의 일치를 잘 보여준다. 그때 현자는 모든 것을 포기한다. 이것은 최고로 높은 경지의 자유, 완전한 해탈의 자유다. 나는 나 자신에도, 이 세계에도 연루되어 있지 않다. 과거에도 초연하고 미래에도 초연한 나는 일치의 영원한 현재에 다

릅 아니다. 그리고 스와미 람다스Swami Ramdas의 《순례 수첩*Carnets de pèlerinage*》에 나와 있는 것처럼, 모든 것을 포기하는 순간 모든 것이 우리에게 주어지며, 더 이상 아무것도 요구하지 않는 순간 모든 것이 풍성하게 주어진다. 현존의 힘, 그 자체가 주어지는 것이다.

오랫동안 걷다 보면 이 포기의 자유가 어렴풋이 느껴진다. 오랫동안 걷다 보면 얼마나 많은 시간이 흘러갔는지, 목적지에 도달하려면 또 얼마나 많은 시간이 흘러야 하는지를 더 이상 알 수 없는 순간이 온다. 꼭 필요한 것들의 무게가 양어깨에 느껴지면, 정말 행복하다는 생각이 들면서 이렇게 며칠이라도, 몇백 년이라도 계속 걸을 수 있을 것 같다고 느낀다. 바로 그때 우리는 우리 자신이 어디로 가고 있는지, 왜 가고 있는지를 알게 된다. 우리의 과거가 어떠했는지, 지금은 어떠한지는 더 이상 중요하지 않다. 그리고 우리는 스스로 자유롭다고 느낀다. 왜냐하면 이름과 나이, 직업, 경력 등 우리가 지옥에서 살았다는 걸 보여주는 오래된 특징들을 떠올리는 순간 바로 모든 것이 다 가소롭고 사소하고 덧없어 보이기 때문이다.

3

# 나는 왜 이렇게 잘 걷는 사람이 되었나

## 프리드리히 니체

가능한 한 앉아 있지 마라 ;
야외에서 자유롭게 움직이면서 생겨나지 않은 생각은 무엇이든 믿지 마라 —
근육이 춤을 추듯이 움직이는 생각이 아닌 것도 믿지 마라. 모든 편견은 내장에서 나온다.—
꾹 눌러앉아 있는 끈기 — 이것에 대해 나는 이미 한 번 말했었다 —
신성한 정신에 위배되는 진정한 죄라고.—

니체, 〈나는 왜 이렇게 영리한지〉, 《이 사람을 보라》

**프리드리히 니체**Friedrich Wilhelm Nietzsche(1844~1900)

새로운 문화와 가치, 도덕을 정립해 근대성을 뛰어넘는 사유를 시도했던 독일의 철학자. 목사의 아들로 태어나 본 대학과 라이프치히 대학에서 신학과 고전문헌학을 공부했다. 스물넷의 젊은 나이로 스위스 바젤 대학의 고전문헌학 교수로 임명되었고 아르투어 쇼펜하우어Arthur Schopenhauer의 철학에 심취함으로써 철학적 사유에 입문했다. 1888년 말부터 정신이상 증세를 보이기 시작한 이후 병마에 시달리다가 1900년 8월 25일 바이마르에서 생을 마감했다. 니체는 이성·정신·관념·초월의 세계를 강조하는 서구의 전통적인 철학·도덕·종교가 제시하는 삶은 건강하지 못한 삶이라고 신랄하게 비판하면서, 인간의 현세적 삶을 그 자체로 긍정하는 가운데 운명을 사랑하고 본래의 인간을 회복할 것을 역설했다.

니체는 결별이 사람에게 고통을 안겨주고 관계를 단절시키기 때문에 힘들다고 썼다. 하지만 그 대신에 우리에게는 날개 하나가 생긴다. 세계, 사회, 함께 길을 가거나 같이 일하는 사람들, 여인들, 친구들, 부모들. 니체의 삶은 유리遊離와 결별, 그리고 고립으로 이루어진다. 그러나 니체의 고독이 한층 깊어진다는 것은 곧 그의 자유가 한층 더 확대된다는 것을 의미한다. 해명해야 할 것도 없고 타협해야 할 것도 없으니 방해받지 않고 시야가 탁 트여 멀리까지 잘 보이는 것이다.

니체는 놀라운 지구력을 갖춘 건각健脚이 된다. 그는 이 사실을 빈번하게 언급한다. 야외에서 걷는 것은 그의 작품을 구성하는 요소 같기도 하고, 그의 글에 항상 등장하는 동무 같기도 하다.

니체의 삶은 크게 4막으로 구성된다.

우선은 형성기로, 1844년에 태어나서부터 바젤 대학의 문헌학 교수로 임명될 때까지다. 심성이 곧고 선한 목사였던 그의 아버지는 젊었을 때 세상을 떠났다. 니체는 자기가 폴란드 귀족 혈통인 니에츠스키Nietzski 가문의 마지막 후손이라고 상상하곤 했다. 네 살 때 아버지가 죽자 그는 어머니와 할머니, 여동생의 유일한 희망이 되었다. 그들이 가장 큰 관심을 쏟는 대상이 된 것이다. 머리가 무척 좋았던 그는 명문이긴 하지만 다니기는 힘든 포르타 고등학교에 들어가 전통 교육을 받았다. 여기서 그는 매우 엄격한 제도에 복종했으며, 나중에는 이 제도의 위대함을 인정하게 된다. 즉, 명령을 하려면 복종할 줄 알아야 한다는 것이다. 니체의 어머니는 그를 신뢰하고 그에게 감탄하면서, 그가 자신의 탁월한 두뇌를 신에게 봉사하는 데 쓰기를 바랐다. 어머니는 아들이 신학자가 되기를 꿈꾸었다. 니체는 교정이 제대로 안 된 탓에 심한 근시로 고생하긴 했지만 건강은 아주 좋은 소년이었다. 그는 본 대학에 이어 라이프치히 대학에서 계속 문헌학을 공부하여 탁월한 성적을 거두었으며, 학자인 프리드리히 빌헬름 리츨 Friedrich Wilhelm Ritschl의 추천으로 스물네 살이 되던 해에 바젤 대학 문헌학 교수로 임명되었다. 스물네 살밖에 안 된 나이에 이런 자리에 임명되었다는 건 예외적인 일이었다. 그리고 제2막이 열린다.

***

니체는 10년 동안 그리스 문헌학을 가르쳤는데, 그에게 이 10년은 실패로 점철된 힘든 시간이었다. 할 일이 엄청 많았다. 대학 강의 말고도 이 도시의 중고등학교(페다고기움)에서도 강의를 해야만 했던 것이다. 니체는 단지 문헌학자가 되기만을 원했을까? 그는 오랫동안 음악에 끌렸고, 철학에 매혹되었다. 그런 그에게 팔을 벌린 것이 문헌학이었다. 니체는 썩 내키지는 않았지만 이 학문과 포옹했는데, 이것이 그의 최종 사명은 아니었다. 어쨌든 문헌학은 그가 그리스 시대의 비극 작가들(아이스킬로스Aeschylos, 소포클레스Sophocles)과 시인들(헤시오도스Hesiodos, 호메로스Homeros), 현자들(헤라클레이토스Heracleitos, 아낙시만드로스Anaximandros), 역사가들(니체는 특히 디오게네스 라에르티오스Diogenes Laertios에게 열광했는데, 그의 말에 따르면 디오게네스의 글에서는 제도 너머의 인간이 보인다는 것이다)의 작품들을 읽도록 해주었다. 첫해는 아주 잘 지나갔다. 열심히 강의 준비를 하고, 학생들에게서 잘 가르친다는 소리도 듣고, 새로운 동료들과도 사귀었다. 그중 한 명인 신학교수 프란츠 오버베크Franz Overbeck는 그의 소중한 친구이자 충실한 친구가 되었으며, 이 영원한 친구는 후에 큰일을 당한 니체의 도움 요청을 받고 토리노로 그를 찾으러 올 것이다. 1869년에 다시 한번 니체는 루체른으로 간 다음 거기서 트립센의 웅장한 대저택에서 살고 있는 '스승' 빌헬름 리하르트 바그너Wilhelm Richard Wagner를 방문하여 감동적인 만남을 가졌다. 여기서 그는 스승의 부인 코지마Cosima에게 매혹당하여 격정으로 가득 찬 편지(1889년 1월)에서 그녀를 "그의 아리아드네 공주, 제가 진심으로 사랑하는 여인"이라고 부르게 된다. "편견을 가진 사람은 제가 남자이기를 바라지요. 하지만 제가 이 두 사람과 오랫동안 어울렸던 건 사실입니다."

니체는 대학에서 열의를 가지고 열심히 일했고 건강도 무척 좋았다. 하지만 얼마 지나지 않아 상황이 악화되었다. 그는 점점 더 자주 발작을 일으켰다. 일련의 심각한 오해에 대해 몸이 복수를 하는 듯했다.

열일곱 살의 니체(왼쪽), 니체가 '스승'이라 지칭한 바그너와 그의 부인 코지마(오른쪽)

직업적인 오해가 있었다. 오해는 1871년에 《비극의 탄생*Die Geburt der Tragödie*》이 출판되면서 표출되었는데, 문헌학자들은 이 책이 출판된 것을 보고 분노하지는 않았지만 망연자실했다. 어떻게 이런 책을 쓸 생각을 할 수 있단 말인가? 이 책은 진지한 연구를 통해 쓰였다기보다는 애매모호하고 형이상학적인 직관으로 가득 차 있었다. 혼돈과 형태가 영원한 갈등을 벌이는 것이었다. 또한 친구 사이에서 오해도 일어났다. 그는 매년 열리는 스승의 음악축제에 참석하기 위해 바이로이트를 정기적으로 방문했고 트립셴으로 돌아갔으며 함께 유럽을 여행했지만, 바그너가 광신적이고 독단적인 태도와 오만함을 지녀서 자신이 혐오하는 것을 상징한다는 사실을, 특히 바그너의 음악이 자신의 위胃에 맞지 않는다는 사실(바그너의 음악 때문에 병이 났던 것이다)을 한층 더 확실히 깨닫게 되었다. 나중에 그는 바그너의 음악을 들으면 거기에 빠져 죽으므로 계속해서 "헤엄을 쳐야 한다"라고 쓴다. 바그너의 음악은 듣는 사람을 극도로 무기력하게 만들고, 마치 혼돈의 파도처럼 끊임없이 다시 밀려와 듣는 사람을 휩쓸어가 버린다는 것이다. 그의 음악에 귀 기울이면 꼭 물속에서 발이 바닥에 닿지 않는 듯한 느낌이 든다. 반대로 조아키노 로시니Gioacchino Antonio Rossini의 음악은 춤추고 싶다는 생각을 불러일으킨다. 조르주 비제Georges Bizet의 〈카르멘〉이 춤추고 싶다는 생각을 불러일으키는 것처럼 말이다. 감정적인 오해도 있었다. 갑작스럽게 행한 청혼을 거부당했던 것이다. 마지막으로 일어난 것이 사회적 오해다. 왜냐하면 니체는 바이로이트의 떠들썩한 사교계에도, 교수들과 학자들의 동아리에도 뿌리를 내리지 못했던 것이다.

이런 오해에 맞서기란 쉽지 않았다. 학기가 거듭될수록 견디기가 더욱더 힘들어지고 어려워졌다. 니체는 점점 더 자주 끔찍한 두통에 시달리면서 꼼짝 못 하고 침대에 누운 채 어둠 속에서 고통스러워하며 거친 숨을 몰아쉬어야만 했다. 눈이 아파 책을 제대로 읽을 수 없었고, 글도 쓸 수 없었다. 그는 겨우 15분 동안 글을 읽거나 쓰고 나면 몇 시간씩 두통에 시달리며 값비싼 대가를 치러야만 했다. 그는 다른 사람에게 책을 대신 읽어달라고 부탁했다. 책장에 눈이 닿을 때마다 심하게 흔들렸던 것이다.

니체는 타협책을 모색했다. 대학 강의를 그만두고, 얼마 뒤 고등학교 수업까지 전부 다 취소했으며, 일단 한숨 돌리고 기운을 회복하기 위해 1년간의 휴가를 얻어냈다.

하지만 아무 소용이 없었다.

동시에 그는 자신이 처한 상황에 대한 치유책을 고려했는데, 여기에는 그가 장차 맞이하게 될 운명의 흔적이 담겨 있다. 즉 많이, 멀리 걷고, 깊은 고독에 빠지기로 한 것이었다. 그는 자신을 끈질기게 괴롭히는 끔찍한 통증에 맞서 이 두 가지 치유책을 내놓았다. 늘 고통의 시간으로써 대가를 치러야 하는 세상의 혼란과 외압, 혼잡함을 피해 달아나는 것이었다. 그리고 관자놀이를 망치로 내려치는 듯한 두통에서 잠시나마 벗어나고, 그것을 잊기 위해 오랫동안 걷고 또 걷는 것이었다.

니체는 아직 유럽 남부 지방에 있는 높은 산들의 단단한 광물성이라든지 자갈투성이 오솔길의 향기 어린 건조함에 사로잡히지는 않았다. 그는 호숫가를 걷거나(카를 폰 게르스도르프Carl von Gersdorf와 함께 레만 호숫가를 하루에 여섯 시간씩 걸었다), 아니면 숲의 어둠 속에 파묻혔다(그는 '검은 숲' 지대 남쪽의 스타인아바드에 있는 전나무 숲 속을 걸었다. "나는 숲 속을 오랫동안 걸으며 나 자신과 얘기를 나누었다").

1877년 8월, 그는 로젠라우이에서 은자처럼 살았다. "만일 어딘가에 작은 집이라도 한 채 가질 수 있다면 여기서처럼 하루에 여섯 시간에서 여덟 시간씩 걸으며 깊은 생각에 잠길 텐데. 그리고 그 생각을 종이 위에 단숨에 써내려갈 텐데."

그러나 성공한 건 아무것도 없었다. 통증이 견디기 힘들 정도로 심해졌다. 두통 때문에 며칠씩 꼼짝 못 하고 침대에 누워 있어야만 했으며, 밤새도록 구토하고 통증을 견딜 수 없어 온몸을 비틀어 꼬았다. 눈이 아프고 시력은 저하되었다. 1879년 5월, 그는 결국 대학에 사직원을 제출했다.

***

여기서 니체의 삶을 구성하는 세 번째 위대한 시기가 열린다. 1879년 여름에서 1889년 초까지 10년간에 걸친 시기로 그는 얼마 안 되는 세 개의 연금을 합친 돈으로 작은 호텔에 묵으며, 산에서 바다로, 바다에서 산으로, 때로는 베네치아로 데려가는 기차 요금을 내고 페터 가스트*를 방문하는 등 아주 소박하게 살아갔다. 이때 그는 전설에나 등장할 법한 최고의 건각이 되었다. 니체는 걸었다. 마치 일을 할 때처럼 걸었다. 걸으며 일을 했다.

첫해 여름부터 그는 자신의 산(엥가딘의 고산들)을 발견했고, 그다음 해에는 자신의 마을(질스마리아)을 발견했다. 이곳의 공기는 투명했고 바람은 세찼으며 빛은 날카로웠다. 그는 무더위를 싫어했으므로 세상을 떠날 때까지 이곳에서 매해 여름을 보냈다('루 살로메Lou

---

* Peter Gast. 바젤에서 니체의 강의를 들었던 젊은 음악가이자 작가 하인리히 쾨젤리츠Heinrich Köselitz의 예명으로, 그는 니체의 절친한 벗이 된다.

알프스 산맥의 질스마리아. 니체는 이곳에서 '차라투스트라'와 '영원회귀'에 대한 영감을 얻었다

Andreas-Salomé의 해'를 제외하고). 그는 오버베크, 쾨젤리츠 등의 친구들에게 편지를 써서 자기가 자신의 자연과 자신의 원소를 발견했다고 말했으며, 어머니에게 보낸 편지에는 자기가 거기서 "나처럼 앞이 잘 안 보이는 사람이 걸으면 좋을 아주 훌륭한 산책로와 원기를 돋우어주는 공기"를 찾아냈다고 썼다(1879년 7월). 그것은 그의 풍경이었고, 자기가 꼭 이 풍경과 혈연으로 맺어져 있는 것처럼, 아니 "그 이상의 관계로"(《방랑자와 그의 그림자*Der Wanderer und sein Schatten*》 §338) 맺어져 있는 것처럼 느꼈다.

첫해 여름부터 그는 하루에 여덟 시간까지 걷고 또 걸었으며, 《방랑자와 그의 그림자》라는 책을 썼다. 1879년 9월에 쓴 편지에서 니체는 이렇게 밝힌다.

겨우 몇 줄만 빼놓고 전부가 다 길을 걷는 도중에 생각났으며, 여섯 권의 공책에 연필로 휘갈겨 썼다네.

그리고 겨울은 유럽 남부의 도시들에서 보냈는데, 주로 제노바와 라팔로 만에서 지냈고 나중에는 니스에서도 머물렀다. "나는 아침에는 평균 한 시간, 오후에는 평균 세 시간씩 정상적인 걸음으로 항상 같은 길을 걷는다네. 날씨가 무척 화창해서 같은 길을 걸어도 견딜 만하지."(1888년 3월) 그리고 망통에는 딱 한 번 머물렀다. "여기서는 여덟 개의 산책로를 찾아냈다네."(1884년 11월) 나지막한 산은 그가 글을 쓰는 받침대가 되고, 바다는 그의 거대한 궁륭이 된다. "맑은 하늘과 바다! 도대체 왜 나는 옛날에 나 자신을 그렇게 괴롭혀야만 했던 것일까?"(1881년 1월)

그는 세상과 인간들이 내려다보이는 야외를 걸으며 구상하고 상상하고 발견하고 열광했다. 자기가 발견한 것에 놀라워하고, 걸으면서 문득 생각난 것에 동요하고 그것에 사로잡혔다. 그는 1881년 8월에 쓴 편지에서 자신의 감정을 이렇게 토로한다.

내 감정의 강렬함이 나를 웃게 하는 동시에 전율하게 만든다. 눈이 빨개졌다는 우스꽝스러운 이유로 방을 나서지 못한 게 한두 번이 아니다. 그런데 왜 이렇게 눈이 빨개진 것일까? 그 전날 오랫동안 걸으면서 너무 울었기 때문이다. 하지만 감정이 복받쳐서 운 것은 아니다. 그것은 행복해서 흘린 눈물이었다. 노래를 부르며 비틀비틀 걷다가 문득 새로운 사실을 깨달았는데, 오늘날의 사람들이 누리지 못하는 특권을 내가 누리고 있다는 것이었다.

그는 10년에 걸쳐《아침놀*Morgenröthe*》에서《도덕의 계보*Zur Genealogie der Moral*》까지,《즐거운 학문*Die fröhliche Wissenschaft*》에서《선악의 저편*Jenseits von Gut und Böse*》까지, 그리고《차라투스트라는 이렇게 말했다*Also sprach Zarathustra*》 등 자신의 대표작들을 썼다. 그는 은둔자와 고독한 자, 여행자가 되었다. "나는 다시 은둔자가 되어 하루에 열 시간씩 걷는다네."(1880년 7월)

***

니체에게 걷기는 이마누엘 칸트Immanuel Kant의 경우처럼 일의 중압감에서 벗어나게 해주는 것이 아니다. 계속해서 앉아 있거나 숙이고 있거나 허리를 굽히고 있던 몸을 잠시나마 편한 자세를 취할 수 있도록 해주는 최소한의 건강법이 아니다. 니체에게 걷기는 활동의 조건이다. 걷기는 몸의 이완, 혹은 몸의 동행 이상이다. 걷기는 본질적으로 몸의 요소인 것이다.

우리는 책 사이에서만, 책을 읽어야만 비로소 사상으로 나아가는 그런 존재가 아니다. 야외에서, 특히 길 자체가 사색을 열어주는 고독한 산이나 바닷가에서 생각하고, 걷고, 뛰어오르고, 산을 오르고, 춤추는 것이 우리의 습관이다. 《즐거운 학문》 §366

너무나 많은 사람이 다른 사람들이 쓴 책을 읽고 그것만을 토대로 하여 자기 책을 썼으며, 너무나 많은 책들이 도서관의 곰팡내를 풍긴다. 사람들은 책을 어떻게 판단하는 것일까? 거기서 풍기는 냄새를 맡고 판단한다. 너무나 많은 책에서 독서실이나 사무실의 그 답답한 분위기가 풍겨 나오기 때문이다. 빛도 들어오지 않고 환기도 거의 되지 않는 방. 책장 사이로 공기가 제대로 순환되지 않아 곰팡이가 피고 종이가 천천히 변질되며 잉크가 화학적 변화를 일으킨다. 이곳의 공기에는 독기가 배어 있다.

다른 책들은 신선한 공기를 내뿜는다. 외부의 청량한 공기, 높은 산에서 부는 바람, 사람을 기진맥진하게 만들 정도로 얼음처럼 차가운 높은 산의 바람, 혹은 아침에 소나무가 양쪽으로 늘어선 가운데 향기가 훑고 지나가는 유럽 남부의 오솔길에서 떠도는 신선한 공기. 이런 공기를 내뿜는 책들은 숨을 쉰다. 이런 책들은 지금은 쓰이지 않는 쓸모없는 지식으로 가득 채워져 있지 않다.

오, 한 인간이 어떻게 그 사상에 도달했는가를, 그가 잉크병을 앞에 두고 뱃살을 접은 채, 종이 위로 머리를 구부리고 앉아서 그 사상에 도달했는지의 여부를 우리는 얼마나 빨리 알아채는가! 오, 우리는 또한 얼마나 빨리 이런 책을 읽어치우는가! 내기를 해도 좋다. 눌린 창자가 스스로를 폭로하며, 또한 서재의 공기와 천장, 좁은 서재가 스스로를 폭로한다. 《즐거운 학문》§366

그러나 다른 빛을 찾기도 한다. 도서관은 항상 너무 어둡다. 책들을 끝이 보이지 않을 정도로 까마득하게 쌓아놓고 겹겹이 포개놓고 나란히 놓아둔 데다가 책장이 높아서 빛이 통과할 수가 없다.

다른 책들은 산의 날카로운 빛이나 햇빛을 받은 바다의 번득이는 빛을 반사한다. 특히 색깔을 반사한다. 도서관은 회색이고, 거기서 쓰이는 책들도 회색이다. 모든 것에 인용문과 출전, 페이지 하단의 주석, 끝도 없는 반론이 과적過積되어 있다.

마지막으로 손과 발, 어깨, 다리 등 글쓴이의 육체에 대해 말해야 한다. 책은 어떤 생리의 표현이라고 할 수 있다. 꼿꼿이 선 채 무릎을 구부리고, 앉고, 허리를 구부리고, 움츠린 육체가 너무나 많은 책에서 느껴진다. 걷는 육체는 마치 활처럼 펴진다. 햇빛을 받은 꽃처럼 넓은 공간을 향해 열리는 것이다. 상체는 노출되고, 두 다리는 펴지며, 두 팔은 들어 올려진다.

책, 인간, 음악의 가치와 관련된 우리의 첫 질문은 다음과 같은 것이다. "그는 걸을 수 있는가? (……)" 《즐거운 학문》§366

마치 죄수처럼 벽 안에 갇힌 채 의자에서 엉덩이를 뗄 줄 모르는 저자들이 쓴 책은 무거운 느낌을 풍기고 소화하기도 어렵다. 이런 책들은 책상에 쌓아놓은 책들을 편집하여 쓴 것이므로 꼭 뚱뚱한 거위처럼 보인다. 인용문으로 포식하고 주석을 과식해서 몸이 무거운 것이다. 그래서 무겁고 뚱뚱하며, 느리게 권태롭게 힘들게 읽힌다. 이런 책들은 다른 책들을 가지고 만들어낸다. 문장의 행行들을 다른 책의 행들과 비교하고, 다른 책들이 얘기한 것을 반복하는 것이다. 확인하고, 정확성을 기하고, 수정한다. 한 문장이 한 문단이 되고 한 장章이 된다. 한 권의 책은 다른 책에 관한 수백 권 분량의 주석이 된다.

반대로, 걸으면서 구상하는 사람은 얽매인 데가 없어 자유롭다. 그의 사유는 다른 책의 노예가 되지도 않고 확인 때문에 둔해지지도 않으며, 다른 사람들의 사유에 의해 무거워지지도 않는다. 그 누구에게도, 그 무엇도 설명할 필요가 없다. 그저 생각하고 판단하고 결정하기만 하면 된다. 그의 사유는 어떤 움직임으로부터, 어떤 충동으로부터 생겨난다. 그의 사유에서는 육체의 유연성과 춤의 움직임이 느껴진다. 그의 사유는 육체의 에너지와 도약을 고정시켜 표현한다. 혼신混信도, 안개도, 장벽도, 문화와 전통의 관세關稅도 없이 사물 그 자체만을 생각한다. 그것은 오랫동안 연이어지는 실연實演이 아니라 경쾌하고 심오한 사유다. 내기란 바로 그런 것이다. 사유가 경쾌하면 경쾌할수록 사유는 더 높이 올라가고 심오해진다. 확신과 의견, 지식으로 이루어진 깊은 늪이 현기증이 날 만큼 수직으로 치솟기 때문이다. 이와 반대로 도서관에서 구상된 책들은 피상적이고 둔중하다. 그런 책들은 베끼기의 수준에 머물러 있다.

걸으면서 사유하기. 사유하면서 걷기. 길을 걷는 육체가 드넓은 공간을 응시하며 휴식을 취하듯, 글쓰기는 가벼운 휴식에 불과할 뿐이다.

니체에게 있어 글은 결국 발에 대한 찬사를 의미한다. 손으로만 글을 쓰는 건 아니다. "자신의 발로도"(《즐거운 학문》 서문, §59) 글을 잘 쓸 수 있는 것이다. 발은 어쩌면 가장 확실한 뛰어난 증인이다. 발이 읽으면서 "귀를 기울인다"는 것을 알아야 한다. 니체의 경우 차라투스트라의 〈춤에 부친 또 다른 노래〉에서 읽을 수 있는 것처럼 발이 귀를 기울이기 때문이다. "나의 발꿈치는 일어서고, 나의 발가락들은 네 의중을 헤아리기 위해 귀를 기울였지. 춤추는 자는 귀를 발가락에 달고 있는 법이니!" 그는 춤을 추라는, 떠나라는, 밖으로 나가라는 권유를 받자 독서의 기쁨으로 온몸을 떤다. 어떤 음악의 질質을 판단하기 위해서는 발을 신뢰해야 한다. 만일 귀를 기울이던 발이 리듬을 맞추고 땅을 디디고 뛰어오르고 싶다는 욕구를 갖게 되면 그것은 좋은 징조다. 음악이란 무릇 경쾌함으로의 초대다. 이런 이유로 바그너의 음악은 발을 의기소침하게 만든다. 공포에 사로잡힌 발은 도대체 어떻게 해야 할지 몰라 한다. 더더욱 나쁜 것은, 발이 기운을 잃고, 질질 끌리고, 사방으로 돌고, 화를 내는 것이다.

"바그너의 음악을 들으면 춤추고 싶은 욕구가 느껴지지 않는다"고 니체는 후기 저작에서 말한다. 왜냐하면 소용돌이치며 어지럽게 흐르는 음악과 어렴풋한 급류, 혼잡한 돌진의 사행蛇行 속에 빠져 헤어나지 못하기 때문이다.

그 음악이 나에게 영향을 미치자마자 나는 즉시 호흡 곤란을 느낀다. 내 발이 흥분하면서 거역한다. 내 발은 박자를 맞추고 싶어 하고, 춤을 추고 싶어 하고, 걷고 싶어 한다. 내 발은 특히 잘 걸을 수 있게 만드는 도취감을 불러일으킬 것을 음악에 요구한다.

《니체 대 바그너*Nietzche contra Wagner*》

우리가 이미 본 것처럼 니체는 하늘과 바다, 빙하와 맞서는 자신의 걷는 육체가 이 도전에 대해 자신의 사유에 불러일으키는 것을 여기저기 휘갈겨 쓰며 하루 종일 걸었다. 나는 항상 니체의 걷기에서 상승의 움직임을 포착한다. 차라투스트라는 말한다. "나 나그네요 산을 오르는 자다. 나 평지를 좋아하지 않고, 오랫동안 한곳에 조용히 앉아 있지도 못하는 것 같다. 내 어떤 숙명을 맞이하게 되든, 내 무엇을 체험하게 되든, 그 속에는 방랑이 있고 산 오르기가 있으리라. 사람은 결국 자기 자신을 체험할 뿐이니."(〈나그네〉, 《차라투스트라는 이렇게 말했다》) 니체에게 걷는다는 것은 곧 높아진다는 것, 기어오른다는 것, 올라간다는 것이다.

1876년 그는 이미 소렌토에서 도시 뒤쪽의 산길을 일상적인 산책로로 선택했다. 니스에서는 작은 에즈 마을로 이어지는 가파른 오르막 산책로를 기어오르는 것을 좋아했는데, 이곳에 오르면 바다 위로 수직으로 치솟아 있는 바위 위에 서 있는 듯한 느낌이 들어서였다. 질스마리아에서는 높은 계곡까지 오르막을 이루고 있는 산책로를 이용했다. 그리고 라팔로에서는 그가 "이 지역에서 가장 높은 산꼭대기"라고 말한 몬테 알레그로를 기어올랐다.

제라르 드 네르발Gérard de Nerval의 경우에는 걷고 있는 몸이 숲의 산책길(평평한 미로)로부터, 기복이 거의 없는 평야로부터 부드러움을, 번민을 권유받는다. 그러면 마치 안개가 움직이듯 추억이 다시 올라온다. 그런데 니체에게는 공기가 더 맑고 투명하며, 특히 건조하다. 사유는 칼날처럼 예리하고, 몸은 깨어나 민감하게 반응한다. 이때에는 추억이 다시 올라오는 것이 아니라 판단이 불현듯 이루어진다. 진단, 발견, 삽입, 판단.

몸은 애쓰며 길을 오르고, 지속적인 긴장 상태에 있다. 몸은 사유가 면밀하게 조사하는 것을 도와준다. 조금 더 멀리, 조금 더 높이 가야 한다. 약해지면 안 된다. 에너지를 동원하여 앞으로 나아가야 한다. 발을 단단히 딛고, 몸을 천천히 들어 올려야 한다. 그런 다음에 균형을 잡아야 한다. 사유도 이렇게 해야 한다. 어떤 생각을 고양시킴으로써 더 경이롭고 더 놀랍고 더 새로운 것을 만들어내야 한다.

그리고 또 있다. 중요한 것은 상승이다. 평야와 해안에서 6,000피트를 올라가야만 떠오르는 생각들이 있다.

> 그것은 "인간과 시간의 6,000피트 저편"이라고 서명된 채 종이 한 장에 휘갈겨졌다. 그날 나는 실바프라나 호수의 숲을 걷고 있었다 ; 수르레이에서 멀지 않은 곳에 피라미드 모습으로 우뚝 솟아오른 거대한 바위 옆에 나는 멈추어 섰다. 그때 이 생각이 떠올랐다.
>
> 〈차라투스트라는 이렇게 말했다〉, 《이 사람을 보라*Ecce Homo*》

세상이 자기 발밑에서 움직인다는 걸 안다는 것. 얌전한 군중들 Suave turba magna…… 투명한 빙하에 선 채 저 아래로 사람들이 제자리에서 꼼짝 않고 있는 걸 내려다보고 있으면 기분이 좋아질까? 천만에, 그렇지가 않다. 니체의 귀족 취미도 이런 오만한 멸시에까지 이르지는 않는다.

사유를 하기 위해서는 전망이 탁 트이고 윗부분이 앞으로 툭 튀어나온 곳에서 투명한 공기를 마시는 것이 좋다. 더 멀리까지 사유하려면 경쾌함이 필요하다. 그렇다면 세세함과 정확함, 엄밀함 같은 것들이 뭐 그리 중요하겠는가? 인간 운명의 잎맥이 그려지는 것을 보아야 한다. 아주 높은 곳에서는 풍경의 움직임과 야산野山의 윤곽이 보인다. 역사도 이렇다. 그리스 로마 시대, 기독교 시대, 현대. 역사는 무엇을 유형으로, 인물로, 본질로 만들어내는가? 연대와 사실에 코를 처박는 순간 모든 것은 수축된 독자성으로 축소되어버린다. 그러므로 허구와 신화, 보편적인 운명을 만들어내야 한다.

니체는 1876년 7월에 쓴 편지에 이런 말을 남겼다.

> 우리는 우리의 낡은 문명이 훤히 내려다보이는 지점에 도달하기 위하여 천천히, 그러나 계속해서 더 높이 아직도 더 기어 올라가야만 한다.

길의 줄기처럼 명확한 그 무엇. 앉아 있는 사람들을 바보처럼 멸시하지 말고 차라리 항상 그것이 자신의 문제였다고 인정한 니체처럼("어렸을 때부터 나는 '동정심이 나의 가장 큰 위험이다'라는 사실을 끊임없이 확인했다"—1884년 9월) 인간들이 분주히 움직이며 미사를 올리거나, 오락을 하러 가거나, 다른 사람들에게서 인정받으려 애쓰는 것을 보며 동정심을 느끼기 바란다. 인간들이 그들 자신의 가련한 이미지들 속에 빠져 헤어나지 못하는 것을 보면서도 동정심을 느끼기 바란다. 그 반면 높은 곳에서는 무엇이 인간을 병들게 하는지를, 정주定住하는 사람들의 도덕이 어떤 독毒을 품고 있는지를 이해한다.

오랫동안 산책을 하다 보면 항상 고개를 넘게 되는데, 이때 또 다른 경치가 나타난다. 무진 애를 써서 높은 곳까지 올라간 우리의 몸이 돌아서는 순간 발밑에 드넓은 공간이 펼쳐진다. 혹은 길을 돌아서면 경치가 바뀌어 산맥이 나타난다. 장엄한 풍경이 기다리고 있는 것이다.

이처럼 도치된 전망에, 다른 것이 발견되는 최후의 탄성에, 새로운 풍경 같은 발견물의 비밀에, 그것에 동반되는 환희에 근거하여 많은 금언金言들이 만들어진다.

마지막으로 '영원회귀'는 걷기의 체험에 빚을 지고 있다. 니체의 오랜 산책이 잘 알려진 산책로에서 이루어졌으며, 그가 이미 잘 알고 있는 길을 걷고 또 걷는 걸 좋아했다는 사실도 우리는 알고 있다. 길을 돌아서는 순간 원하던 관조觀照에 몰입하기 위해 오랫동안 걸은 사람은, 그 순간 눈앞의 풍경이 떨려 울리는 것을 항상 느낀다. 그 풍경은 걷는 사람의 몸속에서 되풀이된다. 두 개의 현絃이 내는 협화음처럼 두 존재의 화음이 떨려 울리면서 상대의 떨림을 자신의 양분으로 삼는다. 그것은 무한한 반복이다.

영원회귀, 그것은 이 두 존재의 반복을 연속원連續圓 속에 펼치는 것이며, 존재들의 떨림을 원으로 변화시키는 것이다. 풍경의 부동不動을 마주 바라보는 걷는 사람의 부동, 바로 이 공존의 강도 자체가 무한한 교환의 원형성圓形性을 만들어낸다. 나는 늘 거기서 그 풍경을 응시했다.

***

그렇지만 1880년대 중반부터 이미 니체는 더 이상 그 전처럼 잘 걸을 수가 없다는 불평을 늘어놓는다. 그는 등이 아파 고생하고 있었으며, 오랫동안 의자에 누워 지내야만 했다. 그는 계속 산책하긴 했지만, 그 시간은 점점 짧아졌다. 간혹 다른 사람과 동행하기도 했다. 이 '질스의 은둔자'(사람들은 그를 이렇게 불렀다)는 그 뒤로 그의 《교육자로서의 쇼펜하우어*Schopenhauer als Erzieher*》를 번역한 헬렌 치메른Helen Zimmern과 이 지역에서 그를 확실하게 뒷받침한 젊은 귀족 메타 폰 살리스Meta von Salis, 대학생인 레사 폰 시른호퍼Resa von Shirnhofer, 철학에 눈뜬 헬레네 드루스코비츠Helene Druskowitz 등 보호자나 젊은 여성 추종자들과 함께 산책을 나서곤 했다.

산책은 예전과 같지 않아 덜 외로웠다. 니체는 교양을 갖춘 여성들에게 둘러싸여 차츰차츰 정중한 신사로 변해갔다. 그는 영원회귀의 영감을 받았던 바위산으로 그녀들을 데려갔고, 자신과 바그너의 우정에 대한 가슴속 비밀을 털어놓았다.

그러나 고통이 니체를 다시 서서히 사로잡았다. 1886년부터 그는 오랫동안 지속되는 끔찍한 두통으로 신음하기 시작했다. 구토도 다시 시작되었다. 여행을 할 때마다 기력을 되찾는 데 며칠씩 걸렸다. 조금 긴 코스를 산책하면 며칠 동안 피곤할 때도 이따금 있었다.

그는 도시를 점점 더 혐오했다. 도시가 더럽고 생활비도 많이 든다고 생각했다. 니스에서 겨울을 보낼 때는 남쪽을 향한 방의 값을 낼 능력이 없어 추위로 고통받기도 했다. 여름을 보낸 질스마리아는 날씨가 그다지 좋지 않았다. 베네치아는 사람을 지독히 의기소침하게 만들었다. 그의 상태는 더욱 악화되었다.

최후의 변모. 그의 삶을 이루는 마지막 장은 재생의 노래처럼, 환희에 대한 서정시처럼 시작되었다. 그는 1888년 4월에 처음으로 토리노를 발견했다. 그것은 마치 계시와도 같았다. 완전히 고전적이었다. "눈에도 그렇고, 발에도 그렇고, 이 얼마나 놀라운 포도鋪道인가!" 포 강을 따라 오랫동안 걷는 산책이 그를 매혹시켰다.

질스마리아에서 그 어느 때보다 침울한 마지막 여름("끊임없이 계속되는 두통, 한없이 계속되는 구토")을 보내고 난 그는 9월에 토리노로 돌아온다. 또다시 기쁨이 찾아오고, 또다시 기적이 일어났다.

행복과 건강을 돌연 되찾은 것이다. 마치 마법을 부린 듯 일체의 고통이 중단되었다. 몸이 금방이라도 날아오를 것처럼 가볍게만 느껴졌다. 니체는 빠른 속도로 열심히 일했다. 눈도 더 이상 아프지 않았다. 그의 위는 무슨 음식이든지 다 견뎌냈다. 몇 달 동안 그는 마치 화약이 연이어 길게 뿌려진 것처럼 여러 권의 책을 썼다. 그는 열심

이탈리아 토리노의 전경. 니체는 이 도시에서 오랜 시간 산책하기를 즐겼다

히 걷고, 밤이 되면 모든 가치의 재평가에 관한 대작에 쓸 짧은 메모들을 수집했다.

1889년 1월 초순, 야콥 부르크하르트Jacob Burckhardt는 니체가 6일에 써서 부친 편지를 받았다. 그는 깜짝 놀랐다. 편지는 정신착란자의, 미치광이의 것이었다.

결국 나는 신이 되기보다는 바젤 대학 교수가 되는 게 더 좋을 것 같네. 하지만 나는 이기주의를 이 정도로까지 밀고 나가는 게 망설여져서 천지창조를 그만두기로 했다네.

1월 첫째 주일에 니체가 보낸 다른 편지들도 같은 상태를 보여준다. 니체는 자신을 디오니소스나 예수 그리스도라고 불렀다.

> 내가 누구인지 밝혀졌기 때문에 자네가 날 찾는 건 어려운 일이 아니었지. 앞으로는 나를 잃어버리는 게 어려운 일이 될 걸세.

부르크하르트는 즉시 오버베크에게 이 같은 사실을 알렸고, 오버베크는 토리노로 급히 달려갔다. 토리노에 도착한 그는, 피노Fino라는 사람의 작은 셋방에서 겨우 니체를 찾아냈다.

셋방 주인은 도대체 어떻게 해야 할지 몰라 난감해하고 있었다. 니체는 통제할 수 없는 상태였다. 마부에게 두들겨 맞은 말의 목에 매달린 채 오랫동안 눈물을 흘리기도 하고, 앞뒤가 안 맞는 말을 하며 여기저기 되는 대로 걸어 다니기도 하고, 사람들에게 장광설을 늘어놓기도 하고, 자기가 죽은 사람이라고 말하며 장례 행렬을 따라가기도 했다고 한다.

오버베크가 방으로 들어가 보니 니체는 안락의자에 쪼그리고 앉아 최근에 쓴 글의 교정쇄를 얼이 빠진 듯한 눈으로 쳐다보고 있었다. 눈을 치켜뜬 그는 자신의 평생 친구를 발견했다. 니체는 너무나 놀라 펄쩍 뛰어 일어나더니 친구의 목에 매달렸다. 친구를 알아본 것이었다. 그러고는 친구에게 매달려 울었다. 오버베크는 "꼭 자기 발밑에 열린 심연을 본 듯했다"라고 썼다.

그러더니 니체는 다시 쪼그리고 앉아 일장연설을 늘어놓았다. 자기는 왕이니 정중하게 대해야 한다는 것이었다. 오버베크는 그를 기차에 태웠다. 니체는 목청껏 노래를 부르기도 하고 욕설을 퍼붓기도 했다. 미쳐버린 것이었다. 바젤에 가면 거기서 기다리고 있는 사람들이 그에게 어울리는 환영식을 베풀어줄 것이라고 말해서 겨우 그를 데려갈 수 있었다.

니체는 미쳐버렸다. 미쳐버린 니체는 바젤 병원에 입원했다. 그러다가 다시 예나로 옮겨졌으나 별다른 차도가 없었다. 결국 그의 어머니가 나움부르크에 있는 집으로 니체를 데려갔다. 어머니는 아들이 죽을 때까지 인내와 사랑을 다해 헌신적으로 보살폈다. 어머니는 7년 동안 니체를 씻기고 보살피고 위로하고 산책시키고 돌보았다.

니체는 자신을 침묵 속에 한층 더 격리시켰으며, 앞뒤가 맞지 않는 말을 횡설수설 늘어놓았다. 그가 하는 말은 조각이고 잔해였다. 그는 더 이상 생각을 하지 않았다. 때로는 피아노를 즉흥 연주하기도 했다. 이제 그는 두통으로 고생하지도 않았고 눈이 아프지도 않았다.

어머니는 오직 오랜 산책만이 그를 편안하게 해준다는 것을 깨달았다. 그러나 쉬운 일은 아니었다. 길거리에서 니체가 지나가는 사람들에게 달려들기도 하고 고래고래 소리를 지르기도 했던 것이다. 얼마 지나지 않아 어머니는 외출 횟수를 줄였다. 곰처럼 소리를 질러대고 바람에게 욕설을 퍼붓는 마흔네 살짜리 아들이 부끄러웠던 것이다. 그래서 어머니는 사람이 아무도 없고 해가 넘어간 오후 끝 무렵에나 아들을 데리고 집 밖으로 나갔다. 그러면 니체는 다른 사람을 불안하게 하지 않고 마음껏 소리를 질러댈 수 있었다.

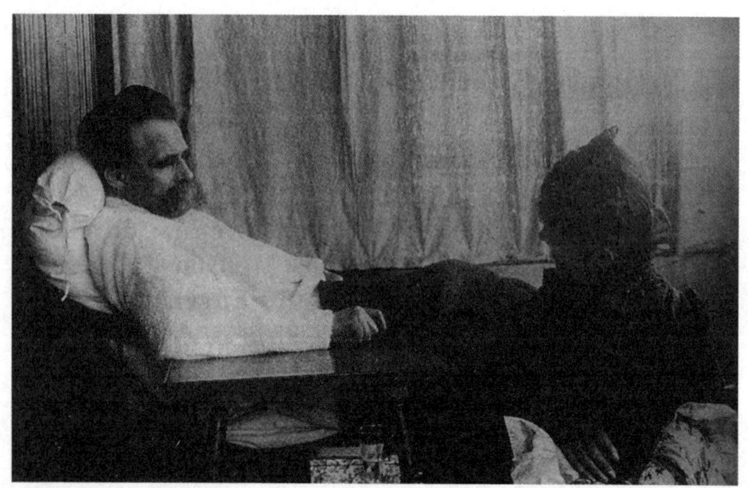

극도로 쇠약해진 말년의 니체

하지만 얼마 지나지 않아 니체의 육체 자체가 장애물로 등장했다. 등이 서서히 마비되어간 것이었다. 니체는 다시 휠체어에 앉았다. 그는 누군가가 휠체어를 밀어주는 대로 이리저리 옮겨 다녔다. 그는 자신의 손을 하나씩 번갈아가며 몇 시간 동안 바라보거나, 아니면 책을 거꾸로 든 채 중얼대며 투덜거렸다. 누군가가 자기 주변에서 돌아다니면 휠체어에 웅크리고 앉아 있었다. 다시 어린아이로 돌아간 것이었다. 어머니는 그를 휠체어에 태워 베란다에서 산책시켰다. 1894년 가을부터 그는 극도로 쇠약해져 어머니와 누이동생 말고는 아무도 알아보지 못했다. 대체로 휠체어에 쪼그리고 앉아 꼼짝하지 않은 채 자기 손만 바라보았다. 어쩌다 한 번씩 "결국 죽었어"라든지 "난 머리카락을 심지 않아", "이젠 빛이 없어"라고 말할 뿐이었다.

종말은 천천히, 그러나 피할 수 없이 찾아왔다. 눈이 움푹 들어가고, 시선은 심하게 수축되었다.

그는 1900년 8월 25일 바이마르에서 숨을 거두었다.

나는 앞으로 태어날 인간들을 위해 하나의 운명이, 보편적인 운명이 될지도 모른다. 그러므로 내가 인간들에 대한 사랑으로 인해 언젠가는 말을 못하게 될 가능성이 충분히 있다!

4

# 바깥

걷는다는 것, 그것은 곧 '밖에 있다'는 것이다. 사람들은 밖에 있는 것을 '자유로운 공기 속에 있는 것'이라고 말한다. 걷다 보면 도시 사람의 논리가 달라지고, 심지어는 널리 퍼져 있는 인간적 조건도 바뀐다.

우리가 '밖'에 가는 것은 항상 어느 '안'에서 다른 '안'으로 건너가기 위해서다. 즉 집에서 사무실로, 자기 집에서 근처에 있는 가게로 가는 것이다. 집에서 나와 다른 곳으로 무엇인가를 하러 간다. 밖에 있다는 것, 그것은 하나의 이행履行으로, 경계를 짓는다. 장애물이나 다름없는 것이다. 이곳과 저곳의 사이. 그러나 그것은 고유의 가치를 갖지 못한다. 사람들은 늘 바쁘게 서둘러대는 육체와 개인적이고 하찮은 것들에 여전히 얽매어 있는 데다 이미 노동의 의무를 향해 내던져진 정신, 그리고 거의 뛰다시피 하는 두 다리로 늘 자기 집에서 지하철역까지 왔다 갔다 한다. 그동안 손으로는 호주머니를 신경질적으로 뒤적이며 뭐 잊어버린 것은 없나 확인한다. 밖은 거의 존재하지 않는다. 마치 긴 복도나 터널, 거대한 체처럼 말이다.

이따금씩은 그냥 '바람이나 쐬려고' 집 밖으로 나가기도 한다. 안에서는 숨이 막힐 것처럼 느껴지기 때문에 움직이지 않는 사물들과 벽이 불러일으키는 답답함에서 벗어나고자 밖으로 나간다. 태양이 저기서 빛나는데 그 빛을 거부한다는 것은, 햇빛 쐬기를 피한다는 것은 단연코 옳지 못하다고 생각될 때 '바깥바람이나 쐬려고' 밖으로 나간다. 자, 좋다. 밖으로 나가 몇 발짝 걷는다. 여기 혹은 저기에 가기 위해서가 아니라 그냥 밖에 있고 싶어서다. 산들산들 부는 봄바람의 청량한 선선함이나 겨울 해의 불안정한 포근함을 느껴보고 싶어서다. 그것은 막간幕間이다. 그것은 자기 자신을 위한 휴식이다. 아이들 역시 그냥 나가고 싶어서 밖으로 나간다. 이때 '밖으로 나간다'는 것은 노는 것, 뛰어다니는 것, 웃는 것을 의미한다. 나이를 더 먹으면 '외출한다는 것'은 곧 친구들과 함께 어울린다는 것을, 부모들과 멀리 떨어져 지낸다는 것을, 다른 일을 한다는 것을 의미할 것이다. 그러나 대체로 밖은 여전히 두 내부의 사이에 있다. 즉 그것은 중계이자 이행인 것이다. 그것은 시간을 필요로 하는 공간에 속해 있다.

밖.

며칠 동안 계속되는 걷기에서는 모든 것이 바뀐다. '밖'은 더 이상 이행이 아니라 안정성의 요소가 된다. 사실이 뒤바뀌는 것이다. 이 숙소에서 저 숙소로, 이 대피소에서 저 대피소로 옮겨 가는 것이다. 이제 변모하고 무한히 다양한 것은 항상 '안'이다. 같은 침대에서 두 번씩 잠을 자는 일은 없다. 매일 밤 다른 주인장이 길손을 맞는다. 매일 밤 달라지는 경치와 분위기가 놀라움을 안겨준다. 벽과 돌의 다양함.

걸음을 멈춘다. 몸도 지치고 날도 어두워졌으니 휴식을 취해야 한다. 그러나 이 내부들은 매번 푯말이 되고, 밖에 더 오래 머무를 수 있는 방법이 되고, 이행이 된다.

아침의 첫걸음이 만들어내는 기묘한 느낌에 대해서도 역시 말해야 한다. 지도를 들여다보고, 어느 길로 갈지 결정하고, 작별인사를 하고, 배낭을 균형 잡힌 상태로 꾸리고, 오솔길을 찾아내고, 방향을 확인한다. 가볍게 제자리걸음도 걸어보고, 왔던 길을 돌아가 보기도 하고, 제자리를 뱅뱅 돌아보기도 해야 한다. 멈춰 서고, 확인하고, 제자리를 뱅뱅 돈다. 그러고 나면 길이 열린다. 길로 들어서서 리듬을 탄다. 고개를 들어 올린다. 드디어 출발한다. 하지만 이렇게 떠나는 것은 걷기 위해서, 밖에 있기 위해서다. 그래, 바로 그것이다. 이제 됐다. 밖은 바로 우리의 기본 요소, 즉 우리가 거기 살고 있다는 확실한 감각이다. 나는 어떤 숙소를 떠나 다른 숙소로 가지만, 나를 둘러싸고 있는 그 울퉁불퉁한 지형과 연이어진 야산들은 늘 거기 존재한다. 그리고 나는 주변을 뱅뱅 돌고, 꼭 내 집에서 그러는 것처럼 그곳을 천천히 걷는다. 걸으면서 내가 머무를 곳을 살펴본다. 반드시 거쳐야 하는 어떤 과정을 거치듯, 통과하고 두루 돌아다닌 뒤에 남겨두는 것은 풍경이 아니라 하룻밤 지내는 방과 하룻저녁에 머무는 식당, 거기 사는 사람들, 그리고 거기 사는 유령들이다.

그래서 걷다 보면 '안'과 '밖'이 더 이상 확실하게 구분되지 않고 서로 뒤섞인다. 산과 들을 통과한다고, 숙소에 머문다고 말해서는 안 될 것이다. 그 정반대라고 할 수 있다. 여러 날 동안 나는 어떤 풍경 속에 살면서 그것을 천천히 소유하고 나의 경치로 만드는 것이다.

그리고 그때 우리가 휴식의 벽을 뒤로한 채 세상 한가운데로 나서서 두 뺨을 바람에 맡기면 아침의 그 기묘한 느낌이 다시 살아날 수 있다. 오늘은 바로 여기가 내 집이다. 나는 걸으면서 바로 이곳에 머무르리라.

# 5

# 느림

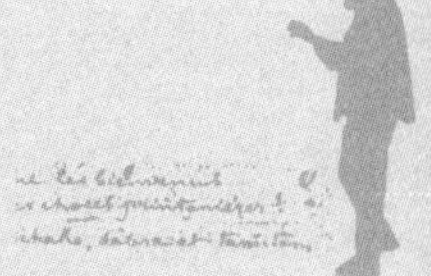

나는 그가 한 말을 오랫동안 기억할 것이다. 우리는 이탈리아 쪽 알프스 산맥의 가파른 비탈길을 올라가고 있었다. 그 당시 마테오는 나이가 나보다 적어도 쉰 살은 더 많았다. 그러니까 일흔다섯 살이 넘었다. 삐쩍 말랐고 커다란 손이 꺼칠꺼칠했으며 볼이 움푹 들어갔고 언제나 똑바른 자세를 유지했다. 사람들이 추울 때 그러는 것처럼 두 팔을 구부린 채 걸었고, 베이지색 면바지를 입고 있었다.

걷는 법을 내게 가르쳐준 사람이 바로 그였다. 물론 나는 조금 전에 말했다. 우리는 걷는 법을 배우지 않는다고. 어쨌든 걸을 때는 기술이 필요 없다. 제대로 걷든 못 걷든 그건 중요하지 않다. 이렇게 걷는 것보다는 저렇게 걷는 것이 낫다는 법도 없다. 그냥 다시 시작하고 반복하고 집중하면 된다. 걷는 법을 모르는 사람은 아무도 없다. 한쪽 발을 다른 쪽 발 앞에 놓는 것, 이것이 바로 가고 싶은 곳으로 어디든지 갈 수 있도록 만들어주는 정확한 척도이자 적당한 거리다. 그러니 다시 시작하기만 하면 된다.

한쪽 발을 다른 쪽 발 앞에 놓기.

하지만 내가 '배운다'고 말할 때, 그것은 이 이야기를 하기 위해서다. 오르막길을 걷기 시작한 몇 분 전부터 뒤에서 무언가가 우리를 압박하는 듯했다. 시끌시끌 떠드는 한 무리의 젊은이들이 우리를 추월해 더 빨리 가기 위해 자신들의 존재를 과시하려는 듯 발을 좀 더 세게 굴렀다. 그래서 우리가 옆으로 비켜서자 큰 소리로 떠들어대며 서둘러 우리를 지나쳐 갔다. 그들은 자랑스러운 미소를 지어 우리에게 고마움을 표했다. 마테오는 그들을 바라보며 이렇게 말했다. "흠, 저 친구들, 저렇게 빨리 걷는 걸 보니 목적지에 도착하지 못할까 봐 걱정되는 모양이군!"

우리는 여기서, 길을 걸을 때 자신감을 보여주는 진짜 징후는 바로 느림이라는 교훈을 얻을 수 있다. 그렇지만 내가 여기서 말하려고 하는 건는 사람의 느림이란 빠름과 정확히 반대인 느림이 아니다. 그것은 우선 발걸음이 보여주는 극도의 규칙성이자 일률성이다. 잘 걷는 사람이 이 정도로 걸으면 미끄러져 간다고 말해도 될 것이다. 아니, 그의 두 다리가 원을 그리면서 돌아간다고 말해야 할 것이다. 잘 걷지 못하는 사람은 이따금 속도를 내어 빨리 갈 수도 있다. 하지만 곧 걸음을 늦춘다. 그의 움직임은 단속적斷續的이며, 두 다리는 파각破角을 만들어낸다. 그의 빠른 움직임은 거친 호흡으로 이어지는 갑작스러운 가속加速들을 만들어낸다. 몸을 밀어내고 당길 때마다 커다란 움직임이 자발적으로 이루어지고 결정이 내려진다. 땀에 젖은 벌건 얼굴들. 느림은 무엇보다도 조급함의 반대다.

우리가 산꼭대기에 도착했을 때 아까 그 '스포츠맨들'은 열띤 목소리로 자기 점수에 대해 이러쿵저러쿵 토를 달면서 말도 안 되는 계산을 하고 앉아 있었다. 그들이 그렇게 서둘러댄 것은 시간을 만들기 위해서였다. 시간을 만들다니, 이상한 표현이다. 우리는 잠시 멈추어 선 채 풍경을 바라보았다. 그리고 젊은이들이 자기들끼리 계속 얘기를 나누며 끊임없이 비교하는 동안 천천히 다시 출발했다.

속도가 시간을 벌게 한다고 믿는 것, 그것이 바로 속도가 만들어낸 환상이다. 언뜻 보면 간단한 계산처럼 보인다. 세 시간은 족히 해야 할 일을 두 시간에 끝냈으니 한 시간을 벌었다는 식이다. 그렇지만 그건 추상적인 계산이다. 매시간을 단 1초의 차이도 없이 똑같은 시계의 시간으로 계산하면 이렇게 된다.

그러나 조급함과 속도가 시간을 가속하면 시간이 더 빨리 지나가고, 서둘러야 할 두 시간은 하루를 더 짧게 만든다. 매 순간은 하도 많이 분할되고 미어터질 정도로 채워지다 보니 갈기갈기 찢겨져 있다. 사람들은 산더미처럼 많은 것을 한 시간 속에 꾸역꾸역 밀어 넣는다.

천천히 걸어야 할 날들은 무척 길다. 이런 날들은 걷는 사람을 더 오래 살게 만든다. 매시간을, 매분을, 매초를 억지로 서로 잇고 가득 채우는 대신에 그것들이 숨을 내쉬도록, 더욱 심오해지도록 내버려 두었기 때문이다. 서두른다는 것, 그것은 곧 여러 가지 일을 동시에 재빠르게 해낸다는 것을 의미한다. 이 일을 한 다음에 저 일을 하고, 다시 다른 일을 하는 것이다. 서두르다 보면 꼭 이것저것 마구 쑤셔 넣어 가득 찬 서랍처럼 시간이 빈틈없이 꽉꽉 채워진다.

느림이란 곧, 초秒들이 줄지어 나타나 마치 바위 위에 내리는 보슬비처럼 한 방울씩 똑똑 떨어질 때까지 시간과 완벽하게 일체를 이루는 것이다. 이 같은 시간의 늘어남은 공간을 깊이 파고든다. 이것이 바로 걷기의 비밀들 가운데 하나다. 풍경에 천천히 다가가다 보면 그 풍경이 조금씩 친숙해지는 것이다. 정기적으로 자주 만나다 보면 우정이 깊어지는 것처럼 말이다. 그러니 산의 윤곽을 하루 종일 마음속에 품고 서로 다른 빛 아래서 그 모양을 짐작해보라. 그러다 보면 그 모양이 점점 더 분명해지고 또렷해진다. 걸을 때는 그 어느 것도 움직이지 않는다. 언덕들은 거의 감지할 수 없을 만큼 천천히 다가오고, 풍경 역시 아주 조금씩 변화할 뿐이다. 우리는 기차나 자동차 안에서 풍경이 우리에게 다가오는 것을 본다. 빠르고 생기 넘치는 눈은 모든 걸 다 이해했고 하나도 빠짐없이 포착했다고 믿는다. 걷는 동안에는 사실 그 어떤 것도 움직이지 않는다. 오히려 존재가 우리 몸속에 천천히 자리 잡는다고 말해야 할 것이다. 걷는다는 것은 무엇인가에 다가가는 것이라기보다는 거기 있는 것들이 우리 몸속에서 더 오랫동안 지속되는 것이다.

풍경은 풍미와 색깔, 향기가 뭉친 덩어리이고, 몸은 여기서 활력을 얻는다.

# 6

# 도피의 열정

## 아르튀르 랭보

저는 이것에 대한 회답으로 당신에게 주소를 알려줄 수가 없습니다.
왜냐하면 개인적으로 다음에 제가 어떤 길을 통해, 무얼 하러, 어떻게,
어디에 이끌려 가 있게 될지 알 수 없기 때문입니다.

랭보, 1884년 5월 5일에 아덴에서 보낸 편지

**아르튀르 랭보**Jean Nicolas Arthur Rimbaud(1854~1891)

19세기 프랑스 상징파를 이끌었던 천재 시인. 엄격한 가톨릭 신자인 홀어머니 슬하에서 자랐으나 세 번이나 가출했고, 광범위한 독서와 비범한 시적 재능을 바탕으로 독창적인 시들을 썼다. 견자見者의 시학을 내세웠던 그는 기행과 방랑, 천재성과 광기, 그리고 시대를 앞서는 문학적 비전으로 가득 찬 작품 세계를 펼쳐냄으로써 훗날 상징주의와 초현실주의 시인들에게 커다란 영향을 끼쳤다. 시인 폴 베를렌Paul Verlaine과 유별난 교제를 벌이는 한편, 그로부터 총격을 받고 스캔들의 주인공이 되기도 했다. 그 후 문학에 더 이상 감흥을 느끼지 못한 랭보는 스무 살에 문학을 던져버렸다. 이후 유럽 각국과 아프리카 등지로 돌아다니며 유랑 생활을 하면서 여러 직업을 전전하다가 서른일곱의 나이로 타계했다.

베를렌에게 그는 "바람구두를 신은 인간"이었다. 아직 몹시 어렸던 랭보는 자신에 대해 다음과 같은 평가를 내렸다. "난 그저 걸어 다니는 사람일 뿐, 그 이상도 그 이하도 아니야." 랭보는 평생을 걸었다.

고집스럽게, 그리고 열심히. 열다섯 살에서 열일곱 살 때까지는 대도시로 가기 위해 걸었다. 문학적 희망을 가슴에 품은 그는 파르나스Parnasse 시파詩派에게 자신의 존재를 알리고, 절망스러울 만큼 혼자인 자기 같은 시인들을 만나고, 사랑받기 위해(자신의 시가 읽히게 하려고) 파리를 향해 걸었다. 또한 브뤼셀을 향해 걸은 것은 저널리즘 분야에서 경력을 쌓기 위해서였다. 스무 살에서 스물네 살 때까지는 남쪽으로 이어지는 길을 여러 차례 걸었다. 겨울을 보내려고 자기 집으로 돌아갔고, 여행을 준비했다. 지중해의 항구들(마르세유나 제노바)과 샤를빌 사이를 쉴 새 없이 왕복했다. 태양을 향해 걸었다. 그리고 스물다섯 살부터 죽을 때까지 사막의 길을 걸었다. 이번에는 태양 속에서 걸었다. 아덴에서 하라르까지, 여러 차례.

가자! 걷기, 무거운 짐, 사막, 권태, 그리고 분노.

***

열다섯 살 때 시인들의 도시 파리에 매혹된 랭보는 샤를빌에서 너무 외롭고 자신이 아무 쓸모도 없다고 느꼈기에 순진한 꿈을 가득 안고 가출을 한다. 8월의 어느 날 아침 아주 이른 시간, 아무 말도 남기지 않고 걸어서 떠난 것이었다. 그는 아마도 지베Givet까지 걸어가서 기차를 탔다. 그러나 책들(성적이 우수한 학생이었던 그가 상으로 받은 책들이었다)을 판 돈만 가지고는 파리까지 가는 기차표를 살 수가 없었다. 파리의 스트라스부르 기차역에 도착했을 때 경찰이 그를 기다리고 있었다. 그는 절도와 부랑 죄로 체포되어 그 자리에서 경찰서 유치장에 갇혔다가 마자스 교도소로 넘겨졌다. 그의 수사학 교사, 저 유명한 조르주 이장바르Georges Izambard가 그를 구하러 달려와 철도회사에 기차 요금을 지불한 덕분에 랭보는 석방되었다. 샤를빌로 이어지는 철로가 전쟁 때문에 여전히 끊겨 있었으므로 랭보는 두에Douai에 있는 그의 보호자인 이장바르의 집으로 갔다. 그는 그곳에서 문학에 대해 얘기하고 누나들의 귀염을 받으며 행복한 나날을 보냈지만 어머니가 찾아와 그를 집으로 데려갔다.

그러나 한 달도 채 되지 않아 랭보는 다른 책들을 팔아 또다시 집을 나갔다. 퓌메까지 기차를 타고 간 다음 뫼즈 강을 따라 걸으며 비로, 지베 등 이 마을 저 마을을 지나갔다. 그렇게 샤를루아에 도착했다.

여드레 전부터 나는 길에 깔린 자갈에

내 신발을 찢었네. 그리고 샤를루아에 들어갔네.

거기서 그는 《샤를루아 신문*Journal de Charleroi*》사를 찾아가 일하게 해달라고 부탁했으나 거절당했다. 랭보는 50킬로미터 떨어진 브뤼셀까지 동전 한 푼 없이 다시 걸었다. 거기 가면 어쨌든 보호자인 이장바르를 만날 수 있으리라고 생각한 것이다.

나는 구멍 난 호주머니에 두 주먹을 집어넣고 갔지.
내 짤막한 외투도 이상理想이 되었네.
나는 태양 아래를 가네, 뮤즈여! 그리고 나는 그대의 신봉자라네.
오, 이런 세상에! 나는 얼마나 아름다운 사랑을 꿈꾸었던가!

두 손을 호주머니에 찔러 넣은 채 문학적 영광과 사랑을 꿈꾸면서 기쁨의 탄성을 외치며 50킬로미터를 걸은 것이다. 이장바르는 브뤼셀에 없었다. 이장바르의 친구인 폴 뒤랑Paul Durand이 그에게 다시 떠날 차비를 마련해주었다. 랭보는 자기 집으로 곧장 돌아가지 않고 새로운 가족이 사는 두에로 갔다. "저예요. 제가 돌아왔어요." 그는 길을 걸으며 영감(가출의 영감)을 얻고 규칙적으로 흔들리는 두 팔과 오솔길의 리듬에 맞추어 지어낸 시詩 한 편을 가지고 도착했다.

행복의 시, 시골 여인숙에서의 축제 같은 휴식. 걸어온 길이 불러일으키는 만족, 공간으로 충만한 육체. 젊음.

나는 한없이 행복해하며 두 다리를 식탁 아래로 길게 뻗었다네.

가을에 랭보는 몇 날 며칠 동안 황금빛 속을 걸었다. 밤이 되면 별들을 지붕 삼아 길가에서 잠을 자기도 했다.

내 여인숙은 큰곰자리에 있었네.
—하늘에 떠 있는 내 별들은 옷깃이 살짝 스치는 소리를 내곤 했지.

랭보는 자신이 지은 시들을 커다란 흰 종이에 정성스럽게 베껴 썼다. 그는 새로운 가족의 애정을 느끼며 행복해했다. 그의 나이 열여섯. 11월 1일 랭보의 어머니("어둠의 입")는 아들을 즉시 돌려달라고 이장바르에게 요구했다. "비용이 청구되는 것을 피하기 위해" 경찰력을 동원하겠다는 것이었다.

1871년 2월, 프로이센과 프랑스 사이에 전쟁이 일어났다. 랭보는 처음으로 교도소의 담밖에 보지 못했던 파리를 줄곧 꿈꾸고 있었다. 샤를빌은 여전히 추웠다. 머리가 덥수룩하게 자란 랭보는 잔뜩 거드름을 피우고 있었다. 그는 거만하게 파이프 담배를 피우며 큰길을 성큼성큼 걸었다. 그는 몹시 원통해하고 있었다. 그는 여전히 아무에게도 말하지 않고 몰래 또 한 번의 가출을 준비하고 있었다. 이번에는 목적지까지 가는 기차표를 사기 위해 은시계를 팔아 충분한 돈을 만들었다. 2월 25일, 그는 파리 거리를 방랑하며 서점의 진열창을 감동스러운 표정으로 바라보기도 하고, 시의 새로운 경향에 대해 알아

1872년 베를렌이 스케치한 랭보

보기도 하고, 석탄선石炭船에서 잠을 자기도 하고, 남이 먹고 남긴 음식을 먹기도 하고, 세나클*과 접촉하려고 무진 애를 쓰기도 했다. 그러나 문학을 할 시간이 아니었다. 프로이센인들이 파리에 입성했고, 도시는 온통 검은색 장막으로 뒤덮였다. 배 속도 텅 비고 주머니도 텅 빈 채 랭보는 적군의 전선을 통과했고, 때로는 농부의 짐수레를 밀어주고 잔돈푼을 받아 먹을 것을 사 먹으며 걸어서 집으로 돌아갔다. 그는 집에 "거의 벌거벗은 채 심한 기관지염에 걸린 상태로 밤중에" 도착했다.

그는 봄에 다시 떠나게 될까? 전설인가, 아니면 실제인가? 수수께

* Cénacle. 빅토르 위고Victor Hugo를 중심으로 한 낭만파 그룹. 젊은 문인들과 예술가들로 구성되었다.

끼다. 도대체 어떻게 알겠는가? 랭보는 코뮌에 관한 소식을 듣고 전율했음이 틀림없다. 샤를빌에서 그는 저 아래서 사람들이 저항한다는 것을 느끼고 원통해했다. 그는 어렸을 때는 신심이 깊었으나 이제는 완강한 공화주의자가, 준엄한 반교권주의자가 되었다. 박애와 자유의 이름으로 반란을 일으켰다는 소식을 듣자 그는 미칠 듯이 흥분했다. "기존 질서가 무너진 것이다." 3월에 파리 코뮌이 공포되었다. 최소한 4월에는 랭보가 파리에서 목격되었을 수도 있다. 하기야 그걸 누가 알겠는가? 에르네스트 들라에Ernest Delahaye는 랭보가 '파리 코뮌 사태' 때 국민군에 자원하여 바빌론 부대에 소속되어 있었다고 이야기한다. 그는 비정규군 병사로 보름 동안 싸웠다. 석탄선을 타고 파리에 왔던 그는 참담하고 기진맥진한 상태로 걸어서 집으로 돌아갔다. 돈이 단 한 푼도 없었다.

그는 다시 네 번째(아니면 그냥 세 번째인가?)로 파리에 올라갔다. 이번에는 정말로 인정받게 될 것이다. 1871년 가을이었다. 그는 이제 열일곱 살이 되었다. 이번에는 그의 어머니에게 통보까지 된, 거의 공식적인 여행이나 마찬가지였다. 그곳에서 기다리는 사람이 있었기 때문이다. 랭보는 그의 시를 받아서 읽어보고 완전히 매료된 ("오게나, 어서 빨리 오게나, 나의 위대한 영혼이여") 베를렌의 초대까지 받았다. 베를렌은 여러 사람에게서 돈을 모아 랭보가 타고 올 기차 요금을 내주었다. 랭보는 〈취한 배Le Bateau ivre〉라는 시를 써서 가지고 갔는데, 일종의 저당물이자 공물이자 증거였다.

그리고 우리가 이미 알고 있는 것처럼 베를렌과 랭보는 3년이라는

화가 앙리 팡탱 라투르가 그린 〈식탁 모퉁이에서〉에 등장하는 베를렌과 랭보

긴 시간 동안 파란 많고 열정적인 관계를 유지하게 된다. 쥐티스트zutiste 시동인詩同人에서의 광적인 행동, 함께 보낸 세 차례의 파란만장한 런던 체류, 역겨운 술잔치, 무시무시한 감정 폭발과 숭고한 화해, 모든 걸 끝장낸 브뤼셀에서의 불행한 저격 사건. 베를렌은 감옥에 갇혔다. 랭보는 몇 번이나 처음 단계로, 고향과 어린 시절에 살던 곳으로 돌아갔다(샤를빌이나 로슈). 하지만 그곳은 언제나 지독하게 권태로웠다. 베를렌과 벌였던 모험 때문에 그는 문학 파벌들과 멀어지게 된다. 처음 파리에 진출했을 때부터 그에게는 더러운 자식이라든가 거친 불량소년, 만성 알코올 중독자라는 소문이 따라다녔다.

1875년에 그는 스무 살이 되었고 《지옥에서 보낸 한 철*Une Saison En Enfer*》과 《일뤼미나시옹*Illuminations*》을 썼다. 그리고 어쩌면 《영혼의 사냥*La Chasse spirituelle*》이라는 시집도 썼을지 모른다(이 시집은 분실되어 찾을 길이 없다). 그는 더 이상 시를 쓰지 않는다. 《지옥에서 보낸 한 철》은 출판되었지만 철저히 외면당했다. 그는 출판사에 돈을 줄 수가 없어서 겨우 시집 몇 부만을 들고 왔다. 《일뤼미나시옹》이 출판되는 건 결코 보지 못한다. 5년 만에 한 소년이 문학 전체를 변화시키게 된다. 그는 더 이상 단 한 편의 시도 쓰지 않는다. 물론 전보 스타일의 편지(후다닥 쓴 편지)는 많이 썼지만 시는 단 한 줄도 쓰지 않았다. 다시금 그는 끈질기게 많이 걸을 것이다.

그는 멀리까지 여행하고 싶어 했고, 홀로 방에서 언어들을 배웠다. 독일어를 공부했고, 이탈리아어를 시작했으며, 스페인어를 배울 계획을 세웠다. 그리스-러시아어 사전을 열심히 들여다보았으며, 아마 아랍어 기초도 익혔던 듯하다. 그는 5년 동안 배우면서 겨울을 보냈다. 그리고 봄이 되면 오랫동안 걸었다.

1875년. 그는 슈투트가르트에서 이탈리아까지 가기로 결정한다. 처음에는 기차를 탔지만 스위스를 통과하고는 금방 돈이 떨어졌다. 그는 계속 걸어 생 고다르 언덕을 올라갔다가 기진맥진한 상태로 내려와 밀라노에 도착했고, 여기서 한 낯선 여인이 그를 재워주었다. 그는 걸어서 브린디시에 가고 싶어 했다. 하지만 리보르노와 시에나 사이의 도로에서 일사병에 걸려 쓰러지고 말았다. 마르세유에서 송환된 그는 파리로 갔다가 다시 샤를빌로 갔다.

1876년. 걷기, 그리고 모험. 그는 머리를 박박 깎은 다음 러시아를 향해 떠났으나 빈Wien도 지나지 못하고 한 마부에게 두들겨 맞아 서류도 없이 반쯤 죽은 상태로 발견되었다. 그는 네덜란드군에 지원했다가 인도네시아의 살라티가에서 탈영했다.

1877년. 독일의 브레멘에서 출발하여 아메리카 대륙으로 가려 했으나 스톡홀름에 가서 한 서커스단 매표 창구에서 표를 받는 사람이 되었다. 그리고 샤를빌로 돌아갔다.

1878년. 마르세유에서 이집트행 배를 탔으나 금방 병에 걸려 프랑스로 송환되었다. 걸어서 집으로 돌아가고 난 후, 다시 스위스로 떠난다. 다시금 생 고다르를 지나 제노바까지 걸어가서 키프로스(여기서 작업반장으로 일한다)행 배를 탄다. 그러나 1879년 봄, 열병이 더 이상 그를 놓아주지 않는다. 그래서 다시 집으로 돌아간다. 겨울의 첫 추위가 시작되자 다시 마르세유로 내려갔지만 이번에도 열병이 그의 발목을 잡는다. 다시 집으로 간다.

항상 똑같은 움직임, 똑같은 느린 진동이 되풀이되었다. 겨울에는 격정을 간신히 억누르고 지겨워하며 언어 사전을 들여다보다가 나머지 시간에는 자신의 운을 실험해보는 것이었다.

랭보는 1880년에 또다시 키프로스를 향해 떠났다. 그랬다가 그곳을 서둘러 떠난(한 노동자에게 치명상을 입혀서 그랬던 것일까?) 그는 북쪽으로 돌아가지 않고 처음으로 보다 남쪽으로 계속 내려갔다. 홍해를 지나 아덴까지.

이것은 그의 삶의 마지막 장이 될 것이다. 그는 10년 동안 아덴과 하라르 사이의 사막과 산에서 지낸다.

40도. 아덴은 찜통이었다. 랭보는 커피를 선별하는 것을 감독했고, 직원들 사이에서 인정을 받았다. 그곳에 정착한 상인 피에르 바르데

1883년 하라르에서 일하던 당시에 랭보가 찍은 자신의 사진

Pierre Bardey는 아비시니아* 해안에서 멀리 떨어져 있고 고원에 위치한 하라르에 새 지점을 내기로 결정하고 적임자로 랭보를 점찍었다. 해발 1,800미터인 이곳은 기후가 온화했다. 랭보는 그의 제안을 받아들이고 대상隊商을 꾸렸다.

하라르에 가기 위해서는 가시덤불과 자갈이 깔린 사막을 통과해 숲과 산으로 이루어진 300킬로미터가 넘는 도로를 지나 언덕을 여러 개 넘어야만 했다. 랭보는 말을 타고 떠났지만, 대체로 말에서 내려 걸어가야만 했다. 대상은 느리게 전진해 하라르까지 가는 데 꼬박 2주일이 걸렸다.

하라르에 도착한 이 새 지점의 신참 직원은 장사를 하고, 낯선 환경에 적응하고, 따분해하고, 화를 내고, 틈틈이 탐험 여행을 했다. 하라르에서 1년을 머무르다 아덴으로 돌아간 그는, 다시 하라르로 그러고는 또다시 아덴으로 돌아가는 것을 반복했다. 항상 같은 길을 오갔고, 늘 피곤했다. 지점의 상황이 바뀌면서 그가 하는 일도 달라졌다. 사실 장사가 잘되지는 않았다. 그는 무모한 계획을 짰고, 계획

* Abyssinia. 에티오피아의 옛 이름.

은 금세 실패로 끝났다. 그는 정착해서 평화롭게 사는 데 필요한 돈을, 약간의 돈을 벌고 싶어 했다.

1885년, 그는 결국 돈을 벌 만한 한 가지 아이디어를 생각해냈다. 대상을 이용해 무기와 탄약을 쇼아까지 싣고 가서 메넬리크Menelik 왕에게 판다는 것이었다. 그는 모아둔 돈을 전부 다 이 일에 쏟아부었다. 그는 두 명의 공모자이자 파트너인 폴 솔레예Paul Soleillet와 피에르 라바튀Pierre Labattut를 찾아냈지만 두 사람 모두 얼마 지나지 않아 죽고 말았다. 랭보는 포기하지 않았다. 모아둔 돈을 또 투자했다("갈 길은 무척 멀어서 안코베까지 가려면 두 달 동안 걸어야만 했다"고 말한 그는 1886년 9월에 그곳으로 떠났다). 우고 페란디*는 그가 떠나는 것을 지켜보았다. "그는 여전히 대상의 맨 앞에서 걸어갔다." "가장 건조한 사막을 50일 동안 걸어갔다." 타주라에서 안코베까지, 생물체라곤 전혀 존재하지 않는 광활한 현무암 사막을 가로지르는 황량한 길이 이어졌다. 땅바닥이 타는 듯 뜨거웠다. 그것은 "달의 풍경을 연상시키는 무시무시한 길이었다". 안코베에 도착했지만 왕을 만날 수가 없었다. 랭보는 파산했다. 그는 지칠 대로 지쳤다. 모든 걸 다 잃어버린 그는 다시 하라르로 돌아가 조용히 소규모 사업을 시작했다.

무릎이 아프기 시작하더니 엄청나게 부어오를 때까지. 그의 나이 서른여섯 살이었다.

---

* Ugo Ferrandi(1852~1928). 이탈리아 출신의 해군 대위이자 탐험가.

아덴의 사막. 랭보는 10년간 하라르와 아덴을 오가며 살았다

***

열다섯 살 때의 랭보. 허약한 소년, 결연하게 먼 곳을 바라보는 그의 푸른 눈빛. 가출하는 날 아침, 동이 트기 시작하면 그는 어둠으로 가득 찬 집에서 소리 없이 일어나 문을 살그머니 닫고 길을 나섰다. 작은 흰색 길이 평온하게 깨어나는 것을 보며 가슴이 뛰는 것을 느꼈다. "자, 가자!"

걸었다. 항상 걸으며 "경쟁자가 없는 자신의 두 발로" 땅의 너비를 재어보았다.

샤를빌에서 샤를루아 사이를 몇 번이나 왔다 갔다 했던가. 전쟁이 일어나 학교가 문을 닫은 그 몇 달 동안, 들라에와 함께 담배를 사러 몇 번이나 벨기에에 갔던가. 굶주린 배를 부여잡고 아무 소득 없이 파리에서 몇 번이나 돌아왔던가. 그러고 나서 몇 번이나 마르세유나 이탈리아 등 남쪽으로 이어지는 길을 걸었던가. 마지막으로 사막의

랭보는 낙타 몰이꾼을 대동한 대상들과 길을 떠나곤 했다

길(제일라에서 하라르까지의 길, 그리고 1885년의 대상隊商)을 몇 번이나 걸었던가.

그는 늘 매번 걸었다. "난 그저 걸어 다니는 사람일 뿐, 그 이상도 그 이하도 아니야." 그는 걸어 다니는 사람일 뿐이었다.

걸어서 앞으로 나아가기 위해서는 분노가 필요하다. 그의 가슴속에는 그 출발의 외침이, 그 격렬한 환희가 항상 존재하고 있었다.

> 자, 모자여, 외투여, 두 주먹을 호주머니에 집어넣고 나가자.
> 자, 길을 떠나자!
> 자, 가자!

그는 걸었다.

떠나서 걷기 위해서는 분노가 필요하다. 분노는 외부에서 오지 않는다. 먼 바다가 부른다거나, 진리를 발견할 수 있다거나, 보물이 유혹해서 걷는 게 아니다. 무엇보다도 가슴속에서 격심한 고통이 느껴져서 걷는 것이다. 여기 이곳에 있다는 고통이, 그냥 가만히 이곳에 머물러 있다가 산 채로 묻힐 수는 없다는 절박함을 뱃속 깊숙한 곳에서 느낀다. 그는 하라르의 높은 산에서 이렇게 썼다. "당신들이 사는 곳은 날씨가 나빠요. 당신들이 사는 곳은 겨울이 너무 길고 빗방울이 너무 차가워요. 하지만 우리가 사는 아비시니아에서는 그 같은 불운과 그 같은 권태, 그 같은 부동성조차도 불가능해요. 읽을 것도 없고, 말을 나눌 사람도 없고, 벌 돈도 없으니까요."

여기서는 그것이 불가능하다. 여기서는 하루 더 지내는 것이 불가능하다. 여기서는 "견딜 수가 없다".

떠나야 한다. "자, 출발이다!" 태양을 향해 가는 길이라면, 더 많은 빛을 향해, 눈이 보이지 않고 귀가 들리지 않을 정도로 환한 빛을 향해 가는 길이라면 어떤 길이든지 좋다. 아마도 더 나은 길은 아닐지 모르지만, 어쨌든 여기서 멀어질 수는 있다. 그곳에 가기 위해서는 길이 필요하다. "구멍 난 호주머니에 두 주먹을 집어넣고." 더 이상 여기 있지 않으려면 도로를, 산책길을, 오솔길을 걸어야만 한다.

이곳이여 안녕, 난 어디든지 가려니.

걷기는 분노의 표현 같기도 하고, 무가치한 결정의 표현 같기도 하다. 길을 나선다는 것, 그것은 항상 떠나는 것이다. 뒤에 다 남겨두고 떠나는 것이다. 이 걷기 출발에는 언제 어느 때라도 되돌아갈 수 있는 운송수단에는 없는 결정적인 뭔가가 있다. 그러므로 출발할 때 불안과 경쾌함이 뒤섞인 감정을 느끼게 되는 것이다. 불안을 느끼는 것은, 포기하기 때문이다(돌아온다는 것은 곧 실패다. 걸어서 돌아오기란 불가능하다. 그냥 짧은 산책은 예외지만 며칠씩 오래 걸을 때는 불가능하다. 걷는다는 것, 그것은 곧 앞으로 나아간다는 것이다. 길은 멀다. 다시 돌아오면 많은 시간을 허비하게 되는 것이다. 시간은 중요하고 막대하다). 그렇지만 경쾌하기도 하다. 모든 것을 뒤에 남겨두기 때문이다. 다른 사람들은 마치 석상처럼 움직이지 않고 제 자리에 머물러 있지만, 경쾌함은 전율하고 있는 우리를 다른 곳으로 데려간다.

파리로의 탈출, 런던에서의 배회, 벨기에 여행, 알프스 산맥 횡단, 사막 걷기, 마지막으로 하라르. 그리고 엄청나게 부어오른 무릎. 1891년 2월 20일에 랭보는 이렇게 썼다. "지금 몸이 좋지 않아요." 다리가 너무 아파서 잠을 제대로 자지 못할 정도였다. 그는 통증을 견디며 계속 일하고 활동했다. 하지만 무릎이 더 이상 굽혀지지 않자 모든 것을 헐값에 처분하고 떠나기로 결심했다. 4월 7일, 그는 아침 6시에 들것에 실려 하라르를 영원히 떠났다. 그는 여섯 명을 고용하여 차례로 자신을 들게 했다. 그는 열하루 동안 통증에 시달렸다. 한번은 열여섯 시간 동안 장대비를 맞았다. "정말이지 힘들었습니다." 그렇게 잘 달리던 그가 마치 짐짝처럼 들것에 실린 채 흔들리며 열하루 동안 300킬로미터 이상을 간 것이다! 그는 완전히 탈진했다. "내 무릎은 눈에 띌 정도로 부풀어 올랐고, 통증은 점점 더 심해졌습니다." 잠시 멈춰서 일을 처리한 다음 마르세유까지 다시 열하루 동안 배(아마존 호)를 타야 했다.

랭보는 콩셉시옹 병원으로 후송되었다. "정말 너무너무 아픕니다." 서둘러 다리를 절단해야만 했다. 무릎 위를 잘라냈다. "의사가 한 달은 더 있어야 한다고 말했어요. 그런 후에도 아주 천천히 걷기 시작할 수 있을 뿐이라고요." 상처가 제대로 아물었다. "나는 목발을 하나 주문했는데, 2킬로그램밖에 안 나가고 여드레 뒤에는 준비될 거예요. 그걸로 아주 천천히 걸어볼 겁니다." 랭보는 마음대로 움직일 수가 없어서 원통했다. 그의 어머니가 그를 보러 잠깐 왔다가 다시 떠났다. "나는 이것도 해보고 싶고 저것도 해보고 싶으며, 여기도 가고 싶고 저기도 가보고 싶습니다. 난 보고 싶고, 살고 싶고, 떠나고 싶단 말입니다."

그는 더 이상 병원을 견딜 수 없어서 기차를 타고 로슈에 사는 가족에게 돌아가기로 한다. 20년 만에 처음 단계로 돌아가는 것이었다. 누이동생 이자벨Isabelle이 걸핏하면 화를 내는 그를 몹시 헌신적으로 보살펴주었다. 그럼에도 그의 상태는 점점 더 악화되었다. 온몸이 다 아파서 제대로 먹을 수 없었고 제대로 잠잘 수도 없었다. 온종일 마시는 거라곤 양귀비를 우려낸 물뿐이었다.

랭보는 가을 나뭇잎처럼 비쩍 마르고 약해졌다. 그러나 다시 떠나기로 결심했다. 최후의 도약. 프랑스 북부의 여름은 너무 추웠다. 여름이지만 마르세유에서 배를 타고 싶었다. 그러고 나서 알제나 아덴에 가고 싶었다. 그는 기진맥진해 있었지만 다시 떠나고 싶었고, 그렇게 다시 떠났다. 태양을 향해서. "주여, 초원이 추울 때에는……." 8월

23일, 누이동생이 그와 동행하여 함께 기차를 탔다. 집에서 마차까지, 마차에서 기차까지, 역에서 역으로 옮겨 가는 것은 매번 정말 고역이었다. 그는 마르세유에 도착하자마자 바로 병원에 입원했다. 여행이 그를 완전히 무너뜨렸다.

랭보를 진찰한 의사들은 그가 회복될 가망이 없다는 결론을 내렸다. 그것은 그의 마지막 휴식이 되었다. 짧으면 몇 주일, 길어봤자 몇 달 정도 살 수 있을 것이었다. 그에게는 사실대로 알려주지 않았다. 9월 3일, 랭보는 떨리지 않는 글씨로 이렇게 쓸 수 있었다. "난 지금 의족을 기다리고 있습니다. 의족이 도착하면 바로 내게 보내주세요. 어서 빨리 여기서 떠나고 싶으니까." 그는 자신의 다리를 기다리고 있었다. 아직 더 걷고 싶었다. 매일 자신의 새로운 다리에 관해 얘기하면서 "일어나서 걸을 수 있게" 빨리 달라고 요구했다. 그는 점점 더 고통으로 힘들어했으며, 창문 너머로 자신을 부르는 짙푸른 하늘을 바라보며 눈물 흘렸다. 그 눈물은 마치 누이동생을 비난하는 것처럼 느껴졌다. "난 땅속으로 들어가고 넌 태양 아래를 걷겠구나!" 그의 몸 전체가 서서히 경직되면서 마비되었다. "난 움직이지 못하는 나무토막에 불과해!" 그는 계속 모르핀 주사를 맞다시피 했다. 통증이 훨씬 더 심해졌다. 11월 초에 그는 헛소리를 했다. 그 주는 그가 이곳에서 보내는 마지막 주가 된다.

나는 랭보의 누이동생인 이자벨이 쓴 《죽어가는 랭보*Rimbaud mourant*》에 등장하는 임종 직전의 개종 이야기보다는 마지막 정신착란 이야기를 더 좋아한다. 랭보는 두 팔이 마비되어 침대에 꼼짝 못

프랑스 샤를빌에 세워진 '걷는 랭보'의 동상

하고 누워 있었다. 얼마 안 있으면 그의 심장도 마비될 것이다. 그는 헛소리를 한다. 그는 자기가 다시 떠나 걷는 모습을 본다. 그는 하라르에 있고, 거기서 아덴으로 떠나야 한다. "자, 가자!" 그는 이 "자, 가자!"라는 말을 몇 번이나 하게 될 것인가? 랭보는 헛소리를 한다. 대상을 조직해야 해, 낙타들을 찾으러 가야 해. 그는 꿈을 꾼다. 그의 의족은 성공작이다. "그는 관절을 지닌 새로운 다리로 아주 쉽게 걷는다." 그는 달린다. 그는 어서 빨리 떠나고 싶어 한다. "빨리, 빨리, 사람들이 우리를 기다리고 있어. 짐을 챙겨서 떠나야 해." 그가 마지막으로 한 말은 "빨리, 사람들이 우리를 기다려"였다. 그는 화가 나 있다. 늦었는데 왜 이렇게 자기가 오랫동안 잠을 자도록 내버려두었느냐는 것이다. 너무 늦었다는 것이다.

"주여, 초원이 추울 때에는……." 가족과 어머니를 피해 멀리 도망쳐야 한다. 아덴 지방의 추위와 어두운 숲 속에서 울부짖는 차가운 바람을 피해 도망쳐야 한다. 슬픔과 권태, 흐린 날씨, 우울한 나날들, 우중충한 하늘을 날아다니는 검은색 까마귀들을 피해 도망쳐야 한다. 견디기 힘든 겨울의 침울함을 피해 도망쳐야 한다. 비열하고 어리석은 기득권자들을 피해 도망쳐야 한다. "5월의 꾀꼬리들을 그냥 내버려두세요."

걸어야 한다. 나는 랭보의 시를 읽으면 그가 마치 도망치듯 걷는다는 느낌을 받는다. 걸으면서 느껴지는 늘 앞질러 간다는 그 심오한 즐거움, 걷고 있는데 돌아간다는 것은 말도 안 된다. 됐다, 이제는 떠났다. 피곤하고 기진맥진하고 자신과 세상을 잊어버렸다는 데서 또다시 한없는 즐거움이 느껴진다. 우리의 모든 옛이야기와 그 진력나는 중얼거림은 꼭 길을 망치로 두들기는 듯 규칙적인 발걸음 소리에 덮여 들리지 않는다. 녹초가 될 정도의 피로는 모든 것을 다 파묻어버린다. 우리는 우리 자신이 왜 걷는지 그 이유를 안다. 앞으로 나아가기 위해 걷는다. 떠나기 위해 걷는다. 만나기 위해 걷는다. 다시 떠나기 위해 걷는다.

> 자, 길을 떠나자!
> 난 그저 걸어 다니는 사람일 뿐, 그 이상도 그 이하도 아니야.

랭보는 1891년 11월 10일에 숨을 거두었다. 막 서른일곱 살이 된 때였다. 콩셉시옹 병원의 사망확인서에는 이렇게 기록되어 있었다.

'샤를빌 출생, 마르세유에 일시 체류.'

일시 체류. 그는 떠나기 위해 왔을 뿐이었다.

# 7

# 고독

이제 제대로 즐거움을 맛보기 위해서는 혼자 도보 여행을 해야만 한다. 여러 명이 함께, 혹은 심지어는 두 명이 함께 도보 여행을 할 경우 도보 여행은 이름만 도보 여행이 되고 만다. 그것은 도보 여행과는 다른 무엇으로, 오히려 소풍에 가깝다. 도보 여행은 혼자 해야 한다. 가장 중요한 것은 자유이기 때문이다. 자기가 원하는 대로 자유롭게 멈춰 서기도 하고, 계속 길을 가기도 하고, 이쪽 길이나 저쪽 길을 따라갈 수도 있기 때문이다. 그리고 자기 리듬대로 걸어야 하기 때문이다.

로버트 루이스 스티븐슨, 《당나귀를 타고 세벤 지방을 여행하다》

정말 혼자 걸어야 하는 것일까? 니체나 헨리 데이비드 소로Henry David Thoreau, 장 자크 루소Jean-Jacques Rousseau 등 실례는 얼마든지 있다.

누군가와 동행하면 어쩔 수 없이 부딪치고 방해하고 헛걸음을 해야 한다. 걸을 때는 자신의 기본 리듬을 알아내어 그것을 유지해야 한다. 기본 리듬이란 각자에게 잘 맞아서 열 시간 이상을 걸어도 지치지 않도록 해준다. 그런데 이 기본 리듬은 매우 정확하다. 그래서 다른 사람과 보조를 맞추려고 속도를 내거나 늦추다 보면 몸이 제대로 따라가지 못한다.

그렇다고 해서 완전한 고독이 꼭 필요하다는 건 아니다. 서너 명까지는…… 서너 명까지는 그래도 서로 말하지 않고 걸을 수 있다. 그 정도는 다들 앞서거니 뒤서거니 하다 보면 간격이 조금 생기게 되고, 처음에는 돌아서기도 하고 잠깐 사이를 두기도 하고 짐짓 초연하게 자동적으로, 거의 무관심하게 "괜찮아요?"라고 묻기도 한다. 그러면 사람들은 손짓으로 응답한다. 손을 허리에 얹은 채 맨 뒤에 오는 사람을 기다리다가 다시 출발한다. 그러다 보면 순서가 바뀌기도 한다. 리듬들은 왔다 갔다 하면서 서로 교차한다. 스스로 걷는다 해도 완전히 균일하고 규칙적으로 걷는 게 아니기 때문이다. 육체는 기계가 아니다. 육체는 가벼운 휴식이나 긍정적인 즐거움의 순간을 제공한다. 그러므로 서너 명까지는 함께 걸으면서 고독의 순간을 같이 나눌 수 있다. 빵을 나누어 먹듯 하루를 나누어 쓰듯 고독 역시 함께 나눌 수 있기 때문이다.

네 명을 넘어서면 그건 집단이 된다. 군대가 행군하는 것이다. 높은 언성, 휘파람 소리. 이 사람 저 사람 찾아다니기도 하고, 다른 사람을 기다리기도 한다. 사람들이 집단을 이루면, 이 집단은 얼마 안 있어 패거리가 된다. 심지어는 식사를 할 때조차 사람들은 음식을 맛보게 하려 하고, 서로 맛을 보고는 놀라워한다. 꼭 무슨 경매라도 하는 것 같다. 그러다 보면 아수라장이 된다. 소박하거나 엄격한 것은 더 이상 존재하지 않는다. 인간 사회가 산으로 옮겨진 것이다. 사람들은 비교하기 시작한다. 걷기 위해서는 혼자여야 한다. 다섯 명이 넘으면 고독을 함께 나누기란 불가능하다.

그러니 혼자여야 한다. 이번에는 정말 혼자여야 한다. 그러나 인간이 완전히 혼자인 법은 결코 없다. 그래서 소로는 《월든, 혹은 숲 속에서의 생활 *Walden, or Life in the Woods*》(이하 《월든》)에서 이렇게 썼다. "나는 누군가가 나를 찾아올 때까지 아침 내내 동무들이랑 즐거운 시간을 보내곤 했다"(나무와 태양, 조약돌이랑 같이 시간을 보내는 것이었다). 결국 타인을 자주 만나다 보면 우리는 다시 고독해진다. 대화는 우리로 하여금 자기 자신과 자기 자신의 차이에 대해 말하도록 한다. 그리고 타인은 우리를 우리의 역사와 정체성 속에 존재하는 우리 자신에게 아주 서서히 되돌려 보내는데, 이것은 곧 몰이해와 거짓을 의미한다. 마치 그런 것들이 존재하기라도 했던 것처럼.

반면, 자연 속에 잠긴다는 것은 영원한 간청과도 같다. 나무들과 꽃들, 길의 색깔 등 모든 것들이 당신에게 말을 걸고, 인사를 하고, 관심을 가져달라고 요구한다. 바람의 숨소리, 곤충들이 윙윙거리는 소리, 시냇물이 흐르는 소리, 발을 땅에 내딛는 소리. 이 온갖 살랑거림이 당신의 현존에 화답한다. 심지어는 빗소리까지도. 가볍고 부드러운 빗소리는 당신과 함께 걸어가는 영원한 동무다. 걷는 사람은 마치 속삭이는 듯 일정한 간격을 두고 커졌다 작아졌다를 되풀이하는 빗소리에 귀 기울인다. 빗방울은 돌 위에 떨어졌다가 다시 튀어올라 찰랑 소리를 내기도 하고, 규칙적인 속도로 떨어지면서 비의 장막을 이루어 듣기 좋은 소리를 오랫동안 들려주기도 한다. 걸을 때 혼자가 되기란 불가능하다. 눈 아래 보이는 것들을 뚫어지게 응시하다 보면 그것들은 우리의 소유가 된다. 낑낑대며 암벽 위로 기어 올라가 거기 앉아보라. 드넓은 전망이, 광활한 풍경이 눈앞에 펼쳐진다. 그때 느껴지는 도취감을 느껴보아야 한다. 눈에 들어오는 모든 들판, 모든 집, 모든 숲과 오솔길, 이 모든 것은 우리를 위한 것이 된다. 우리는 산을 오름으로써 이 모든 것의 주인이 된다. 이제 우리에게는 이 같은 지배를 즐길 일만 남아 있다. 세상이 다 자기 것인데 도대체 그 누가 외롭다고 느끼겠는가? 보는 것, 지배하는 것, 바라보는 것, 그것은 곧 소유하는 것이다. 그러나 소유의 부정적인 측면은 받아들이지 않는다. 즉, 훔친 이 세상의 정경情景을 이용할 뿐이다. 아니, 도둑질은 아니다. 산꼭대기까지 기어오르느라 낑낑대야 했기 때문이다. 내가 보는 모든 것, 내 눈 아래 펼쳐진 모든 것이 다 나의 소유다. 내 눈 안에 들어오는 모든 것이 다 나의 소유다. 나는 혼자가 아니다. 세계가 나의 것이며, 나를 위한 것이며, 나와 함께 있다.

어느 성인聖人 순례자에 관한 이야기다. 그는 천둥 번개 치는 검은 하늘 아래를 아주 오래전부터 걷고 있었다. 그가 걷고 있는 기나긴 길의 저 깊숙한 곳에는 잘 익은 옥수수 밭이 장관을 이루었다. 잡초들 한가운데에 있는 조그맣고 네모 반듯한 이 옥수수 밭은 어두운 하늘 아래로 바람이 불 때마다 부드럽게 일렁이며 완벽한 빛의 사각형을 만들어냈다. 그것은 너무나 아름다운 풍경이었다. 순례자는 천천히 걸으면서 여유롭게 이 장관을 즐겼다. 이렇게 걸어가던 그는 하루 일과를 마친 농부 한 사람이 눈을 내리깔고 집으로 돌아가는 것을 보았다. 순례자는 그를 불러 세워 팔로 껴안으며 감격스러운 말투로 중얼거렸다. “고맙소.” 농부가 눈살을 찌푸렸다. “난 당신한테 줄 게 아무것도 없소, 불쌍한 이여.” 그러자 순례자는 나지막한 목소리로 대답했다. “내가 당신에게 고맙다고 말하는 건 뭘 좀 얻을까 해서가 아니라 당신이 이미 내게 모든 걸 다 주었기 때문이오. 저 네모진 밀밭은 당신이 쏟은 관심 덕에 아름다워졌지요. 앞으로 당신은 밀알의 값에 특히 관심을 가지게 될 것입니다. 하지만 나는 길을 걷는 내내 밀의 황금빛을 먹을 수 있었습니다.” 이렇게 말하면서 늙은 순례자는 계속 미소 지었다. 농부는 돌아서더니 그가 미친 것이 틀림없다고 생각하는 듯 고개를 절레절레 흔들며 자기 갈 길을 계속 갔다.

그러므로 길을 걷는 사람은 혼자가 아니다. 걷다 보면 나무와 꽃 등 우리를 둘러싸고 있는 모든 살아 있는 것들에게서 호감을 얻기 때문이다. 이 정도가 되면 때로는 그냥 단순히 방문하기 위해 걸을 때도 있다. 녹음이 우거져 있는 구석진 장소나, 작은 숲, 또는 자줏빛 계곡을 방문하기도 한다. 며칠 만에 찾아온 것 같기도 하고, 몇 주일 만에 찾아온 것 같기도 하고, 몇 년 만에 찾아온 것 같기도 하다. 그곳에 가지 않은 지 너무 오래된 건 분명하다. 그곳이 나를 기다리고 있으니 걸어서 그곳에 가야만 한다. 그러면 천천히 걸어가는 길과 발밑의 단단한 땅, 저 멀리 보이는 언덕, 키 큰 나무들이 서 있는 숲 등 모든 것을 다시 만나게 된다. 즉, 그것들은 나랑 알고 지내는 사이이다.

마지막으로 할 말이 있다. 결국 우리는 혼자가 아니다. 걷기 시작하자마자 즉시 둘이 되기 때문이다. 오랫동안 걷고 난 뒤에는 특히 그렇다. 내 말은, 심지어 혼자 걸을 때에도 육체와 영혼이 항상 그렇게 대화를 나눈다는 것이다. 나는 일정한 속도로 걸으면서 내 몸을 격려하고 그의 비위를 맞추고 칭찬한다. 나를 끌고 가는 이 튼튼한 다리……. 말의 목처럼 내 허벅지를 툭툭 치는 것같이 느껴진다. 오랫동안 낑낑대느라 몸이 힘들어하면 나는 내 몸을 격려한다. 자, 좀 더 애써봐. 넌 잘해낼 수 있어. 걷기 시작하자마자 나는 둘이 된다. 내 몸과 나 자신은 부부 같기도 하고 노래의 후렴 같기도 하다. 분명히 영혼은 육체의 증인이다. 적극적이고 세심한 증인. 영혼의 리듬을 따라야 하고, 영혼과 함께 애써야 한다. 가파른 길을 올라가면서 무릎을 누르면 영혼의 무게가 무릎에서 느껴진다. 앞으로 걸어갈 때마다 늘 영혼은 "좋아, 좋아, 좋아"라고 띄엄띄엄 말한다. 그때 영혼은 육체의 자랑거리다. 걷기 시작하는 순간 나는 나와 동행한다. 나는 둘이다. 그리고 무한정 되풀이되는 이 대화는 밤까지 계속되어도 지겹지 않다. 앞으로 걸어나간다고 느끼게 하는 이 나눔이 우리 안에서 이루어지지 않으면 우리는 걸을 수가 없다. 하지만 나는 걸으면서 항상 나를 바라보고 나를 격려한다.

물론 예를 들어 너무 높고 험난한 자갈길처럼, 식물의 흔적 없이 오직 바위로만 둘러싸인 광물의 세계 속으로 깊이 들어가면 살짝 절망하면서 자기가 깊숙한 곳에 들어와 있다고, 즉 완전히 고립되어 있다고 느껴질 때도 이따금 있다. 날이 조금만 우중충해져도 더 이상 견딜 수 없을 듯한, 더 이상 참아낼 수 없을 듯한 느낌이 든다. 목이 메어오면 불안한 마음으로 자갈길을 서둘러 내려간다. 거대한 바윗덩어리가 짓누르는 듯한 침묵 속에서 너무 오랫동안 이렇게 혼자 걸어가기란 불가능하다. 자신의 발걸음 소리가 엄청난 굉음을 내며 가슴속에서 울린다. 우리의 몸이, 우리를 거부하는 차갑고 오만하고 결정적이고 영원한 광물의 세계 속에서 숨 쉬며 움직인다. 비가 내리거나 안개가 끼어 더 이상 아무것도 보이지 않을 때 우리는 더 이상 존재하지 않는다. 우리는 그 어느 곳도 아닌 곳의 한가운데에서 추위로 얼어붙은 몸을 앞으로 밀어낸다.

# 8

# 침묵

내가 만나는 인간은 흔히 그가 깨트리는 침묵만큼도 내게 무언가를 가르쳐주지 않는다.

소로, 《일기》

여러 가지 고독이 있듯이 침묵도 여러 가지가 있다.

우리는 늘 침묵 속에서 걷는다. 수많은 사람들의 쿵쿵대는 발걸음 소리와 알아듣기 힘든 외침과 목소리, 중얼거림, 날카로운 엔진 소리 등 속도와 충격이 지배하는 길거리와 도로, 공공장소를 떠나자마자 우리가 당연히 가장 먼저 되찾는 것이 투명한 침묵이다. 모든 것이 다 조용하고 주의 깊다. 모든 것이 휴식을 취한다. 사람들의 수다와 소문, 풍문과는 이제 작별한다. 이제는 걷는다. 걷다 보면 꼭 귀가 숨을 들이마시는 것처럼 침묵이 엄습한다. 걷는 사람은 마치 차가운 바람이 거칠게 불어 구름을 내쫓듯 침묵을 받아들인다.

숲의 침묵이 있다. 작은 숲은 우리 주변에 흐릿한 모양의 벽을 만들어놓는데, 이 벽은 끊임없이 움직인다. 사람들은 분명하게 나 있는 길을, 구불구불 이어지는 띠처럼 좁고 긴 길을 걷는다. 그러다가 금방 방향을 잃는다. 그러면 침묵이 가볍게 흔들리고, 걷는 사람은 왠지 불안해진다.

어느 여름날 오후, 작열하는 태양 아래 그대로 드러난 산의 암벽과 자갈길을 힘겹게 걸을 때의 침묵이 있다. 작열하며 짓누르는 광물성 침묵. 돌이 이를 가는 것처럼 삐걱거리는 소리만 작게 들려온다. 마치 투명한 죽음처럼 집요하고 결정적인 침묵. 하늘은 눈이 부실 정도로 푸른색이다. 걷는 사람은 눈을 내리깐 채 자신을 안심시키려는 듯 이따금 나지막하게 웅얼대며 앞으로 나아간다. 구름 한 점 없는 하늘, 바위산의 석회암은 충만하게 존재한다. 그 어느 것도 초월할 수 없는 침묵 속에서 존재하는 것들이다. 충만한 침묵, 마치 화살처럼 팽팽하게 당겨진 상태에서 미세하게 떨리는 부동성.

이른 아침의 침묵이 있다. 가을에 갈 길이 멀 때는 아침에 아주 일찍 출발해야 한다. 밖에 나가면 모든 것이 자주색이고, 빛이 노란색과 붉은색 나뭇잎 아래로 스며든다. 그것은 주의 깊은 침묵이다. 걷는 자는 아직 푸른 어둠에 살짝 덮여 있는 어두운 나무들 사이를 천천히 걸어간다. 우리는 나무들을 깨울까 봐 두렵다. 만물이 들릴락 말락 한 소리로 속삭인다.

눈 속을 걸을 때의 침묵이 있다. 하얀 하늘 아래, 둔한 발걸음 소리의 침묵. 주변의 그 어느 것도 움직이지 않는다. 사물들과 시간들이 얼음 속에 갇혀 있다. 둔한 부동성. 모든 것이 정지되어 있다. 모든 것이 결합되고 억눌려 있다. 그것은 철야徹夜의 침묵이며, 일시 중단된 부드럽고 하얀 삽입구의 침묵이다.

마지막으로 밤의 독특한 침묵이 있다. 밤이 쏜살같이 찾아오거나 숙소가 너무 멀어 노천에서 잠을 자야 하는 상황이 되면 부지런히 움직여 좋은 자리를 찾아내 몸을 따뜻하게 하고 음식을 먹어야만 한다. 그러면 금방 잠이 든다. 그리고 몇 시간 동안 잠을 자고 난 뒤 한밤중에 눈을 뜨는 그 깨어남의 순간이 항상 찾아온다. 마치 침묵의 깊이에 사로잡히기라도 한 것처럼 눈이 퍼뜩 떠진다. 몸의 움직임이 커지고, 침낭에서 나는 소리가 엄청 크게 들린다. 그렇다면 무엇이 우리를 깨우는 것일까? 침묵의 소리 자체가?

《당나귀를 타고 세벤 지방을 여행하다*Travels with a Donkey in the Cevennes*》라는 책의 〈소나무 숲에서의 하룻밤〉이라는 장에서 로버트 루이스 스티븐슨*은 이 갑작스레 잠에서 깨어나는 현상을 언급한다. 새벽 2시경에 일어나는 이 현상은 밖에서 잠을 자는 모든 살아 있는 존재들과 관련되는데, 그는 이것이 우주의 작은 신비라고 본다. 그것은 우리 몸을 꿰뚫고 지나가는 땅의 떨림일까? 어둠이 가속加速하는 순간일까? 눈에 보이지 않는 이슬이 별에서 떨어져 내리는 것일까? 어쨌든 이 순간은 감동적이다. 이때는 침묵이 꼭 음악처럼 들린다. 아니, 바로 이 순간에 고개를 들면 별들의 노랫소리가 또렷하게 들려온다.

걷기에서 '침묵'이라고 불리는 것, 그것은 잡담이 끝나는 순간에야 시작된다. 모든 것을 가리고 뒤섞으며, 드넓은 초원 같은 우리 존재를 침범하는 개밀 뿌리 같은 영원한 소음이 잦아드는 순간에 침묵은 시작된다. 잡담은 귀를 멍하게 만든다. 더 이상 아무 소리도 들리지 않는다. 잡담은 듣는 사람을 괴롭히고, 그 사람이 분별을 잃게 만든다. 잡담은 항상 사방에서 들려와 넘쳐난다.

특히 잡담은 우리 언어의 낭비이기도 하다. 노동과 여가 즐기기,

---

* Robert Louis Stevenson(1850~1894). 영국의 소설가. 바다와 항해, 모험을 동경한 데다 워낙 병약한 체질이어서 요양할 겸 유럽 각국을 여행했고 사모아에서 일정 기간 체류하기도 했다. 그 경험을 토대로 쓴 《보물섬*Treasure Island*》을 발표하여 유명해졌고 《지킬 박사와 하이드 씨*The Strange Case of Dr. Jekyll and Mr. Hyde*》 등의 화제작을 남겼다.

사회 활동, 생식, 소비의 세계에서는 모든 것이 고유의 기능과 위치, 그리고 효용을 갖고 있다. 요컨대 그에 부합하는 단어를 갖고 있다. 우리의 계속된 행동과 우리의 힘든 포착, 우리의 분주함을 재생산하는 우리 문법에 이르기까지. 항상 무슨 일인가를 해야 하고, 항상 무엇인가를 만들어내야 하고, 항상 무슨 일엔가 몰두해야 한다. 우리 언어는 만들어진 사물들과 예상 가능한 동작들, 규격화된 행동들, 학습을 통해 배운 태도들의 규약들 속에 파묻혀 있다. 그것은 서로에게 맞추어져 있는 수단들이다. 즉, 언어는 세계의 일상적 생산 속에 고정되어 그것에 참여하고 있다. 언어는 도표와 숫자, 대차대조표와 동일한 본질을 가지고 있다. 암호가 있고, 명령이 있고, 총합이 있고, 결정이 있고, 증언이 있고, 법전이 있는 것이다. 언어는 곧 매뉴얼이며, 적재積載 기록부다. 걷기의 침묵 속에서는 말이 결국 용법을 잃어버리게 된다. 오직 걷기만 있다. 그러니 새로운 약호를 정하고, 상세하게 설명하고, 정보를 제공하고, 걷기를 명칭과 설명(지표의 기복, 바위와 경사지의 형태, 식물의 이름과 효능)으로 점철하여 눈에 보이는 모든 것에 이름이 있고, 느껴지는 모든 것에 문법이 있다고 믿게 만드는 도보 여행 가이드북을 맹신하면 안 된다. 침묵 속에서 더 잘 들을 수 있다. 결국 다시 번역되지 않아도 되고, 다시 약호화되지 않아도 되고, 다시 포맷되지 않아도 되는 것들에 귀를 기울이기 때문이다.

> 인간은 말을 하기 전에 우선 '보아야' 한다.
>
> 소로, 《일기*Thoreau's journals*》

걷는 사람에게 저항하는 유일한 단어는 무無의 단어다. 자신도 모르게 말하고 있다는 걸 깨닫고 깜짝 놀라는 단어("자, 자, 자"라든가 "원래 이런 거지, 뭐", "암, 그렇고말고", "됐다 됐어"), 순간순간에 매다는 꽃 장식처럼 흔한 단어, 말하기는 뭣하지만 침묵을 떨림으로 점철하고 그 떨림을 스스로 듣는 단어다.

9

# 산책자의 백일몽

장 자크 루소

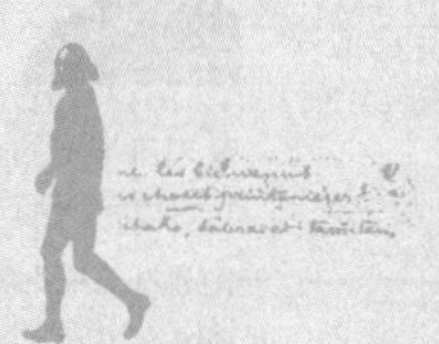

**장 자크 루소**Jean-Jacques Rousseau(1712~1778)

18세기 프랑스의 정치사상가이자 철학자, 소설가, 교육이론가, 음악가, 극작가. 스위스 제네바에서 태어난 지 아흐레 만에 어머니를 잃고 열 살에 아버지와 헤어진 그는 열여섯 살 때부터 제네바를 떠나 유럽 각지를 떠돌았다. 정식 교육을 거의 받지 못한 채 여러 분야에서 사회 활동을 하다 파리에 정착해《백과사전》집필에 참여하면서 본격적인 저술 활동을 시작한다. 인간 존재의 근원적 선善에 대한 믿음을 바탕으로 문명과 인위적 사회제도에 반대하고 자연으로 돌아갈 것을 설파한 루소는 이성과 지성을 중시한 계몽 철학자들의 백과사전파와 대립하게 됨으로써 혹독한 비난과 핍박을 받았다. 또 절대왕정과 기독교를 위협하는 급진적 사상으로 인해 저작들이 판매 금지되고 프랑스에서 추방당했으며, 사생활과 관련해서는 자식 다섯 명을 모두 고아원에 맡긴 것에 대한 비난을 줄곧 받았다. 망명 생활을 하면서 불안과 박해 망상에 시달리던 루소는 말년에 식물과 꽃의 세계에서 안식을 찾고 자신을 성찰하는 집필 활동을 계속하다 생을 마감했다.

루소는 자기가 걸어야만 정말로 생각하고 구성하고 창조하고 영감을 얻을 수 있다고 단언한다. 그는 책상이나 의자를 보기만 해도 구토를 일으키고 용기를 깡그리 잃어버렸다. 이런저런 생각이 그의 머릿속에 솟아나는 것도 오랫동안 산책을 할 때였고, 마치 운동의 가벼운 휴지休止처럼 문장이 입술에 떠오르는 것도 산책길 위를 걸을 때였다. 또 그의 상상력을 자극하는 것도 오솔길이었다.

> 나는 산책할 때는 결코 아무것도 하지 않는다. 전원田園은 나의 사무실이다. 책상과 종이, 책만 봐도 지겨워진다. 작업 도구는 나를 의기소침하게 한다. 뭘 좀 써보려고 의자에 앉아도 도대체 생각이 떠오르지를 않는다. 재치를 발휘해야 할 필요성이 오히려 내게서 재치를 빼앗아간다.
>
> 〈나의 초상Mon portrait〉

그에게서는 청춘기와 절정기, 황혼기에서 세 번의 위대한 걷기 체험이 발견된다.

그는 열여섯 살에서 열아홉 살 때까지 걸었다. 그것은 흥분과 열정으로 충만한 젊은이의 오랜 여행이었다. 그 뒤 20년 동안은 그가 스스로 지칭했듯 '신사'로 살면서 오직 사륜마차만 타고 다니며 열렬히 명예를 추구하고 다른 사람들에게서 인정받으려 애썼다.

항상 즐거워하며 도보 여행을 한 건 오직 젊었을 때뿐이었다. 그러다가 얼마 안 있어서 의무와 사업, 가져가야 할 짐이 나로 하여금 신사 노릇을 하도록 했고 마차를 타도록 만들었다. 그리고 괴로움을 안겨주는 걱정거리와 골칫거리, 고통도 나와 함께 마차에 올라탔다. 그리고 그때부터 나는 예전에 여행할 때처럼 오직 간다는 즐거움만을 느끼는 대신 오직 도착해야 한다는 욕구만을 느꼈다.

《고백*Les Confessions*》 제2권

오랫동안 가면을 쓴 채 연극을 하고, 골치 아픈 일로 분주히 돌아다니고 난 뒤인 마흔 살에 첫 번째 단절이 일어났다. 그는 또다시 숲의 오솔길이나 호숫가의 산책길을 오랫동안 걸으며 명상에 잠겼다. 사교계를 떠난 것이다.

나중에 그는 추방자가 되었다. 파리와 제네바에서 유죄선고를 받고 달갑지 않은 성인成人이 되는 바람에 가는 곳마다 쫓겨난 것이다. 그의 책들은 광장에서 불태워졌고, 그는 감옥에 갇힐지도 모른다는 위협을 받았다. 무티에르에서는 사람들이 그에게 돌을 던지기도 했다. 그는 이리저리 도망쳐다니며 떠돌았고, 자신을 보호해주는 이들을 의심했다. 그러다가 권태로 인해 증오도 사라지고 강박관념도 흐려지자 마지막 걷기를, 황혼기의 몽상을 시작했다. 그는 하루하루를 소진하기 위해 오랫동안 산책하는 것 말고는 좋아하는 게 아무것도 없는 노인이 되었다. 정말이지 더 이상 할 일도 없고 믿을 것도 없다. 이제는 그저 회상이나 할 뿐이다. 이때 걷기는 일체의 희망을 충족시키지 못하는, 일체의 기대에 미치지 못하는 존재의 절대적 단순성을 재발견하도록 해준다.

***

《고백》에 묘사되어 있는 최초의 걷기는 행복하고 밝게 빛나며 중요하기도 한 긴 여행이다. 그는 돈도 없고 원래 걷는 걸 좋아하기도 해서, 안시에서 토리노까지, 졸로투른에서 파리까지, 그러고 나서 파리에서 리옹까지, 마지막으로 리옹에서 샹베리까지 엄청나게 먼 거리를 걸었다.

루소는 이제 막 열여섯 살이 되었다. 1728년 3월의 어느 날 밤, 집을 나갔다가 돌아와 보니 제네바의 성문이 닫혀 있었다. 원래는 그 다음 날까지 기다렸다가 인쇄소로 돌아가야 했지만 그는 그렇게 하지 않았다. 주인에게 얻어맞을까 봐 두렵기도 했고, 지긋지긋하기도 했던 것이다. 그러나 먹고사는 문제는 해결해야 해서 그곳에서 멀지 않은 사부아 지방에 있는 가톨릭 사제를 찾아갔다. 루소에게 숙식을 제공한 이 사제는 칼뱅주의자로 태어난 것을 불평하더니 그를 안시에 사는 한 독실한 여성에게 보냈다. 이 여성은 그에게 진정한 믿음으로 가는 길을 가르쳐주면서 그를 보호해주고 그에게 안락함까지 제공해줄 것이다.

프랑스 샹베리에 있는 루소의 조각상. 루소는 샹베리 샤르메트 계곡에 있는 바랑 부인의 집에서 한동안 기거했다

이 젊은이는 길을 가면서 어느 나이 든 샤프롱*을 꾀기로 작정했다. 그녀는 스물여덟 살의 바랑Warens 부인이었다. 너무나 푸근한 눈빛, 천사의 그것처럼 우아해 보이는 입, 그보다 더 아름다울 수는 없을 팔을 지닌 여인이었다. 루소는 그녀를 보는 순간 사랑과 욕망으로 전율했다. 방금 사랑을 만난 것이었다. 관대하고, 온화하고, 도움을 받을 수 있고, 욕망할 수 있는 천사 같은 여인을 만난 것이었다. 하지만 루소는 바랑 부인을 만나자마자 그녀 곁을 떠나야 했다. 그녀는 루소가 자신에게 더 잘 복종하려면 즉시 이탈리아에 가서 신교

* chaperon. 사교계에 드나드는 젊은 여성을 수행하는 부인을 가리킨다.

신앙을 버리고 개종해야 한다고 했고, 그는 그러겠다고 약속했기 때문이다. 그는 사브랑Sabran 부부와 함께 걸어서 토리노로 떠났다. 하지만 사브랑 부인이 잘 걷지를 못했다. 더더구나 산에 눈이 많이 쌓여 있었기 때문에 그들이 토리노에 도착하기까지는 20일 정도가 걸렸다. 어쨌든 결국은 알프스 산맥을 통과하고 몽스니 고개를 넘었다. 꼭 한니발처럼……. 젊을 때는 안 되는 게 없는 법이다.

나 자신에 대해서는 더 이상 걱정이 없었다. 다른 사람들이 이 짐을 대신 짊어졌던 것이다. 그래서 나는 그 모든 부담에서 벗어나 가볍게 걸을 수 있었다. 젊은이다운 욕망과 황홀한 희망, 눈부신 계획들이 나의 영혼을 가득 채웠다. 《고백》 제2권

1년 뒤, 루소는 토리노에서 성주간聖週間에 가톨릭교로 개종한 뒤 하인으로 일했지만 결국 자신의 보호자인 바랑 부인에게로 돌아갔다. 이번에는 바클Bâcle이란 이름의 길동무와 함께 즐거운 기분으로 태평스럽게 걸어갔다. 세 번째 여행은 파란만장한 사건과 경이적인 모험을 겪고 난 뒤인 1731년에 이루어졌다. 루소는 스위스의 졸로투른에 있었는데, 거기서 친절한 사람들이 그를 파리로 데려가, 군에서 경력을 쌓도록 예정된 조카를 가르칠 가정교사를 찾고 있는 한 퇴역 대령을 만나도록 주선해주었다. 2주를 꼬박 걸어가야 했던 루소는 걷는 동안 줄곧 자기가 장군이 되어 정예군을 승리로 이끄는 상상을 했다. 하지만 늙은 장교는 그를 착취하는 인색하고 쩨쩨한

구두쇠에 불과했다. 루소는 여기서 도망쳐 리옹에 이어 샹베리까지 걸어가 '엄마'를 다시 만났다. 이것이 그가 마지막으로 한 긴 도보 여행이었다.

루소는 푸르른 눈, 가녀린 목, 뽀얀 팔을 지닌 바랑 부인의 곁을 떠나 길을 걷는 내내 그녀를 꿈꾸었고, 여관 문 앞에서 그녀의 유령을, 그녀의 분신을 다시 만나는 자신의 모습을 상상했다.

끝없이 이어지는 구불구불한 길을 별다른 어려움 없이 그냥 따라가기만 하면 될 때가 있다. 이럴 때는 수많은 계획을 세우고 온갖 이야기를 지어내게 된다. 몸은 규칙적인 걸음으로 천천히 앞으로 나아간다. 그리고 바로 이 같은 평온함이 정신에 휴식을 제공한다. 어느 순간 육체가 자동으로 움직이다 보면 의식적인 노력에서 해방된다. 그러면 우리는 몽상에 이어질 이야기들을 상상하고, 그 수많은 이야기 속으로 뛰어든다. 서로 부딪치지 않고 부드럽게 흔들리는 두 다리는 우리가 지어낸 이야기가 진행되도록 한다. 예기치 못한 사건이 일어나고 해결책이 발견되지만 새로운 함정이 나타난다. 넓은 외길을 걸어가는 동안 수많은 갈림길들이 머릿속에 나타난다. 걷는 사람은 마음속으로 그중 하나를 택하고 다른 것은 포기한다. 그랬다가도 다시 길을 선택한다. 걷는 자의 마음은 떠났다가 다시 되돌아온다.

나는 젊었고 건강도 상당히 좋았다. 나는 혼자 걸어서 여행했다. 나의 기질에 익숙해져 있지 않은 사람이라면 내게 이런 장점이 주어졌다는 사실에 놀랄 것이다. 나의 기분 좋은 공상이 내 곁에 머물렀다. 내가 아무리 풍부한 상상력을 발휘해도 그보다 더 멋진 공상은 할 수 없었을 것이다. 사람들이 마차의 빈 좌석에 앉으라고 권하거나 누군가가 길에서 말을 걸려고 접근할 때마다 나는 나 자신이 걸으면서 토대를 쌓아 올린 행운이 무산되는 것을 보며 얼굴을 찌푸리곤 했다.

《고백》 제4권

이 나이 때는 "나는 사랑했었어"라는 말을 할 수가 없다. 왜냐하면 사랑한다는 것이 아직은 자기 인생을 걸고 도전하는 성숙한 미래이기 때문이다. 이 사실이 다리를 움직이게 한다. 길이 끝나는 곳에 항상 위대한 사랑이 있다. 루소는 알프스 산맥을 넘었다. 고개에 서자 전망이 드러났고, 산 아래로 장관이 내려다보였다. 그의 야심이 무모하기 짝이 없다는 사실이 다시 한번 확인되는 듯했다. 다음 산장에서는 무얼 발견하게 될까? 누구와 저녁식사를 함께하게 될까? 모든 것은 특별한 만남의 기회가 될 수 있고, 또 그렇게 되어야 한다. 마음이 넓은 친구들, 신비로운 여성들, 무시무시한 음모가들. 어떤 마을이나 농가, 큰 건물에 다가갈 때마다 별의별 일이 다 일어날 수 있다. 여자 주인이 상상했던 것보다 덜 예쁘고 남자 주인이 덜 상냥하더라도 밤이 되면 식사는 꼭 해야 한다. 그러면 몸은 마치 바람이 배 속에 커다란 공동空洞을 파놓기라도 한 것처럼 자신을 가득 채우며 행복해한다. 그리고 단 몇 초 만에 잠이 들어 다른 꿈을 꾸러 간다.

이 최초의 도보 여행은 한없이 감미로웠다. 열여섯 살 때는, 심지어 스무 살 때도 가져갈 것은 오직 자신의 가벼운 희망뿐이다. 추억은 어깨를 짓누르지 않는다. 지금도 여전히 모든 것이 다 가능하다. 그러므로 모든 것을 다 체험해보아야 한다. 욕망이 형태를 갖추어가는 것을 가슴속에서 느낀다. 열려 있는 모든 가능성 덕분에 행복하다. 그것은 행복한 새벽의 걷기다. 삶이 맞이하는 눈부신 아침의 걷기다.

나만의 도보 여행에서만큼 많이 생각하고 많이 존재하고 많이 체험한 적은 결코 없었다. 감히 말하건대, 이 여행에서만큼 나 자신이었던 적은 결코 없었다. (……) 나는 지배자로서 자연 전체를 내 마음대로 할 수 있다. 이 물체에서 저 물체로 옮겨 다니던 내 마음은 자기를 기분 좋게 하는 물체들과 결합하여 일체가 되고, 매혹적인 이미지들로 둘러싸이고, 감미로운 감정에 도취된다. 《고백》 제4권

***

이제 마흔 살이 된 루소는 베네치아 주재 대사관의 비서, 음악 교사,《백과사전》 집필자 등 이미 많은 삶의 경험을 했다. 친구도 얻었고, 적도 만들었으며, 명성도 누렸다. 그의 이름이 많은 사람의 입에 오르내렸다. 그는 꾸며내고, 쓰고, 지어내고, 명예를 추구하고, 사람들에게서 인정받으려 애썼다. 그러나 이제 그는 더 이상 사교계에 출입하지 않고, 더 이상 모임에 참석하지 않고, 더 이상 성공을 추구하지 않기로 했다. 큰 성공을 거두기란 쉬운 일이 아니었으므로 이

제 그는 성공에 점점 더 무관심해져 가고 있었다. 그는 가발과 예복을 벗어 던졌고, 더 이상 살롱에 나가지 않았으며, 사람들에게 주목받는 직위를 그만두었다. 얼마 지나지 않아 그는 가난한 사람처럼 옷을 입고, 먹고살기 위해 악보를 베끼게 된다. 그 자신이 나중에 자주 되풀이해서 말하지만, 그는 오직 자기 자신에게만 의지하려 했기 때문이다. 사람들은 마치 그가 제2의 디오게네스*라도 되는 듯 그에 대해 말하기 시작했다. 루소는 계몽주의 시대의 하수인이었다. 그렇다고 해서 단번에 단절이 이루어진 것은 아니었다. 그 시기에 루소의 음악을 들은 왕이 열광하며 그의 이름을 알렸으며, 많은 사람이 그의 책을 탐독했고 어딜 가나 그의 《예술론*Discours sur les arts*》을 입에 올렸다. 당시에 그는 프랑스 음악에 대한 자신의 주장을 옹호하려고 했다.

루소는 다른 한 가지를 간절히 원했는데, 파리를 떠나 숲 속에 파묻혀 오랫동안 혼자만의 시간을 보내는 것이었다. 그는 문화와 문예, 학문이 인류의 꿈을 실현시키기보다는 인류가 쇠퇴하도록 만드는 데 기여했다고 썼다. 그 당시 그의 주변에 있던 사상가들이 오직 이성에 의한 해방과 교육에 의한 개선 가능성, 과학에 의한 진보를 부르짖고 있을 때 루소는 사회가 인간을 타락시킨다는 사실을 보여주려고 애썼다. 그러나 최초의 논문에서 이렇게 주장했을 때 그는

---

* Diogenes. 고대 그리스의 철학자로, 금욕적 자족을 강조하는 견유학파犬儒學派를 대표한다. 세속적 행복과 부, 권력을 경멸했고 반문화적이고 자유로운 생활을 실천했다.

명예를 갈망하고 있었으며, 모든 것을 알리고 싶어 했고, 인정받고 사랑받고 박수갈채를 받으며 살고 싶다는 오직 하나의 관심사만을 갖고 있었다.

마흔 살이 되자 사회적 욕구와 이미 널리 알려진 인연, 분주한 유행과 끊임없이 이어지는 수군거림에서 벗어나야만 했다. 루소가 원하는 것은 오직 숲 속의 산책길뿐이었다. 그는 온갖 소란에서 벗어나 혼자 시간을 보내기를 원했다. 이제 더 이상 자신의 평판을 매일같이 확인하고, 친구들을 계산적으로 사귀고, 적들을 구슬리고, 자신의 후원자들에게 아부하고, 바보들과 거들먹거리는 자들의 눈에 자신이 얼마나 중요한 사람으로 비치는지를 끊임없이 헤아리고, 사람들의 시선에 대해 앙갚음하고, 말에 대해 복수하는 짓일랑은 그만두고 싶었다. 다른 곳에, 멀리 떨어진 어떤 곳에 가 있고 싶었다. 그는 숲 속에 파묻히고 싶었다. 밤이 깊은 침묵에 잠겨 있기를, 아침이 한없이 투명하기를 바랐다. 그러기 위해서는 많은 사람이 자신을 미워하도록 만들어야 했다. 그는 어떻게 행동해야 하는지 알고 있었다. 그래서 더 이상 달리거나 기어오르지 않고 걷기만 하면 되도록 자신의 삶을 조절했다.

이때 루소는 자신의 두 번째 논문인《인간 불평등 기원론*Discours sur l'origine et les fondements de l'inégalité parmi les hommes*》을 썼다. 그는 매일 아침 생제르맹이나 불로뉴 숲을 찾았다. 1753년 11월은 특별히 아름다웠다. 푸르른 가을 하늘의 부드러움과 깊이, 나뭇잎이 부스럭거리는 소리, 황금빛, 붉은빛. 그리고 무엇을 하는가? 걷고, 일하고, 발

프랑스 리옹 근교의 로슈카르동에 있는 샘에서 풍경을 내려다보는 루소

견한다. 고독하고 규칙적이고 일상적인 걷기. 무거운 구두로 땅을 밟으며 걷고, 잡목림 속에서 길을 잃고, 고목들 사이를 돌아다니기. 오직 혼자서만. 그는 짐승과 나무가 내는 은밀한 소음과 나뭇잎 사이로 부는 미풍, 나무들이 뚝 하고 부러지는 소리에 둘러싸여 있다. 아니, 온몸이 그런 소리로 가득 채워져 있다. 충만한 상태로 혼자 걷는다. 자, 이제 숨을 쉰다. 숲 속 오솔길에서 숨을 내쉬며 서서히 행복에 빠져든다. 그것은 갑작스럽고 강렬한 즐거움이 아니라 완전히 평온한 즐거움이다. 단조로운 하루처럼 오래 지속되는 부드러운 행복이다. 그냥 거기 머물 수 있다는 데서 밀려드는 행복감, 겨울 햇볕을 양쪽 뺨에 느낄 수 있다는 데서 밀려드는 행복감, 숲이 가볍게 내는 따닥따닥 소리를 들을 수 있다는 데서 밀려드는 행복감이다. 루소는

이곳을 걸으며 귀를 기울인다. 이제 더 이상 사교계에 흔들리지 않고, 이제 더 이상 사회적 욕망에 흔들리지 않으면서 자연스럽게 기본에 몰두해 도약하려는 마음의 소리에 귀 기울인다. 루소는 하루 종일 걸으면서 문화와 교육, 예술에 의해 왜곡되지 않은 자연인, 즉 호모 비아토르homo viator(걷는 인간)를 발견하겠다는 거창한 계획을 세운다. 책과 살롱을 아직 경험하지 않은 인간, 일과 사회에 아직 속하지 않은 인간 말이다.

걷는다. 그의 걷기는 완전한 정체성을 되찾기 위해 걷는 것도 아니고, 위장된 단독성을 재발견하기 위해 걷는 것도 아니며, 얼굴에 다시 가면을 쓰기 위해 걷는 것도 아니다. 옛날의 인간을, 원초적 인간을 자신 속에서 발견하기 위해 오랫동안 걷는 것이다. 걷는다. 그의 걷기는 세상과 번뇌로부터 멀어지고, 고독으로써 자신을 정화하고, 하늘에서의 운명을 준비하고자 사막으로 가서 걷는 것이 아니라 자연의 손에서 나온 인간을, 절대적인 원시인을 자기 속에서 다시 발견하기 위해 걷는 것이다. 그리고 루소는 오랜 시간에 걸쳐 가장 먼 곳까지, 가장 원시적인 곳까지 걸어 들어간다. 그러면서 자신에게 수많은 질문을 던진다. 내 안의 무엇이 저항하는가? 내 안의 무엇이 저 근엄한 나무들과 동시대인이 될 것이며, 가볍게 몸을 떨고 있는 게 느껴지는 저 짐승들의 형제가 될 것인가? 나는 내 안에서 어떤 자연을 발견하는가? 책 속에 있지 않고 오직 혼자 걸어야만 발견할 수 있는 것들이 있는데, 이런 것들 중에서 내 안에서 발견할 수 있는 것은 무엇일까? 원초적 인간, 완전히 원시적인 인간의 초상화를 그려야 한다. 천천히 숲길을 걸으며 자신에게 덧씌워진 인간의 사회적 가면을 문질러 벗겨내야 한다. 책 속에는 없는 원시적 인간의 초상화를 그려야 한다. 책은 자연에서 벗어나 문명화되었으며, 사회에 대한 애착으로 뒤덮인 인간에 대해서만 말하기 때문이다. 최초의 인간을 그려보아야 한다. 그러므로 세상으로부터 멀리 떨어져 오직 나무들과 동물들만을 벗 삼아 혼자 외롭게 오랫동안 산책하며 내 안에서 원초적 인간을 발견하고 또 발견해야 한다.

> 나는 하루 중 나머지 시간에 숲 속 깊숙이 들어가 내가 자랑스럽게 그려냈던 시간 형상들의 역사적 근원들을 찾아다녔다. 그리고 그것들을 결국 발견했다. 나는 인간들의 비열한 거짓말을 밝혀냈고, 그들의 본성을 적나라하게 드러냈으며, 그것들을 왜곡시킨 시간과 사물의 변화를 지켜보았다. 그리고 인간이 만들어낸 인간을 자연인과 비교함으로써 그들이 말하는 소위 완벽함이야말로 그들을 불행하게 만드는 진짜 원인이라는 사실을 보여주었다. 《고백》 제8권

루소는 독서에 끝없이 빠지기보다는 숲 속에서 오랫동안 배회하기를 요구하는 이 의외의 탐구를 계속하며 스스로에게 끊임없이 질문을 던진다. 그러다 얼마 지나지 않아 자신의 마음속에서 원시적이고 야생적이며 순수한 인간의 실루엣이 희미하게 흔들리며 서서히 모습을 드러내는 것을 느낀다. 그리고 떡갈나무 언저리에 얼핏 나타났다 사라지는 이 유령이 사납고 우둔하며 무질서한 충동에 사로잡

혀 있고 난폭한 본능으로 가득 차 있기보다는, 겁이 많고 그를 어머니처럼 감싸주는 자연과 절대적으로 조화를 이루며 몹시 고독하면서도 행복하다고 생각한다. 부자연스럽고 사람을 피곤하게 만드는 상류사회의 열광을 버린 루소가 그곳에서 혼자 걸으며 맛본 충만하고 단순한 행복은 "평온하고 순진무구한 나날"을 보내는 원초적 인간의 행복이기도 할 것이다. 그리고 그의 행복은 사교계 사람들의 꾸며낸 흥분과 어리석은 만족, 헛된 즐거움보다 얼마나 더 강렬한가!

> 그 많은 철학과 휴머니티, 예의범절, 고상한 금언 속에서 우리는 단지 미덕을 갖추지 않은 명예와 지혜를 갖추지 않은 이성, 그리고 행복하지 않은 쾌락의 기만적이고 경박한 외양만을 가질 뿐이다.
>
> 《인간 불평등 기원론》

그리하여 걷는 사람에게는 인간의 역사와 발달, 투쟁이 점진적이고도 까마득한 추락으로 보인다. 그리고 예의범절과 위선으로 무장하고 악의와 시기로 가득 차 있는 문명인은 진짜 짐승이 된다. 불의와 폭력, 불평등이 횡행하는 비참한 사회적 세계와 경찰력과 군대로 유지되는 국가가 무시무시한 정글로 변한다. 원한과 증오, 질투, 앙심으로 가득 차 있는 사람, 이것이 바로 사회적 인간이다. 겹겹이 쌓여 두꺼워진 이 문화 아래서 인간이 가진 열정의 자연적 진실을 발견해내려고 애쓰던 고독한 산책자 루소는 결국 소박하고 겸허한 '자애심amour de soi'밖에 발견하지 못했다. 이 자애심은 다른 누구보다도 자기를 가장 좋아하는 하나의 방식인 에고이즘과는 전혀 다르다. 물론 사랑과 항상 반대되는 편애와도 다르다. 루소는 스스로 자기 자신에게 관심을 두도록 부추기고, 자기를 보호하고 자신의 평안에 신경 쓰도록 권유하는 본능적 움직임밖에 발견하지 못했다. 원래 인간은 자기를 사랑하기는 하지만 결코 편애하지는 않는다. 사회생활을 하면서부터 비로소 자기를 편애하는 법을 배우는 것이다. 다시 자기를 사랑하는 법으로 돌아가려면 오랫동안 걸어야 한다.

결국 정처 없이 산책길을 걸으며 가면을 벗어던지고 일체의 어리석은 열정을 마음속에서 쫓아낸 루소는 순수하고 투명하며 적의 없는 연민이 마음속에서 솟아오르는 것을 느꼈다. 이처럼 오랫동안 걸으면 깊은 슬픔과 엄청난 불행, 그리고 질투와 원한이 씻은 듯 사라진다. 오래 묵은 증오가 다 헛되고 하찮게 느껴지는 것이다. 물론 그렇다고 해서 별안간 옛날의 적들을 사랑하고 그들의 품에 뛰어들 준비가 된다는 얘기는 아니다. 이 같은 감정의 재발견은 집요한 원한과 똑같은 배경에서 이루어진다. 걷다 보면 달라진다. 타인에 대한 악의적인 공격성도, 산만한 우애도 전혀 느껴지지 않는다. 오직 중성적인 유연성만 존재할 뿐인데, 이 유연성은 다른 사람이 흘리는 눈물을 보는 순간 색을 띤다. 그 순간 나의 마음은 타고난 연민으로 열리고 마치 햇빛에 잠긴 꽃잎처럼 고통 앞에서 저절로 벅차오른다. 나는 진심으로 그를 도와주고 싶기에 가서 그 사람을 구한다.

그리하여 인간들을 사회에 의해 형성된 모습으로 보는 법만 가르쳐주는 모든 학술 서적들을 덮어버리고 인간의 영혼이 최초로 수행하는 단순한 활동에 대해 깊이 생각하던 나는 이성에 앞서는 두 가지 원칙을 깨달은 듯하다. 그중 하나는 우리로 하여금 우리의 평안과 우리 자신의 보호에 열렬히 관심을 갖게 하고, 또 다른 하나는 우리가 지각 능력이 있는 일체의 존재들, 특히 주로 우리와 동류인 인간들이 죽거나 고통스러워하는 것을 보면 자연적으로 혐오감을 느끼게 한다.

《인간 불평등 기원론》

그리하여 악의와 불신, 증오는 최초의 원시 상태에서는 뿌리를 내리지 않는다. 그런 감정들은 우리 마음과 접목하여 우리를 세계의 인공 정원 속에 가두어 속박한다. 그러고 나서부터 계속하여 싹을 틔우고, 자라나고, 천성적으로 자비로운 마음을 억누른다.

큰 나무 밑의 작은 초목들 사이로 흔적만 남아 있는 오솔길을 한없이 걷다 보면 한 가지 사실을 발견하게 된다. 즉, 길을 잃어야만 자신의 마음에 더 잘 귀 기울이고 자신의 내부에서 꿈틀거리는 원초적 인간을 느낄 수 있다는 사실이다. 그러고 나면 자기 자신과 더 잘 조화를 이루게 된다. 더 이상 자신을 숭배하지 않고 그냥 사랑하게만 된다. 다른 사람들과도 더 잘 조화를 이루게 된다. 더 이상 다른 사람들을 미워하지 않고 오히려 그들을 진심으로 동정하게 된다. 지친 태양의 고요함과 땅 위에서 빙글빙글 도는 낙엽의 감미로움, 자연의 크고 느린 호흡으로 에워싸인 이 산책길에서는 문명화된 세계, 그 자체의 공포와 거짓된 위대함, 열광적인 행복, 분노 등을 가진 그 사회가, 그 모든 것들이 나무들이 이룬 부드러운 가림막 뒤로 흔들리면서 이제는 오랜 재앙으로 보일 뿐이다.

> 사회적 인간을 원시적 인간과 편견 없이 비교해보라. 그리고 할 수 있다면 사회적 인간이 그의 악의와 욕구, 불행 외에도 고통과 죽음으로 통하는 새로운 문들을 얼마나 많이 열어놓았는지 알아보라.
>
> 《인간 불평등 기원론》

***

황혼. 루소는 이제 예순 살이 다 되어가고 있다. 그는 추방되어 모든 사람에게서 거부당하고 모든 곳에서 쫓겨났다. 공화국인 제네바에서도 쫓겨나고 군주국인 프랑스에서도 쫓겨났다. 그는 영국으로 비장하게 망명을 시도했지만 그곳에서 너무 많은 적을 만들고 말았다. 오랫동안 이곳저곳을 떠돌며 어중간하게 몸을 숨기기도 하면서, 그대로 감옥의 벽 안에 갇혀 평온함을 누려볼까 하는 생각도 여러 번 했다. 그러면서 서서히 그가 굴복하는 순간이 찾아왔다. 그는 포기했고 마지막으로 걸어서 파리로 돌아갔다. 용기를 잃어버렸고, 더 이상 싸우고 싶지 않았다. 그러자 사람들은 서서히 그를 잊고 다른 것으로, 다른 증오로 옮아 갔다.

이제 더 이상 아무것도 없다.

나는 마지막 산책에 대해, 《고독한 산책자의 몽상*Les Rêveries du*

산책하며 식물을 채집하곤 했던 말년의 루소

*promeneur solitaire*》을 특징짓는 산책에 대해, 이 책을 훨씬 넘어서서 추측되는 산책에 대해 말하고 싶다. 이 무한한 산책에 대해, 아무것도 준비하지 않고 더 이상은 새로운 말(새로운 변호, 새로운 정체성, 새로운 생각)을 발견할 기회가 되지 않는 산책에 대해 말하고 싶다. 사람들이 1778년 5월과 6월의 에름농빌에서 상상하는 산책에 대해 말하고 싶다. 이제는 더 이상 방법으로서의, 발견에 도움이 되는 것으로서의, 자기 감정을 투영하는 것으로서의 걷기 행위는 없다. 더 이상 무엇을 만들기 위해서 걷는 것이 아니라 정말 별다른 이유 없이 걷는다. 그냥 지평선을 넘어가는 태양의 움직임에 자신을 일치시키고, 분과 시간, 나날의 규칙적인 박자를 느린 걸음으로 증가시킬 뿐이다. 그때는 음악소리에 따라 활처럼 휜 손가락이 무심하게 나무 책상을 가볍게 두드리는 것처럼 햇빛의 박자에 맞춰 아무 생각 없이 걷는다. 더 이상 아무것도 기다리지 않고, 시간이 오도록 내버려두어야 하며, 낮의 조수潮水와 밤의 피로가 엄습하도록 가만있어야 한다. 그리하여 행복은 "동요도, 시간적 간격도 갖지 않는 규칙적이고 절제 있는 움직임"(〈아홉 번째 산책〉, 《고독한 산책자의 몽상》)을 의미한다. 그렇다. 걷는다는 것

은 곧 시간과 동행하는 것, 아이와 함께하듯 시간과 보조를 맞추어 걷는 것이다.

그러면 잊혔던 기억들이 의식의 표면으로 다시 떠오르고, 우리는 황혼녘의 그 오랜 산책에서 마치 오래된 친구에게 하듯 이 기억들과 인사를 나눈다. 결국 우리는 이 기억들에 관용을 베푼다. 기억 역시 더 이상 상처를 주지 않는다. 고통스러웠던 시절을 되살리지도 않고, 후회 때문에(왜냐하면 그 시절은 행복했으므로) 영혼을 지치게 만들지도 않음으로써 말이다. 기억들은 마치 수생식물의 꽃처럼 떠다니며 자기들끼리 색깔과 모양을 바꿀 뿐이다. 무심하게 웃는 자들이여, 이제는 그 기억 속의 일들을 체험했다는 어렴풋하고 기묘하며 초연한 확실성만이 남아 지속될 뿐이다. 몽상에 잠긴 그 아이는 과연 나인가? 사교계 생활에 몰두하는 그 젊은이는 과연 나인가?

예전에 루소는 자기가 걷는 동안에는 몽상을 함으로써 상상력을 마음껏 발휘할 수 있고, 자신의 꿈을 절대적으로 믿는다고 말할 수 있었다. 이와 반대로 마지막 산책들은 경지에 오른 초연함의 부드러움을 가지고 있었다. 그는 더 이상 바랄 것도 기대할 것도 없었다. 그냥 살아갈 뿐이었다. 스스로 존재하도록 내버려둘 뿐이었다. 더 이상 '대단한 인물'이 될 필요가 없었기에 어떤 흐름이, 아니, 줄기차게 흐르는 존재의 실개천이 자신을 관통하도록 그냥 내버려두기만 하면 되었다.

떠오른 기억은 우애를 느끼게 한다. 기억이 꼭 나이 든 형제들처럼 느껴진다. 그래서 우리는 우리 자신에 대해 이 나이 든 형제가 된다.

오직 그가 '존재했다'는 이유 하나만으로 우리가 사랑하는 형제 말이다. 그리하여 우리는 이 산책을 통해 우리 자신을 좋아하게 된다. 자신을 위한 변명거리를 찾아내는 대신에 자신을 용서한다. 더 이상 잃을 게 없다. 그냥 걸을 뿐이다. 그러면 주변의 모든 것이 새로운 모습으로 바뀐다. 겁이 많아 사방을 살피는 새에게도 관대함을 발휘하고, 연약해서 구부러지는 꽃에게도 관대함을 발휘하고, 새로 돋아난 나뭇잎에게도 관대함을 발휘한다. 왜냐하면 세상에서 더 이상 아무것도 기대하지 않고 평온하게 걷는 그 순간, 자신을 내맡기고 자신을 주고 자신을 버리기 때문이다. 더 이상 아무것도 기대하지 않을 때 모든 것이 덤으로, 현존에 대한 무상無償의 축복으로 주어진다. 우리는 노고와 성공, 계획, 희망의 세계에서는 이미 죽었다. 그러나 저 태양과 저 색깔들, 소용돌이치며 서서히 올라가는 저 푸르른 연기, 나무들의 움직임 등 모든 것이 다 덤으로 주어진다. 그것은 선물이다. 정체성과 역사, 쓰이고 소비되고 대치되고 반복되는 이야기들은 이미 우리 뒤편에 있다. 시합은 끝났다. 1778년 봄의 태양과 발루아 호수의 반짝거림, 에름농빌의 부드러운 초록색 등 모든 것은 덤으로 주어졌다.

《고독한 산책자의 몽상》을 읽어보면 6월의 마지막 산책이 더할 나위 없이 만족스럽게 이루어졌다는 사실을 짐작할 수 있다. 완수된 것을 훨씬 넘어서서 걷는 것이다. 마치 존재가 위안을 얻는 것처럼 말이다. 운명은 고리 모양으로 닫히고, 종결되고, 중단되고, 완성되었다. 책은 다시 덮였다. 이제부터 그는 더 이상 루소도 아니고 장 자

파리 퓌플리에 섬에 있는 루소 무덤의 전경을 담은 그림

크도 아니다. 그 누구에게 동조하지도 않고, 그 누구에게 반대하지도 않는다. 그저 산책길에 있는 나무들과 돌들 사이의 떨림일 뿐이다. 걷는다는 것은 꼭 풍경이 호흡하는 것과도 같다. 한 번, 한 번의 걸음은 걷는 활동 저 너머에서 태어났다가 금방 죽는 호흡과도 같다.

나는 편안하게 걷다가 마음 내킬 때 멈춰 서는 것을 좋아한다. 내게 필요한 것은 떠돌이 생활이다. 날씨가 좋을 때 서두르지 않고 아름다운 고장을 걷는 것, 그리고 다 걷고 나서 유쾌한 대상을 만나는 것, 바로 이것이야말로 내 취향에 가장 잘 맞는 삶을 사는 모든 방식이다.

《고백》 제4권

# 10

# 영원

언젠가는 '소식'을 듣지 않고도 살 수 있어야 할 것이다. 신문을 읽고 알게 되는 것은, 그때까지는 몰랐던 사실이다. 우리는 바로 이것, 새로운 것을 찾는다. 그러나 우리는 알지 못하고 있었던 것은 즉시 잊어버린다. 일단 알게 된 뒤에는 아직은 모르지만 내일이면 알게 될 소식에 자리를 내줘야 하기 때문이다. 신문은 절대 기억을 하지 않는다. '새로운 기억'은 그 전의 기억을 쫓아내고, 어떤 하나의 사건은 또 다른 사건으로 대체되어 흔적도 없이 사라져버린다. 소문은 부풀어 오를 대로 오르다가 일순간 잦아들지만, 마치 형태가 일정하지 않은 폭포처럼 연이어진다.

하지만 걷기 시작하는 순간, 소식은 더 이상 중요하지 않다. 며칠 혹은 여러 주일에 걸쳐 도보 여행을 한다면 얼마 지나지 않아 세상에 대해 더 이상 아무것도 알지 못하게 된다. 이 세상의 격동에 대해서도, 최근에 벌인 사업이 어떻게 전개되는지도 더 이상 알지 못한다. 상황의 반전도 기대하지 않는다. 이 일이 어떻게 시작되었는지, 저 일은 어떻게 끝났는지 알고 싶지 않다. 최근 소식을 알고 있는가? 걷기 시작한다면 모든 것이 더 이상 중요하지 않을 것이다. 절대 지속하는 것들 앞에 서면, 일상에서라면 우리를 포로로 만드는 소식들과는 단절된다. 오랜 시간 먼 곳까지 걷는 사람을 보면 어떻게 걷기에 관심을 가질 수 있었을까, 의아한 생각이 든다. 어떻게 그것을 궁금해하게 되었는지 놀랍다. 사물들이 천천히 숨을 내쉬면 일상적인 강한 열망은 헛되고 병적인 심적 동요로 보인다.

처음 만나는 영원성은 바위와 지평선이고, 평원의 움직임이다. 이 모든 것은 저항한다. 그래서 우리 앞으로 불쑥 드러나 있는 이 견고한 물체와 맞서다 보면 자질구레한 사실들이나 그만그만한 소식들은 꼭 바람에 쓸려 가는 먼지처럼 보인다. 그것은 제자리에서 진동하는 부동의 영원성이다. 걷는다는 것, 그것은 곧 아무 소리 내지 않고, 아무것도 기다리지 않고, 겸허한 태도로 끈질기게 지속하는 이 현실, 즉 암벽 사이에서 자라나는 나무, 망을 보는 새, 자기가 갈 길을 찾아내는 시냇물을 체험하는 것이다. 걷다 보면 소문과 불평불만은 어느새 잦아들고, 다른 사람들에 대해 이러쿵저러쿵 험담을 늘어놓고 자기 자신을 드높이고 재구성하고 해석하며 마음속으로 늘어놓는 끝없는 수다가 중단된다. 걷다 보면 가시 돋친 원한과 어리석은 만족, 손쉬운 복수가 되풀이되는 끝없는 독백이 중단된다. 나는 산을 마주본다. 키 큰 나무들 사이를 걷는다. 걸으며 생각한다. '저기 있군. 저것들은 나를 기다리지 않고 오래전부터 저기 있었어. 저것들은 나를 한없이 앞서 갔고, 내가 가고 난 뒤에도 계속될 거야.'

언젠가는 더 이상 걱정하지 않고, 일에 매달리지도 않으며, 일의 노예가 되지 않는 날이 올 것이다. 다들 알다시피, 일을 만들어 스스로에게 맡기는 것도 우리 자신이고, 그 일을 강요하는 것도 우리 자신이다. 일을 한다는 것, 그것은 돈을 아껴 저축하고, 경력을 쌓을 수 있는 기회를 놓치지 않기 위해 항상 신경을 곤두세우고, 어떤 자리를 노리고, 일을 부랴부랴 끝내고, 다른 사람들을 신경 쓰는 것이다. 이런 일을 하고, 저걸 보러 들르고, 누군가를 초대하는 것, 그것은 사회적 속박이고, 문화적 유행이며, 눈코 뜰 새 없는 바쁨이다……. 항상 뭔가 해야 할 일이 있다. 그렇지만 존재에 대해서는 나중으로 미뤄둔다. 더 나은 일을 해야 하고, 더 급한 일을 해야 하고, 더 중요한 일을 해야 하기 때문이다. 내일이면 또 같은 일이 되풀이된다. 되풀이되지만 내일이 되면 다시 모레 해야 할 일이 생긴다. 말하자면 터널이 끝도 없이 이어지는 것이다. 그들은 이것을 삶이라고 부른다. 그리고 이것은 강력한 힘을 발휘하는 탓에 휴식의 순간조차 끈질기게 그 흔적을 담으려 한다. 과도한 운동, 자극적인 휴식, 호화판 파티, 도가 지나친 밤놀이, 돈이 많이 드는 바캉스……. 그러다 보니 결국 해결책이라고 남는 건 우울증이나 죽음뿐이다.

걸을 때는 아무것도 하지 않는다. 그냥 걷기만 할 뿐이다. 그러나 다른 일은 전혀 하지 않고 오직 걷기만 하면 순수한 존재감을 되찾을 수 있고, 어린 시절을 만들어낸 삶의 소박한 즐거움도 재발견할 수 있다. 이렇듯 걷기는 부담을 덜어주고 무슨 일인가를 해야 한다는 강박관념을 버리도록 함으로써 어린 시절의 그 영원성을 다시 만날 수 있게 해준다. 나는 걷기가 어린아이의 놀이라는 말을 하고 싶다. 그날의 날씨와 태양의 광채, 나무의 크기, 푸른 하늘을 보며 감탄하는 것이 걷기다. 경험이나 능력이 있어야 할 수 있는 것이 전혀 아니다. 바로 이런 이유에서, 너무 많이 걷거나 너무 멀리까지 걷는 사람은 경계해야 한다. 그들은 이미 많은 것을 봐버려서 비교밖에 하지 않는다. 영원한 아이는 그렇게 아름다운 것을 본 적이 단 한 번도 없다. 왜냐하면 비교를 하지 않기 때문이다. 이렇게 여러 날, 몇 주 동안 걸을 때 우리가 결별하는 것은 단지 직업과 이웃, 사업, 습관, 근심, 걱정만이 아니다. 우리는 우리 자신의 복잡한 정체성과 얼굴, 그리고 가면까지 버린다. 걷는다는 것은 오직 우리의 몸만 필요로 하기 때문에, 그것들 중 어느 하나도 더 이상은 지속되지 않는다. 지식이나 독서, 그동안의 관계들 중 그 어느 것 하나도 사용하지 않는다. 두 다리만 있으면, 그리고 볼 수 있는 두 눈만 있으면 충분하다. 걸어야 한다. 혼자 떠나야 한다. 산을 오르고 숲을 지나가야 한다. 사람은 없다. 오직 언덕과 짙푸른 나뭇잎만 있을 뿐이다. 걷는 사람은 이제 더 이상 어떤 역할을 할 필요도 없고, 어떤 지위에 있지도 않으며, 어떤 인물조차 아니다. 걷는 사람은 단지 길 위에 널려 있는 조약돌의 뾰족한 끝 부분과 키 큰 풀의 가벼운 스침, 바람의 서늘함을 느끼는 몸뚱이일 뿐이다. 걷는 동안 세계는 더 이상 현재도, 미래도 갖지 않는다. 이제는 그저 아침과 저녁만 반복될 뿐이다. 매일 같은 일만 하면 된다. 걷기만 하면 되는 것이다. 걸으면서 7월의 어느 저녁의 빛에 잠긴 바위가 띠는 푸른색, 정오의 올리브나무 잎사귀가 발하는 은빛 섞인 초록색, 아침의 보랏빛 언덕을 보며 감탄사를 연발하는 사람은 과거도, 계획도, 경험도 없다. 그의 마음속에는 영원한 아이가 자리 잡고 있을 뿐이다. 걸으면서는 오직 시선만을 따라갈 뿐이다.

숲 속에서 한 인간이 마치 뱀이 허물을 벗어버리듯 자신이 살아온 세월을 버린다. 바로 그 순간, 그는 얼마 동안을 살았든지 간에 상관없이 여전히 어린아이로 남아 있다. 숲 속에는 영원한 젊음이 존재한다. (……) 그곳에서 나는 그 어떤 일도, 불행도, 불운도 내게 일어날 수 없다고 느낀다. 풀도 없고 나무도 없는 땅 위에 선 채 유쾌한 대기 속에 얼굴을 담그고 무한한 공간 속에 솟아 있으면 우리의 쩨쩨한 에고이즘 따위는 흔적도 없이 사라져버린다. 나는 투명한 눈동자가 된다. 나는 아무것도 아니다. 나는 모든 것을 다 본다.

랠프 월도 에머슨,* 《자연*Nature*》

자연의 신은 엄청난 충격을 주어 이렇게 우리를 인간의 악몽에서 깨어나도록 한다.

그리고 아마도 마지막 영원성이 있다. 그것은 바로 협화음의 영원성이다. 걸을 때 무엇이 풍경에서 생기는지, 그리고 무엇이 결코 다른 식으로는 일어날 수 없는지를 정확하게 기술해야 한다. 자동차를 타고 가면서 보는 풍경이 있다. 나는 단순한 산의 능선을 응시하고, 사람을 홀리는 사막으로 실려 가며, 울창한 숲을 지나간다. 때때로 차를 좀 세워달라고 부탁해, 몇 발짝 걸어보고 사진도 몇 장 찍는다. 차를 운전하는 사람이 내게 나무 이름과 식물의 형태, 울퉁불퉁

---

* Ralph Waldo Emerson(1803~1882). 미국의 시인이자 사상가. 범신론적 초월주의의 입장에 섰으며, 자연과 인간을 중시하는 철학 사상을 토대로 자연주의적인 에세이 《자연》 등 많은 작품을 남겼다. 소로에게 지대한 영향을 미쳤다.

한 바위의 뒷면을 보여주고 상세하게 설명해준다. 물론 태양은 여전히 작열하고, 색은 여전히 눈부시며, 하늘은 여전히 푸르고 맑다.

걷다 보면 모든 것이 흡수된다. 끝없이 걸으라. 아주 오랫동안 높은 산을 오를 때는 산의 높은 곳을 피부의 모공으로 통과시키고, 야산을 오래 걸어 내려갈 때는 그것의 형태를 몇 시간 동안 들이마시라. 몸은 그것이 밟고 지나가는 흙으로 빚어진다. 그는 더 이상 풍경 속에 존재하지 않는다. 그가 곧 풍경인 것이다. 꼭 풍경 속에 녹아드는 것은 아니다. 걷는 사람이 사라진다고 풍경의 단순한 곡선이 보조하는 선이 되는 것은 아니다. 그것은 꼭 산산조각이 나는 어느 한 순간과도 같을 것이다. 갑작스레 타오르는 불과도 같을 것이다. 시간이 붉게 타오른다. 그때 영원성의 감정은 불현듯 현존의 떨림이 된다. 여기서 영원성은 광채가 된다.

*11*

# 야생의 정복

## 헨리 데이비드 소로

**헨리 데이비드 소로Henry David Thoreau(1817~1862)**

19세기 미국의 사상가로서 자연을 예찬한 작가이자 시민의 자유를 옹호한 실천적 지식인이다. 매사추세츠 콩코드에서 태어나 거의 평생을 그곳에서 살았다. 하버드 대학을 졸업하고 잠시 교사 일을 했지만 곧 그만두고 강연과 글쓰기에 몰두했다. 일정한 직업을 갖지 않은 채 생계를 위해 이따금씩 육체노동을 하며 젊은 시절을 보낸 소로는 시인이자 사상가인 에머슨을 만나 초월주의의 영향을 받았다. 특히 1837년부터 에머슨의 권유로 쓰게 된 일기는 소로의 문학적 상상력의 원동력이자 글의 '원재료'가 된다. 사후 그의 저작과 자연에서의 실천적 삶이 다각적으로 재조명되면서 현재 소로는 가장 위대한 미국의 자연 문학가이자 실천적 철학자, 자연주의자이자 환경 운동의 아버지로 평가받고 있다.

데이비드 헨리 소로는 1817년 7월 보스턴 교외의 작은 마을인 콩코드에서 연필 공장을 하는 아버지의 셋째 아들로 태어났다. 그는 하버드 대학에서 공부하고 학위를 받고 나서는 공립학교에서 학생들을 가르치기 시작했으나 2주일도 채 근무하지 못했다. 그는 학생들에 대한 체벌을 거부했으며, 수업과 오랜 산책을 병행할 뿐이었다. 학교를 그만둔 그는 가족이 운영하는 연필 공장으로 돌아갔다. 1837년에 자신의 이름을 '헨리 데이비드'라고 순서를 바꾸고, 신문을 발행하기 시작했으며, 이 신문사를 죽을 때까지 운영했다. 1838년에는 형과 함께 사립학교를 세웠지만, 그리 오래 운영하지는 못했다. 얼마 지나지 않아 에머슨의 집에서 집사로 일하면서 잡지《더 다이얼*The Dial*》에 시와 수필을 발표하고 초월주의자 클럽에 드나들었으며 잡지 발행에 참여했다. 그는 잠시 콩코드를 떠나 뉴욕 주에 있는 스테이튼 아일랜드에서 에머슨의 조카들을 가르치는 가정교사로 일했다. 하지만 그곳에서도 역시 1년밖에 머무르지 않았다.

1845년 3월, 소로는 에머슨이 사놓은 월든 호수 근처의 땅에 오두막집을 직접 짓기 시작했다. 이것은 그의 철학적 행위였다. 그는 호숫가의 나무들 사이에서 완전한 자급자족 생활을 하며 혼자 2년 넘게 살았다. 땅을 일구고, 산책을 하고, 책을 읽고, 글을 썼다. 1846

년 7월, 그는 자신의 오두막집에서 체포되어 구금당했는데, 멕시코와 전쟁을 벌이고 노예제도를 허용하는 정부를 거부하겠다는 의지를 세금 납부 거부를 통해 표명했다는 이유에서였다. 그는 이 경험을 토대로 〈시민 불복종Civil Disobedience〉이라는 정치 관련 소책자를 펴냈는데, 이 책은 그의 주요 저서가 된다. 그는 이름 없는 은인 덕에 바로 석방되어 감옥에서 하룻밤밖에 보내지 않았다. 1847년 7월, 그는 월든을 떠났다가 다시 돌아와 에머슨의 집에서 1년간 살았다. 그 후로는 부모 집에서 살며 측량사로 일했다. 그는 퀘벡과 뉴햄프셔, 화이트마운틴 등지를 산책하다가 인디언 부족들을 만났고, 노예제도에 반대하여 투쟁하기도 했다. 소로는 마흔네 살의 나이에 다수의 매혹적인 작품을 남기고 결핵으로 죽었다. 특히 그중에서도 2년간 숲 속에서 보내며 체험한 이야기를 담은 경이로운 작품《월든》이 있다. 그는 걷기를 다룬 최초의 철학개론서인《산책*Walking*》의 저자이기도 하다.

소로는 대량 생산의 시대와 총체적 자본주의 및 대규모 공업 개발의 시대가 시작된 19세기를 목격했다. 그는 이익을 얻기 위한 무한 경쟁과 그 이익의 원천으로만 여겨질 뿐인 자연의 대규모 약탈을 예감했다. 그는 끝없이 계속되는 부의 축적과 맹목적인 자본화를 앞두고 새로운 경제를 제안한다.

이 새로운 경제의 원칙은 간단하다. 이제는 어떤 활동이 어떤 이익을 가져다줄지를 생각하지 말고, 그 활동이 순수한 삶의 순간에 어떤 의미를 부여할지를 생각해봐야 한다는 것이다.

어떤 것의 값이 얼마인가 하는 것은 내가 즉각적으로, 혹은 오랫동안 그 대가로 획득하는 삶이라고 부르는 것의 총액과 일치한다. 《월든》

그것은 또한 이익과 혜택을 구분하는 방법이기도 하다. 숲 속을 오래 걸으면 거기서 어떤 이익을 낼 수 있는가? 단 한 푼의 이익도 낼 수가 없다. 팔 수 있는 물건을 만들 수 있는 것도 아니고, 어떤 사회적 혜택을 받을 수 있는 것도 아니기 때문이다. 그런 점에서, 걷는다는 것은 절망적일 만큼 쓸모없고 비생산적이다. 전통 경제의 용어를 사용하자면, 그것은 부를 생산하지 못하는 잃어버린 시간, 낭비된 시간, 죽은 시간에 속한다. 그렇지만 내가 받는, 나의 총체적이고 절대적인 삶(나는 그것을 내적 삶이라고도 부르지 않을 것이다)이 받는 혜택은 엄청나다. 즉 쉽게 사라지지만 사람을 성가시게 하는 근심 걱정에 시달리지 않고, 혹은 말 많은 사람들의 끊임없는 수다에서 소외당하지 않고도 오랫동안 나 자신을 꼿꼿이 서 있게 할 수 있다. 나는 하루 종일 나 자신에게 혜택을 축적했다. 오랫동안 귀를 기울이거나 명상을 하면 자연은 자기가 가지고 있는 모든 색을 내게 아낌없이 주었다. 오직 내게만 말이다. 걷기는 수용이다. 나는 엄청나게 많은 순수한 존재들을 계속해서 받아들인다. 모든 것은 당연히 비교된다. 궁극적으로 걷기는 이익은 거의 주지 못하지만 그 대신에 더 큰 혜택을 준다. 풍성한 것이 내게 주어진다.

이익이 혜택과 다른 점은, 이익을 남길 수 있는 활동은 나 말고 다른 사람이 할 수도 있다는 것이다. 즉 그 사람이 최종적으로 승리자

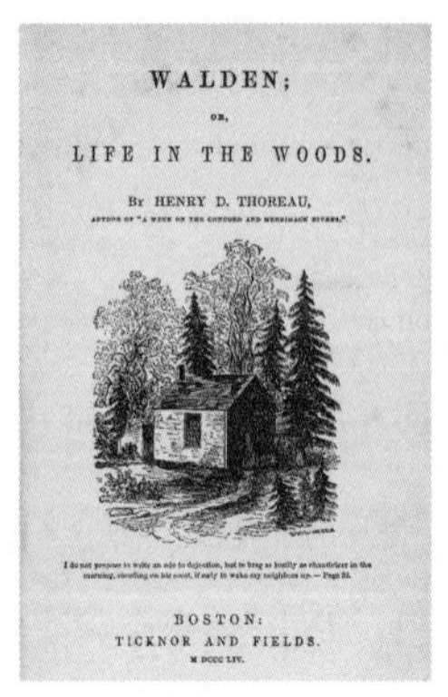

WALDEN;

OR,

LIFE IN THE WOODS.

By HENRY D. THOREAU,

AUTHOR OF "A WEEK ON THE CONCORD AND MERRIMACK RIVERS."

I do not propose to write an ode to dejection, but to brag as lustily as chanticleer in the morning, standing on his roost, if only to wake my neighbors up. — Page 92.

BOSTON:
TICKNOR AND FIELDS.
M DCCC LIV.

소로가 살았던 오두막집의 삽화가 들어간《월든》의 속표지

가 된다. 내가 그 사람에게 권한을 위임한 경우는 예외겠지만, 어쨌든 이익을 남기는 행위는 언제라도 다른 사람이 행할 수 있다. 그렇기 때문에 경쟁의 원칙이 성립한다. 이와 반대로 내게 혜택을 주는 것은, 다른 사람에게 권한을 위임할 수 없는 나의 행위와 동작, 삶의 순간에 따라 좌우된다. 소로는 편지에 이렇게 쓸 수 있었다. "무엇을 해야 하는지 알고 싶은가? 자네가 어떤 일을 하려 할 때는 '누군가 다른 사람이 나 대신에 이걸 할 수 있을까?'라고 스스로에게 물어보게. 만일 다른 사람이 대신할 수 있다면 그 일을 그만두게. 무슨 일이 있어도 꼭 그 일을 해야 하는 경우가 아니라면 말일세. 왜냐하면 그 일은 삶의 필연성 속에서 이루어지는 게 아니기 때문이지. 그 누구도 내면 깊숙한 곳에서 우리 대신 살아줄 수는 없다네. 누군가가 우리를 대신하여 일을 해줄 수는 있지만 우리를 대신하여 걸어줄 수는 없지. 가장 큰 기준은 바로 이것일세."

> 만일 내가 나 자신이 아니라면 과연 그 누가 나를 대신하여 내가 될 것인가?
>
> 《일기》

본론으로 돌아가 보자. 소로의 주장이 인상적인 것은 논거의 내용 자체가 아니다. 왜냐하면 오래된 지혜의 글들은 이미 외적인 재물을

멸시하고 영적靈的 풍요함을 강조하거나, 인간이 부유하고 부유하지 않고는 그가 어느 것 하나 부족하지 않다고 느끼느냐 느끼지 않느냐에 달려 있다고 주장했기 때문이다. 인상적인 것은 논증의 형태다. 왜냐하면 소로는 계산의 강박관념을 멀리서 뒤쫓기 때문이다. 그는 '양의 경제적 계산을 버리고 순수한 질만을 택하자'라고 말하지는 않는다. '계산합시다, 늘 계산합시다'라고 말할 뿐이다. 나는 정확히 무엇을 얻거나 잃는 것일까? 더 많은 돈을 벌려고 애쓸 때 나는 순수한 삶에서 무엇을 잃는 것일까?

부자들이 부를 유지하려면 그에 대한 대가를 치러야 한다. 일해야 하고, 불안해해야 하고, 밤을 새워야 하고, 절대 놓지 말아야 한다. 물론 지붕 하나와 벽들, 침대 하나와 의자들은 있어야 한다는 것은 소로도 인정한다. 그러나 정확히 어떤 지붕, 어떤 도구들이 있어야 하는가? 만일 아주 넓은 집과 무지갯빛 문손잡이를 원한다면 열심히 일하고, 날씨와 하늘의 색깔 따위는 오랫동안 잊어버려야만 한다. 그래서 많은 이익을 낼 수는 있다. 하지만 그 누구에게도 이롭지는 않을 것이다.

추위를 막아줄 지붕 하나, (첫 번째는 앉기 위해, 두 번째는 우정을 위해, 세 번째는 사회생활을 위해 필요한) 의자 세 개, 침대는 딱 하나, 잠을 편안하게 자기 위한 따뜻한 이불 한 채, 이 모든 것을 가지기 위해서는 돈도 별로 들지 않는다. 일손도 거의 필요하지 않다. 약간의 육체노동이 필요하고, 쌀은 콩을 조금만 재배해서 맞바꾸면 된다. 그러나 그런 것들에서 많은 것을 얻을 수가 있다. 시간이 남으면 하루에 서너 시간 정도 몸이 만족할 만큼 오랫동안 산책을 하면서, 동물들, 숲 속에서 벌어지는 빛의 유희, 호수에 비치는 깊은 푸른빛 같은 자연의 정경을 공짜로 원 없이 즐기는 것이다. 계산이 끝나면, 근면하고 경건한 주일의 리듬이 이어진다. 그냥 검소하게 살아갈 만큼의 돈을 벌려면 1주일에 하루 일하는 것으로 충분하다. 그 외에 일하는 것은 쓸모없는 것, 하찮은 것, 호사스러운 것을 얻고 필수품을 탕진하기 위해서다. "정확히 계산을 해보면 내 집을 유지하는 데는 28달러가 조금 넘게 들 것이다"라고 소로는 말한다.

노동은 부를 창출하기도 하지만 가난을 유발하기도 한다. 이런 의미에서 가난은 부의 반대가 아니다. 정확하게 말하자면, 가난은 부의 보완물이다. 부자는 옆 사람의 접시에 음식이 더 많이 담기지는 않았는지 보려고 시선을 고정시킨 채 게걸스럽게 먹는다. 한편 가난한 사람은 축하연의 빵 부스러기에 매달린다. 그들은 모두 똑같은 경기를 한다. 그래서 승자 아니면 패자만 있을 뿐이다. 소로가 말하는 청빈은 부와도 반대되고 가난과도 반대된다. 그에게 부는 항상 더 많이 갖기 위해 이성을 잃는 자들의 것이고, 가난 역시 아무것도 아닌 것을 세 배는 더 얻기 위해 죽도록 일하는 자들의 것이다. 청빈은 제도와 대립한다. 경기를 하지 말아야 한다. 검소함을 선택해야 한다.

검소함, 정확히 말하자면 그것은 금욕이 아니다. 다시 말해, 금욕은 항상 지나치게 많은 음식과 지나치게 많은 부, 지나친 행복과 지나친 쾌락 등 지나친 유혹에 대한 저항이라는 개념을 내포한다. 금욕은 과잉을 추구하는 쾌락의 성향을 비난한다. 그러므로 절제하고,

양을 줄이고, 아니라고 말해야 한다. 금욕 속에는 많은 양의 엄격함, 쾌락에 대한 경멸 혹은 두려움이 존재한다. 금욕이란, 자제하지 못하는 것에 대한 거부이며, 휩쓸려갈까 봐 두려워하며 지나치게 느끼는 것을 스스로 금하는 것이다. 검소함이란, 물과 과일, 미풍 등 흔하디흔한 이 세 가지로 완벽한 즐거움을 발견하는 것이다. 소로는 이렇게 쓴다. "오! 들이마시는 공기에 취해봤으면!"

재산과 부를 얻으려면 노력을 기울여야 한다고 사람들은 말한다. 하루도 빠짐없이 일을 하면 된다. 오직 일만 하고 다른 모든 것을 스스로 금하라. 소로는 다음과 같이 말한다. "끊임없이 계산해야 한다. 그리고 차라리 걷는 게 더 빠르다고 고백하라. 왜냐하면 마차 한 대와 말 한 마리를 가지려면 몇 날 며칠을 일해야 하기 때문이다. 그 거리를 자동차를 타고 하루 만에 가려면 몇 달 동안 일해야 할 것이다. 그러니 걸으라. 걸으면 더 빨리 갈 수 있을 테고, 덤으로 하늘의 깊이와 나무들의 색깔을 얻게 될 것이다."

"나는 내가 보는 것을 내 것으로 만든다"라고 소로는 썼다. 그것은 겨울밤을 위해 걸으면서 채색된 감정과 태양의 추억을 축적한다는 얘기다. 우리의 보물, 우리의 진짜 재산은 우리가 받아들여 간직한 심상心想의 합이다.

> 나는 항상 나의 심상으로 돌아간다. 그것은 이 세상의 부침浮沈에서 해방된 영원한 소유물, 불행한 날들을 위해 따로 보관해놓은 무언가다.
>
> 《일기》

그러나 부는 청산하기보다 획득하기가 훨씬 더 쉬운 법이다. 재산가의 영혼은 물질적 재산에 몸을 자꾸 문지르다 보면 껍질로 뒤덮이고 물혹이 생기고 단단해지는 반면, 가난한 사람의 영혼은 부를 소유할 수 없다는 점에서 생기는 질투심과 분노 때문에 얄팍해진다. 그 후로 부자는 안락함을 포기하기 어려워진다. 푹신푹신한 소파 대신 나무 의자에 앉을 수 없게 되고, 추위 속에서 잠을 잘 수도 없게 되며, 걸어서 500미터를 가기도 힘들어진다. 가난한 사람 역시 여전히 경제적으로 윤택해지고 싶은 욕구의 포로가 되어 계속 부를 믿는다.

아니다. 정말이지 부는 너무나 많은 사람에게 너무나 많은 고통을 안겨준다.

매일 세 시간에서 다섯 시간씩 엄청난 거리를 걷는 건각이었던 소로는 위대한 여행가였다. 그는 메인 숲과 퀘벡, 뉴햄프셔를 몇 차례나 여행했다. 그러나 소로가 말하는, 그의 정신을 살찌우는 걷기 체험은 매일같이 집에서 출발해, 호주머니에 손을 집어넣고 콩코드 주변을 오랫동안 걷는 산책과만 관련되어 있다. 그는 좁은 지역을 걷는 축소판 모험가일까? 하지만 소로는 그것을 통해 이국 취향이 가지는 심각한 위험을 우리에게 경고한다. 더 멀리 가기 위해 걷다 보면, 필연적으로 일어나는 믿기 어려운 만남과 엄청난 사건들, 항상 아주 기가 막힌 경치, 정말 기상천외한 음식 등 자기들이 거기서 본 것을 이야기하는 사람들을 너무나 많이 본다. 이야기 속에서도, 모험 속에서도, 극단 속에서도, 항상 중요한 것은 얼마나 큰 성과를 거두었느냐다. 그렇지만 소로의 《월든》은 다른 어떤 여행 이야기보다

월든 호수. 소로는 이 근처의 땅에 오두막집을 짓고 2년 넘게 혼자서 자급자족 생활을 했다

더 매혹적이다. 실제로 극단적인 모험을 진부한 것으로 만드는 전이轉移에서는 급진성이 느껴진다. '걷기 위해 아주 멀리까지 갈 필요는 없다'는 말은 아무리 자주 해도 지나치지 않다. 걷기의 참뜻은 이타성異他性(다른 세계들, 다른 얼굴들, 다른 문화들, 다른 문명들)으로 향하는 것이 아니라 문명화된 세계의 가장자리에 서 있는 것이다. 걷는다는 것, 그것은 바깥쪽에 있는 것이다. 일하는 사람들 바깥쪽에, 고속도로 바깥쪽에, 이익과 빈곤의 생산자들 바깥쪽에, 그리고 겨울 해의 부드럽고 연한 빛과 봄에 부는 미풍의 상쾌함을 받아들이는 것보다 더 나은 할 일이 항상 있는 진지한 사람들 바깥쪽에 있는 것이다.

걷는다는 것은 진리의 문제일 뿐만 아니라 현실의 문제이기도 하다. 걷는다는 것, 그것은 곧 현실을 체험하는 것이다. 순수한 육체적 외재성이나 어떤 주체에게 중요한 것으로서의 현실이 아니라 견뎌내는 것으로서의 현실이다. 즉 그것은 견고함과 저항의 원칙이다. 걷는다는 것, 그것은 곧 한 걸음 한 걸음마다 그 원칙을 시험하는 것이다. 땅이 버텨내기 때문이다. 한 걸음 내디딜 때마다 나의 몸무게는 받침점을 발견하여 튀어 오르고 도약한다.

견고한 배경은 어디에나 존재한다. 《월든》

튀어 오를 때는 항상 발을 확실히 고정시켜야 한다. 발이 저항한다는 걸 느끼기 위해 갖다 대고 누르는, 그런 지각되지 않는 순간이 늘 있다. 그러고 나면 안심하고 몸 전체를 오직 한쪽 발로만 지탱하다가 허공에서 앞으로 나와 있던 다른 쪽 발을 착지시킨다. 발이 푹푹 빠지면서 동상에 걸릴 위험이 있는 눈 쌓인 산책길에서는 두 다리가 떨린다. 아니면 침수되거나 자갈투성이인 길, 또는 모래가 깔린 길에서도 떨릴 수 있다. 왜냐하면 몸은 반드시 스스로를 계속 지탱하고 체중을 위쪽으로 끌어올려야 하기 때문이다. 이때는 걷는다기보다 춤을 추어야 한다. 땅의 푹신푹신함은 발을 짜증나게 하고 불안하게 만든다. 반대로 아스팔트 길은 너무 단단하다. 그래서 꼭 속이 빈 북처럼 울리고, 발걸음에 닿는 충격이 몸 전체에 전달된다. 땅은 충격을 흡수하고 마신다. 아스팔트 길의 완벽한 규칙성은 결국 발을 지루하게 만든다. 현실은 그렇게까지 단조롭지 않다.

어떤 사람들은 그들이 책을 읽는 데 할애한 것과 같은 시간을 글을 쓰는 데 할애하기로 결정한다. 에머슨에 따르면, 소로는 걷기에 걸리는 시간과 똑같은 시간을 글쓰기에 할애하는 것을 원칙으로 삼았다고 한다. 문화와 도서관이 파놓은 함정을 피하기 위해서였다. 그렇게 하지 않으면 글이 다른 사람들의 문체로 가득 채워지기 때문이었다. 그들 자신이 다른 이들의 책에 대해 단 한 줄의 글이라도 써보았다면……. 글을 쓴다는 것은 무언無言의 생생한 체험에 대한 증언이 되어야 한다. 다른 책에 관한 주석이 되어서도 안 되고, 다른 글에 관한 설명이 되어서도 안 된다. 증인으로서의 책이 되어야 한다. 하지만 내가 말하는 '증인'이란 이 단어가 릴레이에서 가지는 의미에서다. '증인'을 다른 사람에게 넘기면 그 다른 사람은 달리기 시작하는 것이다. 이렇게 경험에서 태어난 책은 경험을 참조하게 한다. 책은 우리에게 살아가는 법을 가르쳐주는 게 아니라(그것은 교훈을 주는 자들의 한심한 계획이다) 우리에게 살고 싶은 욕구, 다른 식으로 살고 싶은 욕구를 제공한다. 즉 삶의 가능성과 그것의 원칙을 우리 안에서 발견하고 싶은 욕구를 제공하는 것이다. 삶은 두 권의 책 사이에서 유지되는 것이 아니라(두 독서 사이에 있는 단조롭고 일상적이고 필연적인 움직임들), 책은 다른 삶을 희망하게 하는 것이다. 그러므로 책은 일상생활(일상이란 바로 되풀이되는 삶, 똑같은 것으로 사는 삶이다)의 단조로움에서 벗어나도록 해주는 것이 아니라 하나의 삶을 또 다른 삶으로 옮아 가도록 하는 것이 되어야 한다.

살기 위해 잠자리에서 일어나본 적이 없는 사람은 글을 쓰려고 앉아 있어보았자 아무 소용없다. 《일기》

이 같은 현실의 글쓰기를 모색해야 한다. 견고하게 자국을 남기는 규칙적인 발걸음의 연장 속에서만 글을 써야 한다. 그렇게 되면 생각을 할 때도 오직 견고한 것만을 찾게 된다. 이것은 오직 강렬하게 체험한 것만을 쓴다는 뜻이다. 오직 견고한 토대로 체험한 것만을 자신에게 제공하는 것이다.

여론과 편견, 전통, 환상, 외관 등 파리에서 런던, 뉴욕에서 보스턴과 콩코드까지 우리 지구를 뒤덮고 있는 이 충적토를 통과하고, 교회와 국가, 시詩, 철학, 종교에서 벗어나 우리가 현실이라고 부를 수 있는 견고한 기반에, 움직이지 않는 바위산에 도달해야 한다. 그리고 이렇게 말할 수 있어야 한다. 그래, 바로 이거야! 《월든》

걸을 때의 현실, 그것은 단지 땅의 견고함일 뿐만 아니라 걷는 사람이 스스로 얼마나 꿋꿋한지를 시험하기 위한 시련이기도 하다. 소로는 계속하여 그 점을 강조한다. 걸으면서 문제가 되는 것은 또한 현실이 된다. 왜냐하면 그때 인간은 자신이 자연 속에 있다고 느끼는 게 아니라 자기가 자연이라고 느끼기 때문이다. 여기서 문제가 되는 것은 '일치'도 아니고 '융화'도 아니다. 이런 표현들은 사유가 일체—體 속에서 실현되자마자 사라지는 심오한 신비체험에 더 잘 어울린

소로의 오두막집이 있었던 월든 호숫가에 세워진 표석

다. 아니다. 걷기는 차라리 걷는 사람이 참여한다고 느끼게 한다. 즉 식물과 광물, 동물을 내 안에서 느끼는 것이다. 나는 지나가면서 만지는 나무의 껍질과 같은 재목으로 만들어졌고, 스치고 지나가는 키 큰 풀과 같은 조직으로 만들어졌다고 느낀다. 그리고 걸음을 멈출 때 하는 나의 거친 호흡은 별안간 내 앞에서 멈춰 선 산토끼의 헐떡임과 일치한다.

하루 종일 길을 걸으며 땅의 단단함뿐만 아니라 나를 둘러싸고 있는 두꺼움 속에서 거듭 확인되는 내 존재의 확고함에 의해서도 다시 겪는 이 현실의 시련은, 내 안에서 충만한 믿음을 통해 끝이 난다. 그래서 걸으면 "머리가 비워진다"는 말도 있잖은가. 요컨대, 걸으면 정신이 또 다른 견고함으로 채워진다는 것이다. 그것은 개념이나 학설의 견고함도 아니고, 머리가 문장과 인용문, 이론으로 가득 차 있다는 의미에서의 견고함도 아니다. 그것은 세계의 현존으로 충만한 견고함인 것이다. 하루 종일 걷다 보면 바로 이 현존이 규칙적으로 쌓여 영혼 속에 가라앉는다. 그리고 밤이 되면 굳이 생각을 할 필요조차 없다. 그냥 숨을 내쉬고, 두 눈을 감고, 떠돌아다니는 풍경의 두께를 자기 몸으로 느끼며 하늘의 색과 나뭇잎의 강렬한 빛, 서로 얽혀 있는 야산들의 윤곽을 재구성하기만 하면 되는 것이다. 이때 믿음은 확고한 희망이 아니라 무언의 확신에 가깝다. 그리하여 하루 종일 걷는 인간은 밤에는 확신을 갖게 된다.

아침의 에너지에도 믿음의 원천이 있다. 소로는 그의 모든 작품에서 아침을 믿고 싶어 한다. 아니, 아침이 믿게 만든다고 말해야 할 것이다. 걸을 때는 항상 동틀 무렵에 길을 떠나야 한다. 뜨는 해와 동행하기 위해서다. 그리고 걷는 사람은 이 푸르고 불확실한 시간에 어떤 존재가 우물우물 말하는 것을 느낀다. 아침에 걷는다는 것, 그것은 곧 원한다는 것이 동행한다는 것과 반대라는 의미에서 우리 의지의 박약함을 만난다는 얘기다. 서서히 깨어나는 아침을 한 걸음 한 걸음 따라간다는 것은 곧 돌연한 뽑힘, 갑작스러운 변화, 하나의 결정이라고 말하고 싶다. 그날이 시작되리라는 확실성이 서서히 자리 잡는다. 얼마 안 있으면 태양이 뜨고, 모든 것이 시작될 것이다. 자발적이고 엄숙하고 수다스러운 전이轉移의 어려움은 그 전이가 얼마나 허약한지를 드러내 보여준다. 하루는 의지 있는 행위로 시작하는 것이 아니라 불안감이 없는 확실성 속에서 시작하는 것이다. 아침에 걷는다는 것, 그것은 곧 자연에서 하루를 시작하는 것이 얼마나 큰 힘을 갖고 있는지를 이해하는 것이다.

건강은 아침을 얼마나 사랑하느냐에 따라 달라진다. 《월든》

소로는 봄을 찬미하며 아침에 대한 사랑을 이야기한다. 예를 들어 4월에 새로운 에너지의 압력을 이기지 못한 월든 호수의 얼음이 어떻게 부서져 녹는지를, 길이 어떻게 열리고, 강에 물길이 어떻게 만들어지는지를 이야기하며 그 사랑을 나타내는 것이다. 그러나 특히 소로가 아침에, 그리고 매년 봄에 발견하는 것은 영원한 것의 쇄신이라는 원칙이다.

한 해는 그 어느 때보다도 더 새로운 희망과 함께 시작된다. 《월든》

진정한 희망인 영원한 젊음이란, 그 어떤 상황에도, 그 어떤 검증에도, 그 어떤 시련에도 굴하지 않는 것이다. 즉, 희망의 내용보다는 그것의 형식에 더 많은 것이 있다는 사실을 아는 것이다. 왜냐하면 근본적으로 희망이란 그냥 믿는 것이지 알고 싶어 하는 것이 아니기 때문이다. 모든 지식과 가르침, 그리고 과거를 넘어서 그냥 믿고 바라고 꿈꾼다. 자연은 역사를 갖고 있지 않다. 자연의 기억은 1년을 넘기지 못한다. 소로가 '봄의 체험'이라고 부르는 것은, 순수한 긍정과 야생적 충동(삶에 대한 욕망보다 더 중요한 것은 없다)의 흐름에 실려 가는 것이다. 그의 말대로 봄의 체험은 순수의 체험이기도 하다. 모든 것이 다시 시작하고 모든 것이 다시 떠난다. 그리고 햇빛은 밤의 무거운 짐과 함께 과거의 무거운 짐도 쓸어 간다.

> 어느 봄날의 하루아침으로 충분하다. 인간의 모든 원죄가 용서되기 때문이다. 《월든》

봄 혹은 동틀 녘에 걸을 때는 절로 신경이 곤두선다. 정신이 서서히 밝아오는 여명에 향해 있기 때문이다. 서서히 이루어지는 이 같은 긍정보다 더 중요한 건 없다. 걷는 사람 또한 역사를 갖지 않는다. 그것은 여행하면서 갖고 다니기에는 너무 무겁다. 아침에 걸을 때는 전혀 아무 기억도 갖고 있지 않다. 오직 믿음의 즐거움만 간직할 뿐이다. 햇빛이 밤의 잎사귀들을 꿰뚫을 것이다.

> 태양은 아침 별에 불과하다. 《월든》

서쪽에 가야만 아침의 기원을 발견할 수 있다. 소로의 경우, 태양은 언제나 서쪽에서 떠오른다. 동쪽에 있는 것은 우리의 기억이다. 동쪽은 문화와 책들, 역사, 그리고 옛날에 당한 패배이다. 과거에 대해서는 배울 게 아무것도 없다. 이때 배운다는 것은, 이전에 저질렀던 실수들을 되풀이하는 것이기 때문이다. 그러므로 나이 든 사람들을 믿어서도 안 되고, 그들이 말하는 소위 '경험'(사실은 그들이 되풀이해서 저지른 실수들의 무거운 합에 불과한)에 의지해서도 안 된다. 오직 신뢰 자체만을, 젊음 자체만을 믿어야 한다. 서쪽에는 미래의 원천이 있다.

> 역사를 이해하고 예술과 문학을 연구해야 할 때 우리는 동쪽을 향해 가면서 우리 인종의 흔적을 거슬러 올라간다. 그리고 모험과 기도企圖의 정신으로 무장한 상태에서 미래를 향해 나아가듯 그렇게 서쪽을 향해 간다.
>
> 《산책》

서쪽은 보고寶庫이며, 미래의 준비이자 존재의 원천이다. 서쪽은 변질되지 않고 늘 새로운 것이다. 그러나 야생인 것은 서쪽 또한 마찬가지다. 야생이란 손도 대지 않고 개발도 하지 않은 자연이며, 인간의 것이 아닌 최초의 힘이다. 그것은 비관습적이기도 하다. 그래서 소로는 "'산의 서쪽 편'을 그릴 줄 아는 시인들은 매우 드물다"라고 말한다. 그러나 서쪽은 길들여지지 않고 저항하는 우리 안의 부분이며, 살기를 단념하지 않는 우리 안의 순수한 긍정이다. 소로야말로 미국인들 가운데 가장 미국적이라고 쓴 에머슨도 아마, 우리가 미래의 원천으로 삼는 원시적인 야생에 대한 이 같은 매혹을 생각했을 것이다. "미래는 서쪽에 있다"고 소로는 말한다. 야생으로 뛰어들어 대결하고 난 이후에야 정체 상태에서 벗어나고 새로운 세계에 눈을 뜸으로써 그럴듯한 사람이 될 수 있을 것이다. 유럽의 야생에 대한 공상과 미국의 유토피아가 갖는 차이점은 바로 여기에 있는지도 모른다. 우리가 볼 때 야생은 기원의 가치를 지닌다. 그것은 태곳적부터 벌어져 있는 균열이며, 어두운 시작점이다. 우리는, 때때로 거슬러 올라가지만 우리의 결정적인 과거인 이 조상 전래의 것으로 다시 돌아가고 싶어 할 수 있다. 미국인인 소로는 야생이 서쪽에 위치해 있다고 생각한다. 바로 자신의 앞에 있다는 것이다. 야생은 미래의 가능성이다. 야생이란 우리 기억 속의 밤이 아니라 세계와 인류의 아침이다.

내가 말하는 서쪽은 '야생'이라는 단어와 동의어에 불과하며, 그것은 곧 세계의 구원이 야생의 삶 속에서 이루어진다는 뜻이다. 《산책》

그러므로 걷는다는 것은 곧 사람들이 그냥 흔히 '소식'이라고 부르는 정보와 단절되는 것이다. 소식의 속성은, 말로 내뱉어지자마자 즉시 진부해진다는 것이다. "리듬에 사로잡히면 연쇄 속에 있을 수밖에 없다"고 소로는 말한다. 다음 것을 알고 싶어 한다는 뜻이다. 그렇지만 진짜 도전은 무엇이 달라졌는가를 아는 게 아니라 영원히 새롭게 남아 있는 것에 접근하는 것이다. 그러므로 아침신문을 읽는 대신에 산책을 해야 하는 것이다. 소식은 대체되고 뒤섞이고 반복되고 잊힌다. 걷는 순간 그 온갖 소리와 소음은 어느새 모두 사라진다. 새로운 게 뭐가 있을까? 아니, 새로운 건 아무것도 없다. 오직 영원성만이 늘 다시 시작되어 모든 것들을 고요하게 만든다.

소로는 이처럼 거부의 삶(에머슨에 따르면, 모든 권유에 대한 소로의 첫 번째 반응은 '아니요'라고 말하는 것이었으며, 그로서는 받아들이기보다는 거절하기가 늘 쉬웠다)을 살았을 뿐만 아니라 근원적인 선택의 삶을 살았다. 꼭 필요한 것을 얻기 위해서만 일하고, 매일 오랫동안 걷고, 사회의 영향에서 벗어나는 것이었다. 이런 삶은 얼마 안 있어서 다른 사람들(보수적인 사람들, 노동으로 사는 사람들, 재산을 가진 사람들)에게서 정말 괴상한 것으로 취급받았다. 그러나 소로의 삶은 진실과 진정함의 추구로 점철되었다. 참된 것을 추구한다는 것은 곧 외관을 초월한다는 것이다. 그것은 곧 습관과 전통, 일상을 초월해 관습과 위선, 거짓을 드러내 보여주는 것이다.

사랑과 돈, 명예보다는 내게 진실을 다오. 《월든》

진정한 삶이란 항상 다른 삶이다. 진실은 단절시킨다. 그것은 서쪽에 있다. 우리 자신을 재창조하기 위해서는 이미 받아들인 확실성과 불변의 여론으로 이루어진 빙하 아래에서 흐르는 야생의 물결을 우리 안에서 찾아내야 한다. 이 흐름은 솟아나고 새어나오고 넘친다. 우리는 우리 자신의 포로다. "사람들은 여론의 횡포에 대해 말하지만, 개인의 의견에 비하면 그건 아무것도 아니다"라고 소로는 말한다. 우리는 우리 자신의 판단에 얽매어 꼼짝달싹 못 한다. 소로가 생각하는 걷기(서쪽을 향해 걸어간다. 그러나 잘 걷게 되면 항상 서쪽을 향해 가게 된다)는 곧 자신을 되찾는 것이 아니라 자신을 재창조할 가능성을 스스로 부여하는 것이다.

> 진정한 삶을 살고자 하는 것, 그것은 곧 긴 여행을 시도하는 것이다.
>
> 《서한집》

소로가 죽음을 맞이할 무렵 한 신부님이 찾아와 또 다른 세상인 내세를 언급하며 종교적 위안을 그에게 주고자 했다고 한다. 그러자 그는 보일 듯 말 듯 미소 지으며 이렇게 대답했다고 한다. "죄송하지만, 두 개의 세계가 동시에 존재하지는 않습니다."

# 12

# 에너지

소로는《겨울 산책*A Winter Walk*》에서 추운 날씨에 길을 걷는 사람의 모습을 묘사했다. "아침에 얼음처럼 차가운 야외(눈에 뒤덮인 산책길, 길고 마른 흰색 팔을 사방으로 내뻗고 있는 나무들)로 나가 흰색 솜을 깔아놓은 듯한 그 광활하고 얼어붙은 풍경 속을 빠른 걸음으로 걷다 보면 몸이 후끈해지면서 열기가 분명하게 느껴진다." 추위 속을 걷는다는 데서 행복을 느끼기도 하지만 가슴속에서 타오르는 작은 불의 느낌에 행복해지기도 한다.

> 자연에서 은근히 타오르고 있으며, 그 어떤 추위도 결코 꺼트릴 수 없는 지하의 불이 존재한다. (……) 이 땅 밑의 불은 인간의 가슴속에 그 제단祭壇을 가지고 있다. 실제로 가장 추운 날 사방이 탁 트인 야산을 걷는 사람이 입고 있는 웃옷의 주름 속에는 각 가정에 켜져 있는 불보다 훨씬 더 많은 온기가 간직되어 있다. 사실상 건강이 좋은 사람은 사시사철 균형을 이루기 때문에 그의 마음속에는 여름에도 겨울이 있다. 그곳에 남쪽이 있는 것이다. 《겨울 산책》

걸으면서 느끼는 첫 번째 에너지는 그 자신의 에너지, 움직이는 그의 몸이 발산하는 에너지다. 그것은 힘의 폭발이라기보다는 오히려 지속적이고 감각적인 빛남이다.

소로가 그들의 지혜에 감탄했던 아메리카 인디언들은 땅 자체를 성스러운 에너지의 원천으로 여겼다. 땅에 누우면 휴식을 취할 수 있고, 땅에 앉으면 더 지혜로워지며, 땅을 느끼며 걸으면 더 강해지고 참을성도 많아진다는 것이다. 땅이야말로 마르지 않는 힘의 우물이다. 왜냐하면 땅은 원초原初의 어머니이자 유모일 뿐만 아니라 죽은 조상들을 가슴에 품고 있기 때문이다. 땅은 전달해준다. 그러므로 아메리카 인디언들은 하늘에 있는 신들의 은총을 간구하기 위해 하늘을 향해 두 손을 뻗는 대신, 땅 위를 맨발로 걷는 쪽을 택한다.

[라코타 족 인디언은] 땅과 땅의 모든 것을 좋아했으며, 그 애착은 나이가 들면서 점점 더 강해졌다. 노인들은 말 그대로 땅에 반해 땅 위에 앉거나 땅 위에서 쉬기만 하면 어머니의 힘에 가까워진다고 느꼈다. 살에 닿은 땅은 부드러워서, 그들은 모카신을 벗고 맨발로 성스러운 땅 위에서 걷기를 좋아했다. 그들의 천막집은 제단이 만들어진 이 땅 위에 세워졌다. 허공을 날아가던 새가 거기 날아와 앉았고, 땅은 살아가고 자라나는 모든 것을 확고하게 품었다. 땅은 위안을 주고, 강하게 하고, 씻어주고, 치료했다. 그래서 나이 든 인디언들은 생명력에서 멀리 떨어져 있기보다는 땅바닥에 누워 있었다. 앉아 있거나 누워 있으면 더 깊이 생각하고 더 생생히 느낄 수 있었던 것이다. 그때 그들은 삶의 신비에 대해 가장 명확하게 숙고했으며, 모든 생명력에 더욱더 가까워졌다고 느꼈다.

루서 스탠딩 베어Luther Standing Bear 추장, 《성스러운 땅에서 맨발로*Portraits from North American Indian Life*》에서 인용

걷다 보면 한 걸음 한 걸음 내디딜 때마다 땅에 기대고 중력을 느끼고 땅 위에 자신을 올려놓기 때문에 꼭 계속해서 에너지를 흡수하는 것 같은 느낌이 든다. 그러나 땅이 마치 다리를 따라 올라오는 밝은 햇빛처럼 단지 그것의 힘만 전달하는 것은 아니다. 땅은 순환의 일치이기도 하다. 걷는다는 것, 그것은 곧 하나의 운동이다. 심장은 더 강하게 뛰면서 활발하게 움직이며, 피는 휴식을 취할 때보다 더 빨리 더 강하게 돈다. 그러면 땅의 흐름도 거기에 반응한다. 그것들은 휩쓸고 가면서 서로 응답한다.

심장과 땅에 이어 에너지의 마지막 원천은 풍경이다. 풍경은 걷는 사람을 부르고 독촉한다. 걷는 사람은 그의 집에 있다. 야산과 색깔, 나무 들이 그의 힘을 돋운다. 야산 한가운데로 구불구불 이어지는 길의 매혹, 가을철 포도밭의 아름다움, 스카프처럼 펼쳐지는 자줏빛과 황금빛, 여름의 하늘색을 배경으로 찬란하게 은빛으로 빛나는 올리브나무 잎사귀들, 윤곽이 뚜렷하게 드러나 보이는 빙하의 거대함. 이 모든 것이 가져가고, 실어가고, 양분을 제공한다.

# 13

# 순례

걷는다는 것이 단지 정처 없는 산책이나 외로운 방황인 것만은 아니다. 걷기는 역사 속에서 형태를 갖추며 체계화되었고, 이 형태는 그것의 전개와 기한, 목표를 결정했다. 순례는 이 문화적 형태들의 일부를 이룬다.

'페레그리누스peregrinus'의 첫 번째 의미는 이방인, 유배당한 자이다. 원래 순례자는 어딘가(로마나 예루살렘 등)로 가는 사람이 아니라 우선은 걷는 그곳에서 결코 편안함을 느끼지 못하는 사람이다. 아니면 주변을 성큼성큼 걸으며 바람을 쐬는 산책자이기도 하고, 일요일에 자기가 소유한 경작지를 걸어서 한 바퀴 도는 지주이기도 하다. 그러나 순례자는 걷는 그곳에서는 결코 편안함을 느끼지 못한다. 즉 그는 이방인이다. 그러므로 교부敎父들은 "우리는 일시적으로 이 지상에서 사는 것이며, 자기 집은 하룻밤을 보내는 은신처이고, 자신의 재산은 언제 어느 때라도 무거우면 버리고 떠날 수 있는 보따리이며, 자신의 친구들은 길을 가다 우연히 만난 사람들이라고 생각해야 한다"고 말한다. 날씨에 관해 나누는 몇 마디 대화, 몇 차례의 악수, 그러고 나면 '잘 가시오'라는 작별인사……. "이승의 모든 인간은 순례자다"라고 교부들은 말한다. 즉, 삶 자체가 유배인 것이다. 왜냐하면 자신의 진짜 집에 도착하지 못했으며, 이승에서는 결코 그곳에 도달하지 못하기 때문이다. 그리고 이 세상 자체가 다 임시 거처다. 기독교인은 걷는 사람이 아무 지역이나 지나가듯 그렇게 삶 속을 지나간다. 쉬지 않고 지나간다. 예를 들면 산티아고 순례자의 노래에는 다음과 같은 구절이 있다.

> 길동무여, 우리는 거처를 마련하지 말고
> 길을 가야 한다네.

'지로바그'라고 불리는 수도승들은 이 영원한 이방인이라는 상황을 특히 찬양했던 듯하다. 그들은 그 어디에도 정착하지 않고 이 수도원 저 수도원을 끊임없이 전전했다. 아직 그들 모두가 사라지지는 않고 일부가 아토스 산 위에 남아 있는 것으로 보인다. 그들은 평생 동안 산에 나 있는 좁은 오솔길을 걸으며 시간을 보내고 해가 지면 발길 닿는 데서 잠을 잔다. 하루 종일 걸으며 기도문을 외고 정처 없이 길이 엇갈리는 대로 이곳저곳을 왔다 갔다 하며 걷다가 처음 출발했던 곳으로 다시 돌아간다. 그들은 걷기는 걷지만 그 어느 곳에도 가지 않는다. 그들은 이처럼 영원히 걷는 것으로 자기들이 이승에서는 결국 이방인이라는 것을 보여준다. 그러나 지로바그들은 높은 평가를 받지 못한다. 얼마 지나지 않아 이 영원한 유목민들은 편승자便乘者와 부랑자로 취급받았고, 그들의 떠돌아다니는 생활 방식도 비난을 받았다. 베네딕트 성인은 특히 "안정된 수도원 생활"을 요구했고, 신자의 영원한 순례(페레그리나티오 페르페투아peregrinatio perpetua)라는 상황은 단지 은유일 뿐이라고 주장했다. 즉, 길 위에서 고찰해야 하는 것이 아니라 수도원에서 초연히 기도하고 명상하면서 심화시켜야 한다는 것이다. 이미 수세기 전에 사막의 사제들(특히 이집트의 사제들)은 순례자와 은자를 세밀하게 구분했다. 물론 크세나테이아 Xenateia(이 세상에서 이방인이라는 상황)를 찬양해야 하지만, 그렇다고 해서 수상쩍은 떠돌이 생활로 상황을 드러내서는 안 된다는 것이다. 그냥 은둔하며 명상하는 것으로 충분하다는 것이다.

페레그리나티오 페르페투아는 떠나고, 걸어가고, 포기하는 동작을 강조한다. 예수 그리스도는 길을 떠나라고 제자들에게 권유했다. 아내들과 자식들을 버려두고 땅과 가게, 사회적 지위를 포기한 채 걷고 동행하고 가서 소식을 전하라는 것이다. "네가 가진 걸 모두 팔아 가난한 사람들에게 나누어 주고 나를 따르라." 그리고 예수에 앞서 아브라함은 모든 것을 다 버렸다("내가 너에게 보여주는 곳으로 가라……"). 걷는다는 것은 곧 전환이며 부름이다. 끝내기 위해서, 그리고 빠져나오기 위해서 걷기도 한다. 세상의 떠들썩함과 점점 늘어만 가는 일, 마멸에서 벗어나기 위해 걷는다. 잊기 위해서, 더 이상 이곳에 있지 않기 위해서는 지루한 도로를, 한없이 단조로운 숲길을 걷는 것보다 더 좋은 게 없다. 걷는다는 것은 곧 마음을 멀리한다는 것, 떠난다는 것, 다시 출발한다는 것이다.

걷기 시작하면서부터는 실제로 매일같이 작별인사를 하게 된다. 이곳에, 혹은 저곳에 다시 돌아올 수 있으리라는 보장이 전혀 없기 때문이다. 이 같은 출발의 상황이 시선을 강렬하게 만든다. 고개를 넘을 때 뒤를 돌아보면 풍경이 앞뒤로 움직인다. 아니면 아침에 출발할 때 마지막으로 산장을(회색 건물과 건물 뒤에 서 있는 나무들을) 뚫어지게 쳐다본다. 걷는 사람은 마지막으로 뒤를 돌아본다. 하지만 그는 갖고 싶다거나, 붙들고 싶다거나, 간직하고 싶어서 불안한 눈길을 하는 건 아니다. 오히려 주고 싶어 한다. 그는 암벽들과 꽃들의 고집스러운 존재에 자신의 빛을 조금이라도 남기고 싶어서 그러는 것이다. 예를 들어, 걷는 사람은 이름 없는 빙하와 덧없는 하늘, 역사가 없는 초원에 강렬하고 날카로운 시선을 퍼트리고, 이 시선은 사물들 속에 박힐 것이다. 그가 걷는 것은 불투명한 세계에 구멍을 내기 위해서다.

순례자가 단지 인간이 처한 상황의 은유이기만 한 것은 아니다. 그가 가진 구체적이고 역사적인 법적 자격과 그에 따른 삶 또한 고려해야만 한다. 알다시피 순례자는 중세시대 때 분화하여 별개의 구체적 인물을 구성했다. 순례자라는 것은 곧 법적 자격을 가진다는 것을 의미했다. 순례자는 순례자의 신분을 가지고 공식적으로, 의례적으로, 공개적으로 돌아와서 매우 엄숙한 미사를 올린다. 미사가 끝나면 주교는 순례자 지팡이와 그날 먹을 빵과 중요한 서류를 집어넣을 수 있는 배낭 등 순례자의 전통적 상징에 축복을 내린다. 끝 부분이 쇠로 된 순례자의 긴 지팡이는 걷는 데는 물론, 개들과 짐승들에게서 자신을 보호하는 데도 도움이 된다. 순례자의 배낭은 필요한 것의 대부분을 신에 대한 믿음에서 얻을 수 있기에 좁아야 하고, 고행을 상기시킬 수 있도록 짐승 가죽으로 만들어져야 하며, 항상 맞바꿀 수 있도록 열려 있어야 한다. 순례자는 테두리가 넓은 모자와 짧은 상의, 몸을 완전히 덮는 망토로도 식별된다. 만일 그가 산티아고에서 돌아왔으면 테두리를 앞쪽으로 세워 거기에 조개를 매단다. 주교나 교구 신부는 순례자를 서임하는 미사를 올리면서 그에게 편지를 건네주는데, 이 편지는 여행을 하는 동안 일종의 통행증으로 쓰인다. 이 편지가 있으면 길을 가다가 발견하는 여러 수도원이나 순례자 숙박소에서 묵을 수 있었고 노상강도의 위협으로부터 보호받을 수 있었다. 노상강도가 축성을 받은 순례자를 공격할 경우에는 최고형을 선고받았다. 의식은 매우 엄숙하고 심각한 분위기 속에서 진행되었다. 왜냐하면 이 출발은 하나의 작은 죽음과도 같았기 때문이다. 길을 떠나면 로마나 산티아고, 예루살렘까지, 돌아온다는 확실한 보장 없이 몇 달씩 걸어야만 했다. 피로를 이겨내지 못할 수도 있었고, 도둑들에게 죽도록 얻어맞을 수도 있었으며, 물에 빠져 죽거나 낭떠러지 아래로 굴러떨어질 수도 있었다. 그러므로 순례자는 떠나기 전에 오래된 적들과 화해하고, 모든 분쟁을 해결하고, 심지어는 유언장을 작성해야 하기도 했다.

도대체 왜 이렇게 고통스러운 조건을 감수하면서까지 굳이 떠나는 것일까? 여기에는 여러 가지 동기가 있다. 우선은 자신의 신앙심을 한층 더 돈독히 하고, 자신이 믿음에 충실하다는 것을 보여주기 위해서다. 데보티오니스 카우사Devotionis Causa. 왜냐하면 순례에는 최초의 페레그리나티오(이 눈물의 계곡에서 떠돌아야 한다는 인간의 조건)를 넘어서서 명확한 목표가, 최종 목적지가 주어졌기 때문이다.

즉, 성소를 방문한다는 것이다. 널리 알려진 순례 장소는 사도들이 잠들어 있고 성인들이 묻힌 곳이다. 야고보 성인은 산티아고에, 바울 성인과 베드로 성인은 로마에 묻혀 있고, 그리스도의 텅 빈 무덤은 예루살렘에 있다. 그리고 마르탱Martin 성인은 더욱 검소하게 투르에 묻혀 있고, 대천사장의 성聖유물은 몽생미셸에 있다. 순례는 믿음을 증명한다. 게다가 순례는 빈번한 단식과 계속적인 기도를 동반하는 겸허한 걷기로 행하는 연속적 고행이다.

순례를 떠난다는 것은 매우 심각한 잘못에 대한 속죄의 기회가 될 수도 있었다. 만일 어떤 신자나 성직자가 양심에 거리끼는 심각한 죄나 엄청난 신성모독 행위, 그리고 심지어는 인간들의 사법권을 초월할 살인을 저질렀을 때, 저지른 죄의 중대성에 따라 순례의 고행을 떠남으로써 속죄가 이루어질 수도 있었다. 중세 때는 이따금 일부 민간재판소가 존속살해나 성폭행 같은 중죄를 저지른 자에게 멀리 떨어진 곳으로 떠나는 순례, 곧 죄인을 멀리 보내버릴 수 있는 이점을 지닌 순례를 강요할 수도 있었다. 마지막으로 그 당시에는 이단재판소도 이단들에게 이 일시적인 유배를 강요했다. 순례가 이 정도까지 징벌의 일종이 될 수 있었던 것은 그것이 논의의 여지 없이 명백한 고통의 차원을 포함하고 있었고, 특히 특수한 장치를 수반할 수 있었기 때문이다. 순례자는 맨발로 걷거나 아니면 족쇄를 차고 걷기도 했다. 때로는 팔과 목에 채워진, 범죄 도구를 빌려서 만든 원 모양 고리의 쇠 부분이 몇 달 동안 땀을 흘리며 힘들게 걷고 나면 저절로 부러지기도 했다. 굳이 이런 끔찍한 조건이 아니더라도 몇 달 동안 비를 맞고 추위에 시달리거나 타는 듯한 뜨거운 태양 아래서 걸어야 한다는 것은(순례자는 무방비 상태로 노출되어 있으므로) 정말 견디기 힘든 시련이 아닐 수 없었다. 지금도 그렇지만 옛날에도 발은 끔찍한 고통의 원천이 되었다. 곪은 상처, 갈라져서 몹시 아픈 상처……. 수도원이 순례자를 맞아들이는 순간에 그의 발을 씻겨주는 의식은 그리스도의 겸허라는 차원 외에도 그가 가장 먼저 보살핌을 받아야 할 대상이라는 사실을 상기시킨다.

자기가 가지고 있는 믿음을 증언하고 자신이 저지른 잘못에 대해 속죄하는 것을 넘어서서 부탁하기 위해 걷기도 한다. 부모와 아이, 친구가 아플 때 혹은 자기 자신이 중병에 걸렸을 때 성인에게 중재를 부탁하기 위해 그의 무덤까지 걸어가는 것이다. 단순한 기도만으로는 부족하므로, 자신의 목소리가 무덤가에 울리도록 직접 가서 기도를 올려야 한다는 듯 말이다. 그러려면 오직 노고와 노력으로 정화된 상태에서 성스러운 장소에 접근하기 위해 오래전부터 걸어야 한다. 왜냐하면 피로는 더러움을 씻어내고, 자만심을 타파하기 때문이다. 그리고 피로로 인해 기도는 더욱 투명해진다. 순례자는 이렇게 성스러운 장소에 최대한 가까이 도착해, 오랫동안 걸어서 굳은살이 박인 두 발과 먼지로 뒤덮인 옷가지가 증언하는 겸허함으로 자기가 무엇을 원하는지를 성인에게 말한다. 만일 본인이 병을 앓고 있다면 무덤에 최대한 가까이 다가간 다음, 몸의 가능한 한 많은 부분이 성스러운 유골과 접촉할 수 있도록 애써 오랫동안 매달렸다. 그런 다음, 밤사이 사방으로 퍼져 나가는 성스러운 힘이 병든 몸에 힘을 불어넣어 되살아나도록 하기를 바라며 무덤 가까이에 드러누워 있었다.

순례라는 것은 결국, 특별한 은총을 내려주고 구원을 베풀며 선물을 약속하고 건강을 누리도록 해준 데 대해 신에게 감사하기 위한 것이다. 그래서 르네 데카르트René Descartes는 방법론을 계시받자 노트르담 드 로레트 성당까지 순례를 했다. 어느 날 자기 자신이나 자신과 가까운 사람들을 구원해달라고 부탁했던 수많은 신자가 그 같은 바람이 성취되는 것을 보고는, 가장 가까운 성지까지 걸어가서 감사의 마음을 전했다.

하지만 순례자의 이미지를 약간 무미건조하게 만들고, 전설도 조금 다르게 생각해봐야 한다. 순례자라고 하면 대부분 거친 모직물로 된 소박한 옷을 입고 손에 지팡이를 든 채 혼자 외로이 걷는 사람의 이미지를 쉽게 떠올린다. 강풍을 동반한 뇌우가 요란하게 울리고, 내리는 비는 두껍고 거대한 장막을 펼친다. 어둠이 내리면 그는 수도원 문을 두드린다. 갑작스럽게 내리친 번갯불의 광채가 거대한 정문을 환히 밝혀준다. 사실 안전상의 이유로 몇 명씩 짝을 지어서, 특히 아주 먼 거리일 때는 대부분 말을 타고서 순례를 떠났다. 그렇더라도 목적지가 가까워지고, 작은 성당의 뾰족한 끝 부분이나 대성당 첨탑의 윤곽이 어렴풋이 시야에 들어오면 말에서 내려 걸어가야만 했다. 그날의 순례를 자신의 두 다리로 끝마쳐야 하는 데는 여러 가지 교훈이 포함되어 있었다. 우선은 그리스도의 청빈함을 다시 생각하는 것이다. 그리고 겸허함이다. 걷는 사람은 가난한 사람들 중에서도 가장 가난하다. 가난한 사람이 가진 유일한 재산은 오직 그의 몸뚱이뿐이다. 걷는 사람은 대지의 아들이다. 한 걸음, 한 걸음이 근엄함의 고백이며, 한 걸음, 한 걸음 내딛기 위해서는 온 마음을 쏟아야 한다. 걷는 것은 고통스러운 일이며, 반복되는 노력을 요구한다. 걷는 사람은 오직 고통으로 순화된 상태에서만 어떤 성스러운 장소에 접근할 수 있으며, 걷는다는 것은 무한히 되풀이되는 노력을 필요로 한다.

***

기독교인들이 주로 걷는 순례길은 우선 로마나 예루살렘으로 가는 길이었다. 3세기경부터 순례 기독교인들은 존재를 실현하고자 예루살렘을 향해 걸었다. 땅을 밟으며 걷고(시편詩篇에서 말하는 것처럼, "가난한 자들이 밟고 지나가는 곳"), 예수가 수난당했던 길을 걸어, 똑같은 풍경 속으로 들어갔다. 고난의 숲에 다가가, 예수가 제자들에게 설교했던 동굴 옆으로 가는 것이었다. 그러나 엄청난 정치적·사회적 분쟁 때문에 예루살렘 순례는 훨씬 더 어려워졌다. 얼마 지나지 않아 로마가 더 안전한 목적지가 되었다. 이곳에는 두 명의 주요한 사도였던 베드로와 바울이 잠들어 있었다. 로마는 곧 신성시되었고, 가톨릭교회의 배꼽이자 심장이 되었다. 페레그리나티오 로마나 peregrinatio romana는 그 역사적 사명을 충실하게 완수하는 가톨릭교회에 대한 완벽한 순종과 경의를 의미했다. 그러고 나서 1300년부터는 대사大赦의 해들이 선포되어, 그해에 로마에 가서 정해진 성소들(로마의 성 베드로 성당, 라테라노의 성 요한 성당, 성 밖의 성 바울 성당 등)을 방문하면 순례자가 저지른 죄가 완전히 사해지는 것으로 간주되었다. 그러므로 이 성소들은 증언의 장소일 뿐만 아니라 구원의 장소이기도 했다.

산티아고는 마지막 주요 목적지다. 그리스도가 총애했던 세 명의 제자 중 한 명이자, 헤롯 왕의 명령으로 목이 잘려 처음으로 순교한 사도인 야고보 성인은 제자들에 의해 작은 배에 실렸고, 이 배는 결국 갈리시아 지방의 해안에 좌초했다고 한다. 대리석으로 된 무거운 무덤은 이곳에서 뭍에 내려졌고 곧 잊혔다. 그러던 어느 날, 펠라요 Pelayo라고 불리는 은둔자의 꿈에 천사가 나타나 무덤의 정확한 위치를 가르쳐주었고, 매일 밤 같은 순간에 하늘에는 별들이 가는 줄기처럼 길게 이어져 한 방향을 가리키는 것처럼 보였다. 다시 발견된 무덤은 성소가 되었다가 그 위에 성당이, 그리고 결국에는 대성당이 세워졌다. 그리하여 얼마 지나지 않아 야고보 성인을 찾아가는 길은 로마나 예루살렘에 버금갈 만큼 유명한 순례길이 되었다.

야고보 성인의 성지가 뒤늦게 부흥해 경이로운 발전을 보인 것을 두고 우리는 편리함을 그 이유로 든다. 물론 그도 주요한 성인이지만, 특히 그의 무덤은 고개도 더 쉽게 넘을 수 있고 거쳐 가는 지역도 평화로운 덕분에 베드로나 바울의 무덤보다 접근하기가 더 쉬웠다. 물론 유럽 북부에서는 거리가 거의 똑같았지만, 예루살렘에는 더 가까운 것이 확실했다. 야고보 성인의 무덤을 찾아가는 이 순례가 성공을 거둔 데는 더 신비롭고 강력한 이유가 있다. 그것은 바로 이 길과 이 길에 얽힌 이야기가 띠는 광채 때문이다. 로마나 예루살렘은 도시 자체가 강렬한 신비로움을 간직하고 있으므로, 그곳으로 가는 길은 그저 길고 거의 관심 가지 않는 표지標識와 중간 역할을 할 수밖에 없다. 도시의 위광威光이 그곳에 이르는 길의 독특함을 가려버리기 때문이다. 이런 도시에 새로운 순례길이 만들어졌으므로 더더욱 그러했다. 로마에서는 성 베드로 성당에서 라테라노의 성 요한 성당으로, 성 밖의 성 바울 성당에서 산타 마리아 마조레 대성당까지, 예루살렘 성 십자가 성당에서 성 밖의 산 로렌초 성당까지 갔다. 지하묘지도 방문했다. 긴 통로에 초기 순교자들의 무덤이 줄지어 늘어선 곳이다. 말하자면 무척 긴 직선 길을 걷고 난 후, 다시 이 '영원의 도시'에서 진짜 성스러운 코스를 걷는 것이었다.

예루살렘에서는 또 달랐다. 기독교인들은 그리스도 수난의 여정을 답파해야만 했다. 그리스도의 무덤에서 명상에 잠긴 다음 예수 고난의 길(비아 돌로로사Via dolorosa)을 걷는다. 그러고는 이 도시의 동부에서 그리스도의 최후를 목격했던 감람 산을 오른다. 그리스도가 마지막 밤을 보낸 정원인 겟세마네 정원을 산책하고 성채 뒤의 시온 언덕에 있는 세나클('최후의 만찬'을 한 방)에 도착한다. 이 언덕 아래 성 베드로가 그리스도를 세 번 부인한 장소에는 교회가 세워져 있다. 여기서 두 시간을 더 걸어가면 베들레헴이 나오고, 북쪽으로 훨씬 더 멀리까지 걸어가면 그리스도가 어린 시절을 보낸 티베리아스 호수 연안이 나타난다. 나사렛으로 가서는 수태고지의 동굴을 방문한다. 이렇듯이 로마나 예루살렘에서는 일단 도착하고 나서야 진정한 순례가 시작되는 것이다.

산티아고에는 황량한 광채로 빛나는 대성당이 태양과 종말처럼 유일하게 하나 있다. 이 대성당은 몽주아에서부터 시야에 들어와, 기진맥진해 있던 순례자가 그것을 보자마자 기뻐서 고함을 내지르게 한다. 말을 타고 있었으면 즉시 땅으로 내려서고, 걷고 있었으면 신발을 벗는다. 한층 더 비천한 상태로 도착해야 하기 때문이다. 산티아고에 도착한다는 것, 그것은 정말로 끝에 도착하는 것이다. 산티아고의 지리적 상황 역시 이곳의 매혹에 기여한 게 아닐까? 산티아고는 유럽의 서쪽 끝(소로는 "걷는다는 것은 서쪽으로 가는 것이다"라고 썼다), 세상 끝(피니스 테라에finis terrae, 그 너머에는 오랫동안 도저히 건널 수 없을 것처럼 보였던 바다가 펼쳐져 있지 않은가?)에 위치해 있다. 산티아고를 향해 가기 위해서는 침착하게 태양의 움직임을 따라 가야만 했다.

사람들은 산티아고 순례길에 대해서는 로마나 예루살렘 순례길과 다르게 말했다. 무덤의 신비한 힘이 그렇게 강하거나 눈에 띄지 않았기 때문에 그곳으로 이르는 먼 길은 어둠 속에 묻혀 있었다. 그 힘은 오히려 돌아가는 길을 환히 밝혀준다. 산티아고까지 걸으면 여행은 끝나지만, 순례는 끝나지 않는다. 산티아고 순례길이 성공한 원인은, 그 길이 바로 최종 목적지이자 순례길이기도 했기 때문이다. 갈리시아까지의 순례가 지닌 신비한 위대함은 성지와 순례길이 모두 신성화되었기 때문이다. 순례길이 아니라 순례길들이라고 말해야 할 것이다. 어떤 길을 택하고, 어떤 모험을 할 것인가? 길을 새로 내고, 여정을 짜고, 반드시 방문해야 할 장소를 정하면서 산티아고 순례길은 만들어졌다. 주요한 순례길은 네 개이고, 곁가지 순례길은 수도 없이 많다. 베즐레에서 출발할 때는 마리아 막달레나의 무덤 앞에서 묵상한 다음(그리스도의 발을 씻겨주었던 여인을 위해 눈물을 쏟은 다음) 노블라에 있는 "암흑 속에 앉아 있는 사람들을 해방시켜주는" 레오나르Léonard의 무덤까지 걸어간다. 마르탱의 유해가 있는 투르에서 출발한 사람은 세례 요한의 존엄한 머리(베네란둠 카푸트venerandum caput)가 잠들어 있는 앙젤리까지 갔다가 다시 생트까지 걸어가서 150명의 백정들에게 죽음을 당한 외트로프Eutrope 성인의 유해 근처에서 묵상할 수 있다. 생트 마리 뒤 퓌(비아 포덴시스via Podensis)에서 출발하면 콩크에 있는 동정녀이자 순교자인 푸아Foy 성녀의 유해를 숭배했다. 질Gilles 성인의 무덤에서 출발한 순례자는 툴루즈에 있는 세르냉Sernain 성인의 유해를 방문한다. 그리하여 《코덱스 칼릭스티누스*Codex calixtinus*》에 삽입된 12세기의 자료 모음집 〈산티아고 순례자 안내서〉에는 모두가 마술사이자 치료사인 성인들의 유해와 당사자 모두가 탁월한 기적을 행하는 무덤을 찾아가는 여정이 나와 있다. 그리고 이처럼 반복되는 성스러운 존재는 건축물의 형태에도 나타났다. 즉, 대규모 순례 교회들은 서로 모양이 닮았다. 산티아고 순례길에 서 있는 교회들은 모두 다 비슷하게 생겼다. 순례길에는 이처럼 서로 응답하는 성소들뿐만 아니라 순례자들에게 하룻밤 잠자리와 식사를 제공하는 수도원과 지친 순례자들을 맞아들이고 때로는 그들의 마지막을 위안해주는 수도원 부속 숙박소가 산재해 있었다.

순례길은 위대한 책의 장章이 되기도 한다. 중세 문학사가인 조제프 베디에르Joseph Bédier는 이렇게 쓸 수 있었다. "태초에 길이 있었느니……." 그는 태초에 이야기와 소설, 서사시가 있었다는 말을 하려고 했다. 우리 문학의 시초에서 순례길이 발견된다는 것이다. 무훈시武勳詩가 바로 그곳, 산티아고로 가는 길의 먼지 속에서 태어났다는 게 그의 주장이었다. 순례길은 길었다. 밤을 보내려고 걷기를 멈추었고, 저녁식사 후에는 그 전날 밤에 들었던 이야기를 서로에게 들려주었다. 다른 이야기들을 퍼트리고 일련의 장면들을 늘어놓다 보면 결국 한 편의 긴 시가 만들어졌고, 이것을 글로 기록했다는 것이다. 산티아고의 기적은 바로 이것이다. 순례길의 기적으로 야고보 성인의 기적(걷기의 찬송가에서는 야고보를 사도 중의 첫째라고 부른다)을 완성한 것이다.

*14*

# 재생과 현존

모든 순례의 토대에서는 유토피아와 신화, 즉 재생의 신화와 현존의 유토피아가 발견된다. 나는 야고보 성인이 순례의 미덕을 너무나 잘 상징하는 것은 그가 예수의 현성용顯聖容, 즉 예수가 다볼Tabor 산 위에서 자신의 거룩한 모습을 드러낸 일을 직접 목격한 최초의 증인으로 여겨지기 때문이라고 생각한다. 내적 변모는 순례자의 신비적 이상으로 남아 있다. 반드시 변모하여 돌아가야 하는 것이다. 이 같은 변모는 '재생'이라는 단어로도 표현된다. 그래서 흔히 성스러운 장소 근처에는 샘이라든가 하천, 강이 존재하는 것이다. 이런 것들은 마치 자기 자신으로부터 벗어나듯 거기서 순화되어 나오기 위해 뛰어드는 정화淨化의 요소다. 여기서 우리는 갠지스 강의 수원에서 이루어지는 힌두교도들의 순례를 상기할 수 있다.

걷기로 재생의 유토피아를 보여주는 예로서 티베트 카일라스 산의 순례를 인용할 수 있다. 거대한 고원 위에 마치 둥근 지붕처럼 혼자 우뚝 솟아 있는 이 산은 많은 동양 종교가 성스러운 장소로 여기는 웅장한 얼음산이다. 즉, 이 산을 우주의 중심으로 생각한다(라마 아나가리카 고빈다Lama Anagarika Govinda, 《흰 구름의 길, 어느 승려의 티베트 순례*Le Chemin des nuages blancs. Pèlerinages d'un moine bouddhiste au Tibet*》). 출발은 인도의 드넓은 평원에서부터 이루어질 수 있다. 꽁꽁 언

고개를 넘기도 하고 숨이 턱턱 막힐 정도로 무덥고 낮은 계곡을 지나기도 하면서 히말라야 산맥을 가로질러 수백 킬로미터를 걸어가야 한다. 길은 사람을 지치게 하며, 가파른 오솔길과 천 길 낭떠러지 등 산악 지역에서 당할 수 있는 온갖 시련과 위험이 자리 잡고 있다. 길을 따라 걷다 보면 자신이 누구인지, 자신이 무엇을 기억하고 있는지를 서서히 잊고 결국은 한없이 걷는 하나의 육체에 불과해진다.

고개를 건너면 드디어 푸이양 계곡에 도착한다. 이때 전혀 다른 풍경이 불쑥 펼쳐진다. 눈부시게 반짝이는 투명한 광물성의 세계가 나타나는 것이다. 눈 덮인 뾰족한 산봉우리가 솟아 있는 암벽도 끝나고, 흰 안개가 꼭 솔처럼 둘러쳐져 있는 검은 소나무 숲도 끝난다. 거기에는 땅과 하늘의 단순하고 순수한 대조밖에 없다. 그것은 이 세상이 시작될 때의 풍경이며, 회색과 초록색, 베이지색을 띤 사막이다. 자신의 역사를 비워낸 순례자는 이 건조한 투명함을 통과한다. 햇빛을 받아 규칙적으로 반짝거리는 또 다른 산맥이 이미 그의 시야에 들어온다. 그 순간 순례자는 더 이상 아무것도 아니다. 그는 검은빛 호수와 황금빛 언덕, 납빛 대지 사이로의 사행蛇行을 통해 지옥의 교훈을 얻는다. 이제 신들의 땅에 도달하기 위해서는 마지막 고개를 넘어야 한다. 시선에 자신을 내맡긴 채 마치 황혼녘의 움직이지 않는 얼음 태양처럼 버티고 있는, 그 흰색 지붕 모양을 한 카일라스 산의 놀라운 정경을 보면 절로 용기가 솟아난다. 카일라스 산 정상은 초월하고, 인도하고, 부른다. 마지막으로 해발 5,000미터가 넘는 굴라 고개를 넘는다. 그곳에서는 꼭 오래 지속되는 섬광처럼 마음을 뒤흔들고 영혼 속에서 더 깊어진 감명을 받는다. 광대한 풍경이 문득 눈앞에 펼쳐진다. 저 아래로는 진한 청색을 띤 마나사로바 호수가 펼쳐져 있다. 그리고 드디어 속이 꽉 차 있는 듯한 카일라스 산이 그 웅장하면서도 푸근한 모습을 드러낸다. 공기가 어찌나 맑은지 모든 형태들이 반짝반짝 빛난다. 성스러운 산이, 대지의 배꼽이, 세계의 축이, 절대의 중심이 바로 거기서 걷는 사람을 마주 보고 있다.

순례자는 그 웅장한 풍경이 불러일으키는 현기증을 이겨내려고 애쓰며, 승자가 되기도 하고 패자가 되기도 한다. 모든 웅장한 풍경은 걸어서 그 풍경을 정복한 사람의 넋을 빼놓는 동시에 승리의 에너지로 그 사람을 꿰뚫는다. 두 개의 움직임이 그를 동시에 뚫고 지나가는 것이다. 순례자는 승리의 고함을 내지르고는 울면서 털썩 주저앉는다. 그는 자신의 눈으로 산을 내려다보지만, 그렇게 내려다보고 있노라면 산에 압도당하기도 한다. 걷는 사람을 뒤흔들어놓는 이 엄청난 동요는 서로 모순되는 이런 이중의 움직임에서 비롯된다. 그러나 카일라스 산의 순례자에게 몇 달 전부터 계속되어온 자아의 상실이 하나의 공백으로 바뀌고, 그 공백은 일순 메워진다. 저곳이야! 바로 저곳이라고! 지금 내 눈앞에 있어! 그리고 이 감정은 주변에 있는 수많은 돌무더기들(세 개, 네 개, 다섯 개의 돌이 작은 피라미드를 이룬다)의 존재에 의해 격앙된다. 이 돌무더기들은 그와 마찬가지로 탈진 상태와 도취 상태를 체험했던 수많은 순례자들을 증언하기 때문이다. 셀 수 없을 정도로 많은 이 광물성 봉헌물로부터 풍겨 나오는 현존감現存感은 마치 땅 위에서 피어나는 영원의 꽃처럼 묵직하다.

그것은 마치 진동처럼 발생한다. 각각의 현존감은 마치 순례자가 유령들에게 둘러싸이기라도 한 듯한 몸짓을 하기 때문이다.

아직 성스러운 산을 한 바퀴 돌아야 한다. 그러려면 여러 날이 걸린다. 동양의 의식에 따르면 순례자는 기도를 하며 성스러운 장소를 걸어서 한 바퀴 돌아야 한다. 카일라스 산은 마치 신들이 얼음에 조각을 해놓은 천연 사원처럼, 성스러운 기념물처럼 보인다. 최후의 시련이 순례자를 기다리고 있다. 해발 5,800미터의 될마 고개를 넘어야만 다시 계곡으로 내려갈 수 있는 것이다. 너무 추워서 인간은 도저히 살 수 없는 이 높은 곳에 일단 오르면 순례자는 걸음을 멈추고 마치 죽어가는 사람처럼 바위 위에 길게 드러눕는다. 그리고 자기가 사랑하는 방법을 몰랐던 모든 이들을 다시 생각하고 그들을 위해 기도하며, 자신의 과거와 화해하고 나서 그곳을 영원히 떠난다. 그런 다음 연민의 호수인 에메랄드빛의 가우리쿤드까지 내려가서 자신의 신분과 과거를 버린다. 윤회의 주기가 끝난 것이다. 그렇지만 순례자는 그 자신으로 다시 태어나지 않고, 자신에 대해 초연하고 시간에 무관심하며 모두에게 박애심을 갖게 된다.

순례는 또한 우주의 윤회라는 유토피아를 그 자체로 간직하고 있다. 멕시코의 후이촐 부족이 행하는 페요틀 순례가 특히 그렇다. 완전히 고립된 시에라 마드레의 산악 지대에 사는 이 공동체는 해마다 (옥수수 수확이 끝나고 10월부터) 몇 명씩 짝을 지어 400킬로미터 이상 되는 돌길과 먼지 자욱한 도로를 걸어 산 루이스 포토시 사막까지 간다. 이 사막에서는 약효를 발휘하는 동시에 환각을 일으키는 작고 가시 없는 선인장 페요틀이 자란다. 후이촐 부족은 선인장을 따서 커다란 버들 광주리에 담은 후에 노래를 부르며 집으로 돌아간다.

이 길고 긴 순례는 마을에서 희생과 제례를 통해 정성스럽게 준비된다. 예를 들어, 사슴을 사냥하여 그 피에 담근 주요한 봉헌물을 순례길에서 만나게 될 큰 신들에게 바친다. 순례 참가자들은 여행을 하는 동안 제례명祭禮名을 갖게 되고, 걸을 때도 엄격하게 정해진 순서에 따라 걷는다. 어떤 신이나 지위를 인격화하고, 정해진 시간에만 물을 마시거나 단식을 하고, 성행위도 엄격히 금해야 한다. 그리고 여행을 시작한 지 5일째 되는 날에는 공개적으로 완전한 고백을 해야 한다. 이 순례의 목적은 페요틀 선인장이 자라는 조상들의 땅 위리코타에 가는 것이다. 여정은 태곳적 이후 전통에 따라 정해져 있으므로 항상 똑같다. 여행을 하는 동안 그들을 인도하는 샤먼, 모든 이야기를 알고 있고, 보호와 구원에 관련된 일체의 관례적 표현을 훤히 꿰뚫고 있는 샤먼은 마치 어떤 책의 페이지들을 읽듯 그들이 통과하는 풍경을 읽어낸다. 순례길의 방향이 바뀌면 그는 걸음을 멈추고 공손하게 청원의 주문을 외운 다음, 빈 공간을 열고 격식에 따라 성스러운 지팡이에 달린 깃털로 그 공간을 청소한다. 이제 그는 '구름의 문'을 통과할 수 있게 된 것이다. 각각의 문은 신성한 새로운 공간에 접근하는 것을 의미한다. 길을 걷는 동안, 울퉁불퉁한 땅바닥과 나무들의 위치, 바위들의 배열은 하나의 이야기를 갖는다. 땅바닥 여기저기 흩어져 있는 돌들은 주의가 산만한 어떤 조상이 잊어버리고 놔두고 간 화살 다발이고, 일련의 늪지들은 이 세계의 기원을 이루는 배꼽이며, 샘물이 솟아나는 저 진흙투성이 늪은 어느 신이 남긴 손자국이다. 오랫동안 멈추어 선 채 세정洗淨 의식을 치르고, 봉헌물을 바치고, 깃털로 장식된 화살을 호숫가에 꽂아야 한다. 그러고 나서 다시 길을 떠나 결국 불모의 풍경 속에 우뚝 서 있는 태양의 산에 도착한다.

산 근처에는 조상들의 땅이 있다. 그 땅에 가까워질수록 순례자들의 표정이 긴장된다. 그곳은 신화들과 성스러운 존재들로 온통 가득 차 있기 때문이다. 우두머리가 문득 커다란 사슴 한 마리를 본다. 모두들 정신을 집중한다. 우두머리의 뒤를 따른다. 사슴이 나타난 장소에서 그는 화살 끝을 지면으로 향한다. 눈에 보이지 않는 사슴뿔이 떨어진다. 그 자리에 커다란 선인장이 나타난다. 이것을 통해 신의 역사 자체가 되풀이된다. 왜냐하면 페요틀은 태양신이 빛의 화살을 사슴 신에게 쏘면 태어나는데, 이 사슴 신의 뿔이 땅에 떨어지면서 변한 것이 이 소중한 선인장이기 때문이다. 우두머리는 페요틀 주변에서 기도를 올리고, 수많은 봉헌물을 바치고, 순례자들에게 힘과 마력을 달라고 간청한다. 그때야 샤먼은 페요틀을 뿌리째 뽑아 그 조각을 각 순례자에게 나누어 주고, 순례자는 그걸 먹으며 "생명을 찾으러 온 그대여, 여기에 생명이 있다!"라는 주문을 외운다. 순례자는 위리코타에서 사흘을 보내면서 신성한 식물을 채취하여 버들 광주리에 채운 다음, 그 식물을 매일 밤 늦은 시간에 조금씩 먹는다. 이때 각자의 꿈은 면밀히 분석되어 그다음 해의 생활과 사회 조직을 결정한다. 그러고 나서 400킬로미터를 걸어 돌아가기 위해 다시 길을 떠난다.

후이촐 부족이 이 여행을 하는 것은 인디언들에게 만병통치약과 흥분제로 쓰이는 선인장을 채취하기 위해서이기도 하지만 세계가 지탱되도록 하기 위해서이기도 하다. 페요틀은 불의 신을 상징한다. 그것은 옥수수 신, 사슴 신과 함께 성스러운 3신을 이룬다. 신화에 따르면, 최초의 순례는 건기와 우기가 번갈아 이어지도록, 불의 힘과 물의 힘이 균형을 이루게 하려고 최초의 신(어둠과 죽음을 물리친 신)에 의해 주도되었다고 한다. 삶은 이 같은 분할에 의해 좌우된다. 즉, 옥수수는 물과 태양을 요구하는 것이다. 이처럼 원초적 순례를 되풀이한다는 것, 그것은 곧 우주의 균형을 보장하고 세계의 안정을 확보하는 것이다. 세계가 지탱되도록 하기 위해서는 걸어야 한다. 그러므로 그것은 개인과 우주의 재생에 관한 신화이다.

순례는 또한 현존의 유토피아를 약속하기도 한다. 성물聖物이 특별한 순례 목적지로서 얼마나 중요한가에 대해서는 이미 말했다. 순례자는 성소 안으로 들어가는 순간 사실상 직접적으로 현존하게 된다. 자신의 힘이 넘쳐흘러 망토처럼 두르고 있는 대리석에 그 힘이 배게 하는 성인의 육체에도 현존하고, 구세주의 그림자를 받아들여 마치 영원한 메아리처럼 그것을 간직하고 있는 낮은 산에도 현존한다. 이제 더 이상 상징도 없고 영상도 없으며 표상도 없다. 그냥 거기 있을 뿐이다. 하지만 걸어서 그곳에 도달해야 한다. 걸으려면 시간이 걸리므로 걷기는 바로 그 자체를 통해 현존을 정착시킨다. 어떤 산 아래 멀리서부터 그 산에 다가갈 때, 오직 눈만 어떤 영상을 지각하는 것은 아니다. 내 몸과 살, 근육은 오랫동안 그 영상을 간직한다. 영상은 단순한 겉모습에 불과할 뿐이다. 나는 자동차에서 나와 기념물이나 교회, 혹은 사원을 마주 본다. 나는 그것들을 보고 상세히 관찰하지만, 그것들은 그냥 영상일 뿐이다. 나는 그것들을 재빨리 인식하고 정확한 사진을 찍는다. 즉, 영상의 영상을 소유하는 것이다. 현존, 그것은 시간이 필요하다. 멀리서, 저 맨 뒤 쪽의 아발롱 계곡에서 베즐레의 생트 마들렌 성당이 불쑥 나타나는 것을 본 다음에는 천천히 그곳으로 다가가야 한다. 황혼 빛이 생트 마들렌 성당을 조금씩 변화시켜가는 것을 보아야 한다. 생트 마들렌 성당을 잃어버려야 하고, 다시 발견해야 하고, 짐작해야 한다. 그러나 걷다 보면 우리는 이 성당이 거기 있으면서 우리를 끌어당긴다는 사실을 알게 된다. 결국 순례자가 배낭을 벗고, 목적지에 도착했으므로 걸음을 멈추었을 때에는 이미 본 영상을 육안으로 바라볼 필요가 더 이상 없어진다. 왜냐하면 그의 온몸은 이미 발가락 끝까지 눈으로 본 풍경들로 가득 차 있기 때문이다.

그때 하루 전체가 변모한다. 하루 종일 걸으면서 그 이름을 꿈꾸었고, 오랫동안 그 모습을 상상했던 장소에 도착하면 길이 환하게 밝혀진다. 그리고 피곤함과 권태로움 속에서 실현된 것들은 이 견고한 현존 앞에 서면 일련의 필연적이고 즐거운 순간들이 된다. 걸으면 시간이 역행할 수도 있는 것이다.

15

# 견유주의자의 발걸음

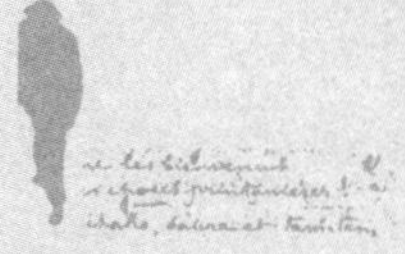

그리스의 현인들은 잘 걸었을까? 전설에 따르면 그렇다고 한다. 그들은 주로 서 있었고, 제자들에게 둘러싸인 채 산책했으며, 그 제자들을 이끌고 긴 기둥들이 죽 늘어선 회랑을 이쪽 끝까지 걸어와 잠깐 멈춰 섰다가는 다시 되돌아서서 반대 방향으로 저쪽 끝까지 걸어갔다. 그래서인지 라파엘로Raffaello Sanzio는 〈아테네 학당〉이라는 그의 유명한 그림에서 서 있거나, 자신 있게 걷거나, 집게손가락을 치켜들고 있는 고대 철학자들을 묘사했다.

우리가 알다시피 소크라테스Socrates는 한자리에 가만있지 않았다. 항상 아고라를 서성거렸는데, 시장이 열려 사람들이 밀려드는 날에는 특히 그랬다. 아고라에서는 그가 끊임없이 질문을 던지는 소리가 멀리서부터 들려왔다. 하지만 그가 좋아하는 것은 걷는 것이 아니라 광장이나 체육관 주변으로 사람들을 만나러 가는 것이었다. 크세노폰Xenophon은 《소크라테스 회상*Memorabilia*》에서 이렇게 말한다. "소크라테스는 항상 환한 대낮에만 살았다. 그는 아침부터 체육관에 드나들곤 했다. 시장이 열리는 날에는 거기에 와 있었다. 그는 가장 많은 사람을 만날 가능성이 가장 높은 장소에 머무르며 끊임없이 말하고 질문했다."(제1권 1, 10) 그렇다고 해서 소크라테스가 많이 걷는 사람은 아니었다. 플라톤Platon의 《파이드로스*Phaidros*》를 보면 소크라테스는 산책에 무관심하고 시골에는 좀처럼 가려고 하지 않았다. 자연의 여신은 그에게 말을 잘 걸지 않았던 것이다.

디오게네스 라에르티오스의 저술에 등장하는 매우 간략한 정보를 보면, 아마도 플라톤은 걸으면서 가르칠 수 있었을 것이라는 생각을 하게 한다. 아리스토텔레스Aristoteles는 이렇게 해서 '산책자'라는 별명을 얻은 것이 틀림없다. 사람들이 그가 제자들을 가르친 장소 때문에 그를 '산책자'라고 부른 게 아니라면 말이다. 그는 회랑(페리파토스peripatos)을 갖춘 옛 체육관 건물에 학교(리케이온Lykeion)를 세웠다. 페리파테인peripatein이란 '산책하다'라는 뜻이고, 또한 그리스어로는 '이야기하다', '걸으며 대화를 나누다'라는 뜻이다. 그런데 디오게네스 라에르티오스는 아리스토텔레스가 약한 다리 탓에 제자들이 웬만큼만 모이면 앉곤 했다고 이야기한다.

스토아학파 철학자들은 더 이상 걸으며 가르치지는 않았지만, 에픽테토스Epictetos의 학파와 마찬가지로 스승은 청중들(우리는 이들이 움직이지 않았을 것이라고 상상해야 한다)에게 말을 걸어가며 이야기를 했다. 혼잡한 것도 움직이는 것도 좋아하지 않았던 에피쿠로스학파 철학자들은 아마도 정원에 모습을 숨긴 채, 키 큰 나무들의 그늘에서 한가롭고 평온하게 이야기를 나누었을 것이다.

정말로 걷는 것처럼 걸은 그리스 철학자들은 견유학파* 철학자들

* '견유적'이라는 단어는 '개'를 뜻하는 그리스어 kunos에서 파생되었다. 이 단어는 생활 방식이 매우 투박하고 많은 사람을 비난하는 데 시간을 보내며 세상의 위선을 고발하는 사람을 가리킨다. 가장 기본적인 가치를 무시하고 어떤 제도로부터 최대한의 이익을 얻어낸다는 사실을

뿐이다. 그들은 항상 길거리를 돌아다니고 배회하고 어슬렁거렸다. 마치 개들처럼 말이다. 그들은 늘 길 위에 있었다. 항상 이 도시에서 저 도시로, 이 광장에서 저 광장으로 옮겨 다녔다.

사람들은 걸음걸이와 생긴 모습을 보고 그들을 알아보았다. 그들은 지팡이를 손에 들고, 양쪽 어깨에는 담요와 망토, 그리고 지붕으로도 쓰이는 두꺼운 천 조각을 걸쳤으며, 별 가치 없는 물건들이 들어 있는 바랑을 허리에 찼다(디오게네스 라에르티오스, 《유명 철학자들의 생애와 사상》 제6권 22~23). 그들은 너무 많이 걸어서 신을 사 신을 필요조차 없었다. 그들의 발바닥이 곧 가죽 바닥이나 마찬가지였기 때문이다. 아니면 그들은 샌들을 신었다. 중세의 순례자들도 그들처럼 걸었지만, 탁발 교단 설교사들은 그보다 훨씬 더했다. 하지만 견유학파 철학자들은 복음을 전하기 위해서가 아니라 도발하고 불안하게 만들기 위해 걸었다. 이들은 설교의 기술이 아니라 독설의 기술을 구사했다. 그들은 말을 사용하여 모욕하고 충격을 주고 공격했다.

그들은 겉모습 외에도 언어로도 구분되었다. 하지만 그들은 '말한다'고 하기보다 '짖는다'고 해야 할 것이다. 그들의 말은 거칠고 공격적이다. 며칠 동안 걸어서 목적지에 도착한 그들이 광장으로 가서 거기 모인 군중들에게 고래고래 소리 지르며 연설하는 것을 들어보아야 한다. 광장에 모여든 군중들은 이들의 맹렬한 독설을 들으며

---

의미하는 '파렴치'라는 현재의 의미와는 거리가 너무 먼 것이다(지은이).

즐거워하지만, 다른 한편으로는 막연히 불안해하기도 한다. 모든 사람은 그들이 퍼붓는 독설의 대상이 되어 자신의 습관과 행동, 확신이 문제시되는 것을 보기 때문이다. 그렇다고 해서 그것이 학문적인 논증이나 도덕에 관한 장광설은 아니다. 견유학파 철학자는 짖는다. 짧게, 그러나 끈질기게 낑낑대는 것이다. 차라리 그것은 연이어지는 독촉이고, 종잡을 수 없이 퍼부어지는 신랄한 빈정거림이며, 터져 나오는 저주다.

일체의 타협과 결혼, 위계位階의 존중, 강한 물욕, 이기주의, 남들에게서 인정받기 위한 몸부림, 비열함, 습관, 악덕, 탐욕 등의 관습이 야유받고 조롱당하고 진흙탕 속으로 끌려간다. 여기서는 모든 것이 다 독설의 대상이 된다. 방랑의 상황에서부터 모든 것이 고발당하고 비난받고 웃음거리가 된다.

견유주의 철학은 방랑의 외관을 훨씬 넘어서는 걷는 자의 상태와 연관되어 있다. 그러나 그것은 이 길고 긴 여행에 내재하며 일단 도시에 들어가면 체험의 차원에 따라 다이너마이트처럼 위험해지기도 하는 체험의 규모에 따른다.

***

견유학파 철학자는 그의 거칠고 투박한 삶에 의해 원초적 체험을, 즉 기본 원소의 체험을 부각시킨다. 그는 얼음처럼 차가운 바람과 세차게 내리는 비, 이글이글 타오르는 태양 등 강력한 힘을 발휘하는 데다 심지어는 난폭하기까지 한 자연 요소들과 맞선다. 그는 걸음으로써 그것들에 그대로 노출되는 것이다. 마치 그가 집도, 가진 것도 없이 가난한 것과 마찬가지다. 하지만 그는 이런 상황을 통해 원초적 상황의 진실을 발견한다. 기본적인 것, 그것은 곧 지탱하고 저항하는 것의, 그 어떤 상황에도 매달려 있지 않은 것의 진실이다. 기본적인 것과 진실한 것은 야생적이며 자연 요소들의 에너지를 함께 나눈다.

'책상물림'이라고 불리는 철학자는 외관과 본질을 대립시키기를 좋아한다. 그는 감각적인 정경의 휘장 뒤에서, 가시성可視性의 장막 뒤에서 본질적인 것과 순수한 것을 구분해내려고 하며, 사유의 투명한 영원성이 이 세계의 빛깔들 훨씬 너머에서 반짝거리도록 하려고 애쓴다. 감각적인 것은 거짓말이고, 외관의 유동적인 분산이다. 육체는 가림막이다. 한편 진짜 진실은 영혼과 사유, 정신 속에 모여든다.

견유학파 철학자는 이 고전적 대립 방식을 깨트린다. 왜냐하면 외관 너머로 어떤 진실을 찾거나 다시 구축하러 가지 않기 때문이다. 그는 내재성의 근원 속에서 그 진실을 좇는다. 이 세계의 이미지들 바로 아래서 그것들을 떠받치는 것을 찾아다닌다. 기본 원소를 찾는 것이다. 진실한 것은 오직 태양과 바람, 땅, 하늘뿐이다. 이것들이 가지고 있는 진실한 것, 그것은 바로 넘쳐나는 생명력이다. 왜냐하면 책상물림 철학자가 관념적이고 영원한 것 속에서 은신처를 발견하기 위해 통과해야 하는 감각세계는 아직 너무 복잡하고 다양하기 때문이다. 그곳에서는 집과 숲, 기념물, 낭떠러지 등 모든 게 다 뒤섞여 있다. 외관을 그렇게까지 빨리 초월할 필요는 없었다. 그러나 진정한 고행이란 사물들 속으로 파고 들어가는 것이다. 감각적인 것을 파고 들어가 결국은 에너지로서 절대적으로 기본이 되는 것을 발견하고 저항하는 그 지점에 도달하는 것이다.

그러나 이 같은 발견이 견유학파 철학자를 달리게 만드는 것은(그는 존재를 호흡하면서 혼자 사는 은둔자가 아니다), 그 발견이 정치적이기 때문이다. 즉, 그 발견은 어깨를 움츠린 채 자신의 내적 풍요 위에 쭈그리고 앉아 있는 철학자의 자세를 노골적으로 조롱하고, 그의 본질에 대한 진리가 얼마나 빈약한가, 그의 가르침과 그가 쓴 책들이 얼마나 피상적인가를 그대로 드러내는 데 쓰인다. 진리란 그것의 야생적 생명력 속에서 취해진 원소들, 즉 살을 후려치는 바람과 빛나는 태양, 사람을 경악하게 만드는 폭풍우다. 이런 원소들을 체험하는 것, 그것은 동시에 늘 엄숙한 표정만 짓고 있는 현자를 웃게 하는 기원적 힘을 포착하는 것이기도 하다.

***

방랑자라는 상황이 일으키는 두 번째 체험은 날것의 체험이다. 당시에 많은 작가들은 견유학파 철학자들이 날고기를 먹는다고 비난하여 물의를 빚었다. 디오게네스는 살아 있는 닭을 먹으려다가 죽지 않았는가?(디오게네스 라에르티오스, 《유명 철학자들의 생애와 사상》 제6권 74) 그러나 음식에만 날것 상태가 있는 것은 아니다. 그들의 언어도 날것이고, 그들의 태도도 날것이다.

그러나 그들의 행동과 조건의 이 같은 투박한 날것 상태는 또 다른 고전적 대립에 맞서는 무기이기도 하다. 책상물림 철학자는 자연적인 것과 인공적인 것을 구분하기를 좋아한다. 그들이 자연이라고 부르는 것은, 사물 하나하나를 그것의 본질에 따라 배열하고 어떤 존재를 그것의 정의와 일치시키는 것이다. 자기 자신과 일치하는 이 같은 투명한 정체성은 담화와 사회적 장치, 정치적 법칙의 책략에 의해 흐려질 수 있다. 그러므로 모든 것의 차분한 진실은 주어진 것의 보이지 않는 이면에서 발견해내야만 한다.

견유학파 철학자가 본질적인 것을 기본적인 것 쪽으로 옮겨놓았던 것처럼 자연적인 것도 뒤바꾼다. 그에게 있어 자연은 날것에 속한다. 날것이란 기본적인 요구에 밀착된 자연이다. 자연은 자연이지만 이상적인 자연(확고한 진실이 머무는 유토피아)은 아니다. 날것이란 시의적절하지 않고 원시적이며 비문명화된 자연이다. 또한 세련되지 않고 추잡스럽고 파렴치한 데다 비인간적인 자연이다. 육체는 관습과 규칙을 고려하지 않고 기능한다. 벌거벗은 상태도 날것에 속한다. 배변과 자위행위도 날것에 속한다(디온 크리소스토모스Diōn Chrysostomos, 〈디오게네스, 혹은 미덕에 관해(여덟 번째 연설)〉 §27, 디오게네스 라에르티오스, 《유명 철학자들의 생애와 사상》 제6권 69). 먹는다는 것은 곧 위胃와 관련된 이야기일 뿐 그 이상도 그 이하도 아니다. 즉, 채우고 비우는 것이다. 개는 잠을 자거나 변을 보기 위해 아양을 떨지는 않는다. 어느 날 연회장 주변을 어슬렁거리며 거기 모여 있는 바보들에게 고래고래 소리 지르며 호통치고 있던 디오게네스에게 어떤 사람이 고깃점이 아직 많이 붙어 있는 뼈다귀를 꼭 개에게 던져 주듯 집어던졌다. 디오게네스는 후다닥 달려들어 그걸 집어 들더니 게걸스럽게 뜯어먹고 나서 다시 연회장으로 돌아와 식탁 위로 올라가고는 홍청망청 놀고 있던 자들에게 오줌을 누었다. "여러분들, 나는 여러분들처럼 먹고 여러분들처럼 오줌을 쌉니다!"(《유명 철학자들의 생애와 사상》 제6권 46)

견유학파 철학자는 부도덕하지 않다. 하지만 그는 인간들이 자연에 대해 말할 때 훌륭한 교육과 습득한 가치, 위선으로부터 얻어내는 모든 것을 고발하기 위해 자신의 몸을, 그것의 생물학적 기능을 긍정할 뿐이다. 왜냐하면 자연은 책상물림 현인들에 의해 사회적 관습과 문화적 도식을 전달해주는 통로가 되고 말았기 때문이다. 모든 것이 그곳을 슬그머니 지나간다. 날것은 혁명적이다.

***

세 번째로 견유학파 철학자는 확실하게 밖에서 산다. 그래서 물론 수많은 만남을 갖기도 한다(《유명 철학자들의 생애와 사상》 제6권 23). 하지만 어쨌든 그에게는 거처가 없다. 그는 외투를 몸에 덮고 구덩이 속이나 성벽 옆에서 잠을 잔다. 그는 이미 우리가 본 것처럼 엄청난 자연의 힘뿐만 아니라 남들의 시선에도 계속 노출된다. 그는 밖에서 먹고, 크라테스*와 히파르키아**가 그랬던 것처럼 야외에서 즐거운 시간을 보냈다(《유명 철학자들의 생애와 사상》 제6권 96).

견유학파 철학자들의 이 '야외'는 사적인 것과 공적인 것의 전통적인 구분을 불안전하게 만든다. 사적인 것과 공적인 것의 구분이야말로 정착민에게는 중요하다. 넓은 야외와 닫히고 보호받는 공간 중에서 선택해야 한다. 사적인 것이란 곧 익숙해진 열정의 내밀함과 욕망의 비밀, 벽의 보호, 소유를 의미한다. 반면에 공적인 것은 야망과 명성, 인정받기 위해 벌이는 경쟁, 타인들의 시선, 사회적 정체성을 뜻한다.

견유학파 철학자는 곧 밖이다. 그리고 바로 이 다른 곳에 있다는 것, 인간 세상의 밖에 존재한다는 것 때문에 그는 사적인 비열함과 공적인 악덕을 혼동할 수도 있다. 그는 바로 이 밖으로부터 야유를 하고, 빈정대고, 사적인 것과 공적인 것을 서로 겹쳐놓는다.

***

여행하는 견유학파 철학자의 마지막 차원은 필요성이다. 필요성은 운명처럼 강요되지 않으며, 발견되고 느닷없이 나타나고 쟁취된다. 여기서도 역시 유용한 것과 무용한 것 사이의 전통적인 대립 체계를 전복시킨다. 필기대 위에 몸을 숙이고 있는 철학자는 자기가

---

* Krates ho Thebai ca(BC 335~BC 285). 디오게네스의 제자이자 견유학파를 대표하는 철학자 가운데 한 사람이다. 빈곤해 보일 정도로 무욕적인 삶을 살았다.

** Hipparkhia. 고대 그리스의 여성 철학자로 크라테스의 아내이다.

생각을 많이 했다고 믿고, 침대는 유용하지만 잠을 자기 위해 화려한 장식이 달린 침대를 요구하는 건 쓸데없는 짓이라고 말했다. 물을 잔에 마시는 건 유용하지만 물을 충분히 마시기 위해 금으로 된 잔을 요구하지는 않는다고 말했다. 견유학파 철학자들은 그것이 무의미한 구분이라고 생각한다. 왜냐하면 그 같은 구분은 필요한 것을 시험하지는 않기 때문이다.

어느 날 디오게네스는 샘에서 한 소년이 두 손바닥을 모아 물을 마시고 있는 모습을 보았다. 이 견유학파 철학자는 경악하여 우뚝 걸음을 멈추고는 소리쳤다. "디오게네스, 너는 너보다 더 강한 자를 만난 것이다!"(《유명 철학자들의 생애와 사상》 제6권 37) 이렇게 말하고 난 그는 승리의 미소를 지으며, 든 게 별로 없는 바랑에서 나무 잔을 꺼내어 멀리 던져버렸다. 그는 행복했다. 또다시 짐을 줄일 수 있었던 것이다.

바로 이것이 필요성이다. 필요성은 고행자의 획득물이다. 의자에 앉아 있기만 하는 철학자들처럼 우리를 불편하게 하는 온갖 쓸데없는 재물을 버릴 줄 알아야 한다고 말로 하는 것이 아니라, 꼭 필요한 것이 나타날 때까지 유용한 것의 아랫부분을 조금 파내는 것이다. 그것은 검소함 이상이다. 즉, 아주 적은 것에 만족해하고 주의를 기울이는 것이다. 이때의 의무는 더 고되고 힘들고 까다롭다. 꼭 필요한 것만을 받아들여야 한다. 그래서 체념을 훨씬 넘어선다. 이 같은 추월은 절대적인 힘의 확인으로 이어진다. 유용한 것의 범위를 넘어서 정복된 이 필요품은 궁핍의 의미를 뒤바꾸어놓기 때문이다.

***

왜냐하면 걷는 사람은 왕이기 때문이다(디온 크리소스토모스, 《왕권론》 제4연설). 땅은 그의 영지인 것이다. 한번 획득된 필수품은 결코 부족해지지 않는다. 필수품은 어디에나 있으며, 그 어느 누구에게도 속하지 않지만 모두에게 속하기 때문이다. 그러므로 종국에는 가난함이 부유함으로 급변하는 것이다.

어쨌든 그 어느 하나도 부족하지 않은 사람은 부자다(이것은 에피쿠로스학파의 논거이기도 하다). 견유학파 철학자는 아무것도 부족하지 않다. 왜냐하면 몸을 눕힐 수 있는 땅과 이리저리 떠돌아다니며 발견하는 먹을거리, 지붕을 연상시키리만치 별이 총총한 하늘, 물을 마실 수 있는 샘 등 꼭 필요한 것이 주는 즐거움을 발견했기 때문이다. 유용한 것과 무용한 것을 훨씬 넘어서서 꼭 필요한 것은, 문화적 사물들의 세계가 돌연 인간을 소외시키고 빈약하게 만드는 것처럼 보이게 만든다.

견유학파 철학자는 말한다. 땅이 나의 영토이므로 나는 그 어떤 대지주보다 더 부자다. 나의 소유지에는 경계가 없다. 나의 집은 다른 그 어떤 집보다 더 넓다. 아니, 내가 원하는 만큼 집을 가질 수 있다고 말해야 할 것이다. 암벽마다 후미진 곳이 있고, 야산마다 움푹 파인 곳이 있다. 나는 어느 누구보다도 더 많은 식량과 독주毒酒를 저장해놓고 있으며, 샘물도 맘껏 마신다.

견유학파 철학자는 또한 경계라는 것도 모른다. 자기 집 어디에서

나 걸을 수 있기 때문이다. 내가 세계시민이라는 것은, 더 이상 잃을 게 아무것도 없어서 결국 모든 걸 다 얻을 수 있다고 상상할 수 있기 때문이 아니다. 기본적이며 꼭 필요한, 날것 같은 외부의 세계가 한없이 풍요롭기 때문이다. 그것은 이상으로서의, 미래의 계획으로서의, 조정하는 이념으로서의, 세계의 허구로서의, 약속으로서의 범세계주의가 아니다. 그것은 자기 집을 떠남으로써 완벽하게 실현된다. 견유학파 철학자는 그 어느 것에도 매달리지 않고, 그 어느 것에도 집착하지 않는다. 절대적으로 자유로운 그는 도발적인 건강과 무한정 나눌 수 있는 엄청난 힘을 과시한다. 그런데 그대는 어디에서 와서 이렇게 가르친단 말인가? 나는 세계시민이며, 밖에서 당신에게 말합니다.

> 날 보세요. 난 집도 없고 고향도 없고 재산도 없고 시중 들어주는 사람도 없습니다. 잠은 땅바닥에서 잡니다. 나는 오직 땅과 하늘, 낡은 외투를 가지고 있을 뿐, 아내도 없고 자식도 없고 넓은 집도 없습니다. 하지만 도대체 내게 부족한 것이 뭐가 있단 말입니까? 난 슬프지도 않고 두렵지도 않습니다. 그러하니 나야말로 자유롭지 않습니까?
>
> 에픽테토스, 〈견유학파 철학자의 초상〉, 《담화록*Diatribai*》

16

# 평안한 상태

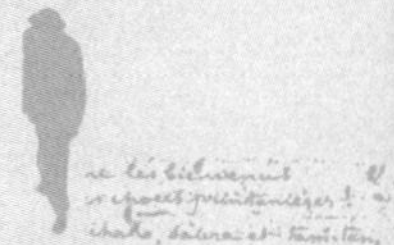

오늘날에는 즐거움과 기쁨, 평정, 행복 등 모든 것이 다 비슷비슷하고 별 차이가 없다. 그러나 옛날 고대인들의 지혜는 이 평안한 상태들을 명확히 구분하려고 신경을 썼다. 이를 통해 철학 학파들이 서로 구분되었기에 분할은 더욱 중요했다. 왜냐하면 철학 학파들은 지혜가 개인의 삶을 활짝 피게 한다는 데는 동의했지만 그 상태의 정의에 관해서는 의견 차이를 보였기 때문이다. 키레네학파, 에피쿠로스학파, 회의주의학파, 플라톤학파……. 이 학파들에 속한 현자 한 사람 한 사람은 즐거움과 행복, 또는 평정을 분명하게 구분했다.

그렇지만 걷기 체험은 학파에 따라 달라지지 않는다. 걷기 체험은 어김없이 모든 가능성을 열어줌으로써 다양한 기회를 통해 이 모든 상태를 여러 가지 정도로 느낄 수 있는 기회를 제공한다. 걷기 체험은 위대한 고대 지혜 전체에 대한 실제적 입문이다.

자, 우선 기쁨이 있다. 기쁨은 만남의 문제다. 기쁨은 어떤 육체와 어떤 자연 요소, 어떤 물질과 만남으로써 실현했다고 느낄 수 있는 가능성이다. 기쁨 속에서는 오직 쾌적하고, 부드럽고, 전혀 새롭고, 감미로울 정도로 낯설고, 야생적인 느낌만 문제가 된다. 기쁨은 항상 어떤 만남을 통해, 외부에서 들어와 우리 몸속에 기록된 가능성들을 확인하는 것을 통해 촉발되는 느낌이다. 기쁨은 좋은 대상, 곧 느낌이 무르익는 것을 가능케 하는 대상을 만나는 것이다.

반복되다 보면 강도가 감소한다는 것이 빈번하게 지적되는 기쁨의 저주받은 특성이다. 나는 나를 가득 메우는 좋은 것을 두 번째로 쇄신하는 기쁨을 느끼며, 그리고 어쩌면 그것을 준비하면서 내가 감상의 자세를 취하기 때문에 더욱 강렬할 수도 있는 기쁨을 느끼며 소비한다. 나는 그 어떤 차원도 놓치지 않으려고, 그것을 충일하게 감상하려고 애쓰는 것이다. 세 번째, 네 번째 느끼다 보면 고랑이 파여져 그것은 알려진 것이, 인정된 것이 된다. 그것은 같은 것이다. 똑같은 과일이고, 똑같은 포도주고, 똑같은 접촉이지만 그것들은 내 몸속에서 불분명한 자리를 발견했다. 즉, 그것은 내 몸을 통과하면서도 더 이상 그것을 파고들어 가지 않는 것이다. 왜냐하면 기쁨 속에서 추구되는 것은 바로 이 느끼는 강도이기 때문이다. 느끼는 능력은 순간에 넘쳐흐르고 깨어나고 뒤죽박죽되고 별도로 고려된다. 모든 것은 반복되다 보면 단조로워진다. 되풀이되다 보면 항상 똑같아지는 것이다. 그러므로 다양성이나 수량이라는 이중의 전략이 생겨난다. 유형들을 바꾸고, 상이한 다양성을 발견하고, 다른 종류들로 옮겨 가든지, 아니면 분량을 늘리는 것이다. 이런 전략은 특히 시행되는 처음 몇 번은 어느 정도 기능을 하기에 잃어버린 강도의 일부분을 되찾는다. 그러나 그 효과는 지나치게 기대되고 희망되고 추구된다. 기쁨에 대한 지나친 기대가 기쁨을 죽이는 것이다.

걷다 보면 만남이 계기가 되어 순수한 기쁨의 순간을 맞게 된다. 산딸기나 월귤나무 열매의 맛, 여름 해의 푸근함, 시냇물의 청량함.

지금까지는 결코 느껴보지 못한 것들이다. 걷다 보면 마치 섬광이 반짝이는 것처럼 아주 드물지만 기쁨을 느끼는 순간들이 이따금 찾아온다. 오솔길을 걸어가다가도 몇 번의 만남을 갖는 것이다.

***

즐거움은 기쁨과 달라서 덜 수동적이고 더 까다로우며, 덜 강렬하고 더 완전하며, 덜 국지적이고 더 풍요롭다. 걷다 보면 이번에는 어떤 활동과 연관된 정서로 이해할 수 있는 즐거움을 느낀다. 아리스토텔레스와 스피노자Benedictus de Spinoza에게서 같은 생각이 발견되는데, 즐거움이란 어떤 긍정의 부수적 결과다.

슬픔은 곧 수동성이다. 내가 거기에 이르지 못할 때 슬퍼진다. 나는 나 자신을 앞으로 밀어내지만 왠지 부자연스럽고, 모든 것이 저항한다. 그래서 참아내면서 무리하게 힘을 쓰고 다시 시작해보려 하지만 여전히 잘 움직여지지 않는다. 하려 하지만 안 된다. 종잇장 앞에서의 무미건조함이다. 너무 어렵다. 단어들이 입 밖으로 나오지 않고, 꼭 서툴고 기괴한 사람들처럼 서로 부딪치며 마지못해 느리게 움직이더니 무질서하게 보조를 맞추어 숨을 헐떡거리며 조리에도 맞지 않는 문장을 만들어낸다. 그것은 운동경기에서 당하는 패배와도 같다. 너무 힘들어서 다리는 꼭 기둥처럼 무겁고 몸은 마치 모루처럼 육중하게 느껴지는 것이다. 몸은 마치 형태가 일정하지 않은 덩어리처럼 하라는 건 하나도 하지 않고 좌초된다. 몸에 대해 실망한다. 손가락은 마치 엄청나게 무거운 망치처럼 아무 반응도 하지 않는다. 목소리는 배배 꼬여 나선형을 이루며 이빨 밖으로 나온다. 인대가 삐걱거린다. 일에 넌더리가 난다. 할 일은 너무 많은 데다 너무 자주 반복된다. 권태와 피로를 이겨낼 수 있는 기계를 가동해야 하지만 아무 소용없다. 슬프기만 할 뿐이다. 슬픔이란 구속당하고 방해받고 저지당하는 나쁜 긍정이다.

내가 힘든 일을 해야 할 때면 실패해도 다시 시작하고 끈질기게 계속한다. 그러다 보면 결국 그 일은 이루어지고, 그 뒤로는 수월하게, 점점 더 능숙하게 해낸다. 모든 것이 빠르게, 잘 이루어진다. 훈련을 통해 최초의 무기력 상태를 극복했을 때도 마찬가지다. 몸이 가벼워지면서 반응하는 것이다. 즐거움은 이루어진 결과에 대한 만족스러운 응시도 아니고 승리에 대한 감동도 아니며 성공했다는 만족감도 아니다. 그것은 편안함 속에서 드러나는 에너지이며, 자유의 확인이다. 모든 게 다 쉬운 것이다. 즐거움은 하나의 활동이다. 즉 어렵고 시간도 많이 걸리는 것을 쉽게 해내는 것이며, 자기 정신과 육체의 능력을 확인하는 것이다. 찾아내고 발견하는 것은 생각의 즐거움이 되고, 어려움 없이 해내는 것은 몸의 즐거움이 된다. 그렇기 때문에 기쁨과는 달리 즐거움은 반복하면서 커짐으로써 풍부해진다.

걸을 때의 즐거움은 마치 통주저음通奏低音, 즉 계속해서 나는 은은한 소리와도 같다. 물론 어느 정도는 애쓰며 힘들어하기도 하고 이따금씩 만족감도 느끼게 될 것이다. 힘들게 올라온 가파른 비탈길을 흐뭇하게 내려다본다. 그렇지만 이런 만족감은 양과 점수, 숫자를 다시 계산할 기회를 너무나 자주 제공한다(높낮이 차는 얼마나 되지? 시간은 얼마나 걸릴까? 해발 몇 미터지?). 그러면 걷는다는 것은 경쟁이 되어버린다. 그래서 높은 산을 오르는 등산(정상 정복, 도전에 응하기)은 항상 좀 불순하다. 왜냐하면 자기도취적 만족감을 불러일으키기 때문이다. 걷는 사람을 지배하는 것은, 허세로 가득 찬 환호성이 아니라 가장 근원적이고 자연적인 활동을 하면서 자기 몸을 느낄 때의 그 단순한 즐거움이다. 아이가 첫 걸음을 떼는 모습을 보라. 이제 막 한 걸음을 내디딘 아이의 얼굴은 환하게 빛이 난다. 우리가 걸을 때 느끼는 즐거움의 통주저음은 우리 몸이 이 움직임에 얼마나 잘 맞추어져 있는지, 어떻게 매번 내딛는 발걸음에서 다음 발걸음의 잠재성을 발견해내는지를 느끼는 것이다.

걷는다는 행위 저 너머에는, 충만함으로 이해되는 존재의 즐거움도 있다. 하루 종일 걷고 나면, 두 다리를 쭉 뻗고, 그냥 실컷 먹고, 편안한 기분으로 갈증을 풀고, 끝나가는 하루를, 서서히 저물어가는 저녁 해를 바라보며 휴식을 취할 수 있다(이것은 랭보의 〈초록색 선술집에서Au Cabaret Vert〉라는 시의 전문이다. "나는 너무너무 행복해서 두 다리를 식탁 밑으로 쭉 뻗었지……"). 배가 고프지도 않고, 목이 마르지도 않으며, 고통스럽지도 않은 몸은 그저 휴식을 취하고 있다. 단순히 스스로 체험하는 것만으로도 가장 크고 순수하고 강렬하며 절대적으로 소박한 즐거움을 얻을 수 있다. 산다는 즐거움, 그것은 자기가 여기 있다는 것을 느끼고 자신의 현존과 세계의 현존이 이루는 조화를 맛보는 즐거움이다. 유감스럽게도 너무나 자주, 너무나 오래전부터 우리는 충만함이 재물을 얼마나 많이 갖느냐, 사회적으로 얼마나 더 인정받느냐에 좌우된다고 믿게 만드는 나쁜 이미지들에 매달렸다. 우리는 너무나 가까이 있는 단순한 즐거움을 얻기 위해, 항상 너무 멀리까지 가기 때문에 찾기가 어려워진다. 우리는 이미 즐거움을 추월하여 저쪽에 가 있다. 걷기의 체험은 의심의 여지 없이 즐거움의 재정복이라고 말할 수 있다. 왜냐하면 육체가 오랜 활동(이미 살펴본 것처럼 이 같은 활동은 즐거움뿐만 아니라 피로와 권태도 불러일으킨다)을 하다 보면 휴식과 더불어 충만함이, 즉 더 심오하고, 더 근본적이고, 더 비밀스러운 확인과 연관된 그 두 번째 즐거움이 나타나기 때문이다. 몸이 부드럽게 숨 쉬면 나는 거기서 그렇게 살아가는 것이다.

***

걷다 보면 또한 '행복'이라고 이름 붙일 수 있을 감정이 느껴지는데, 이 감정은 저명한 사상가들보다는 작가들이 더 잘 표현했다. 행복이란 특히 만남과 관련된 문제이며 상황에 좌우되기 때문이다. 길을 걷다가 야생 장과를 맛보거나 산들바람이 뺨을 어루만지는 걸 느낄 때 드는 기쁨이다. 걸으며 자신의 몸이 마치 '단 한 사람처럼' 앞으로 나아가는 것을 느낄 때의 즐거움이다. 자기가 존재한다고 느낄 때의 충만함이다. 그리고 행복이란 지는 햇살 아래의 보랏빛 계곡, 납처럼 무거운 햇빛에 하루 종일 짓눌려 있던 빛깔들이 하나하나 황금빛 속에서 해방되어 이윽고 숨을 내쉬는, 아주 짧은 순간만 지속되는 여름날 저녁의 기적이다. 숙소에 도착해서는 다른 사람들과 함께 지내는 하룻밤이 또 행복할 것이다. 걷기라는 인연으로 우연히 만난 사람들과 같이 있어서 행복한 것이다. 그런데 이 모든 것에서 중요한 것은 받아들이는 것이다. 행복이란 어떤 정경이나 어떤 순간, 어떤 분위기의 수신자가 되어 순간의 은총을 받아들이는 것을 전제로 한다. 하지만 그렇게 되도록 해주는 비결도 없고, 준비해야 할 것도 없다. 은총이 내리는 순간에 그냥 거기 있기만 하면 된다. 바꿔 말하면, 그건 무엇인가를 성공적으로 해냈다는 만족감과는 다른, 할 줄 아는 걸 해냈다는 즐거움과는 다른, 그 무엇이다. 행복이란 정확히 그것을 되풀이할 수 없다는 의미에서 불안정하다. 마치 이 세상이라는 직물을 짜는 금실과도 같은 기회다. 그러니 기회에 자신을 맡겨야 한다.

***

마지막 상태는 평정이다. 이것 역시 다른 것이어서, 더 많은 초연함이고 더 적은 경탄이며, 더 많은 체념이고 더 적은 긍정이다. 영혼의 균등함을 엄격하게 유지해야 한다. 걷기는 은밀하고 점진적으로, 그리고 휴식과 운동의 교차 속에서 평정을 권유한다. 영혼의 균등함은 걷기의 느림과 완전히 반복적인 특징에 연관되어 있다. 이 영혼의 균등함에 도달해야 한다.

평정이란 두려움이나 희망의 불안한 교차 속에 더 이상 사로잡히지 않는 것, 그리고 심지어는 모든 확실성 저 너머에 있는 것이다(왜냐하면 확실성이란 스스로를 지키고 논증하고 구성하기 때문이다). 다시 오랫동안 가야 다음 숙박지에 도착한다는 사실을 알기에 하루 종일 걷기 위해 출발했다면 오직 길을 따라 걷는 일만 남는다. 달리 어쩔 도리가 없다. 어쨌든 먼 길이 될 것이다. 한 걸음 한 걸음이 초秒는 뛰어넘겠지만 시간을 단축시키지는 못할 것이다. 어쨌든 밤은 찾아올 것이고, 두 다리는 반복해서 한 입씩 먹다가 결국에는 불가능한 거리를 집어삼킬 것이다. 그것은 결과를 피할 수 없는 운명이다. 결정할 것도, 궁금해할 것도, 계산할 것도 없다. 걷는 것 말고는 할 것이 정말 아무것도 없다. 뭔가를 기대할 수도 있지만 걷다 보면 정말이지 모든 것이 다 너무 느리게 이루어진다. 섣부른 기대는 실망을 안겨줄지도 모른다. 그러니 그냥 자신의 리듬에 따라 다음 숙박지까지 걸어가야만 한다. 평정이란 곧 그냥 길을 따라 걸어가는 것이다. 걷는 동안의 평정은 또한 모든 근심 걱정과 비극이, 우리의 삶과 육체에 속이 텅 빈 고랑을 파놓는 모든 것이 완전히 정지된 것처럼 보이는 것이다. 왜냐하면 그것들은 손이 미치지 않을 정도로 너무 멀고 도저히 측정할 수가 없기 때문이다. 걷기의 집요한 권태로움은 결국 힘을 소모시키는 지나친 열정으로, 그리고 죽을 정도로 억압된 삶에 대한 혐오로 바뀐다. 그냥 걷는 것이다. 평정이란 더 이상 아무것도 기다리지 않을 때 느껴지는 큰 즐거움이다. 그냥 앞으로 걸어가기만 하는 것이다.

17

# 우울한 방황

제라르 드 네르발

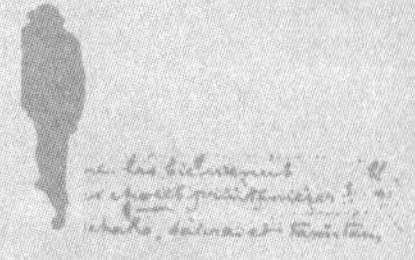

**제라르 드 네르발**Gérard de Nerval(1808~1855)

19세기 프랑스의 낭만주의 시인이자 소설가, 번역가, 산문가, 저널리스트. 파리에서 태어난 그는 어려서 어머니를 여의었고 군의관인 아버지가 의사의 길을 걷길 원했으나 이를 거부함으로써 갈등을 빚었다. 1828년에 《파우스트*Faust*》를 처음으로 프랑스어로 번역하여 괴테Goethe의 절찬을 받았고, 이후 독일 문학의 연구와 소개, 문학잡지 창간 등에 힘쓰며 문예 활동을 활발히 벌였다. 여러 차례 동방 여행을 장기간 떠나기도 했는데, 그 경험을 바탕으로 쓴 시 · 희곡 · 소설 · 기행문 등 다양한 장르의 작품들을 발표했다. 1841년에 첫 정신병 발작을 일으킨 이후로 줄곧 고생하다가, 만년에는 정신착란 때문에 요양소에서 치료받던 도중 목매어 자살했다. 서정성이 짙고 신비주의적 분위기가 깃든 그의 작품 세계는 상징파 시인들과 마르셀 프루스트Marcel Proust 등에게 영향을 주었다.

네르발의 작품에서는 많이 걷는다. 산책하고 기억하고 상상하고 노래하면서 자기 자신을 데리고 다닌다.

> 용기를 내게, 친구여! 용기를 내라고! 우리, 이제 마을이 가까워지고 있네! 맨 처음 나타나는 집에서
> 갈증을 풀어보세!
>
> 〈앙젤리크의 열 번째 편지〉, 《불의 딸들*Les Filles du feu*》

희귀한 육필 원고를 발견하고, 존재할 법하지 않은 가계도를 만들고, 누락된 게 있는 이야기들을 재구성하느라 도서관에서 오랜 시간을 보내고, 뒤마Alexandre Dumas가 이름 붙여준 것처럼 '쓰기가 불가능한 책'을 오랫동안 쓰거나 그냥 필사하고, 몇 명 안 되는 친구들을 찾아가고, 저녁에는 극장에 가서 오직 한 여인(멀리서 바라보며 열렬히 사랑했던 여배우 제니 콜롱Jenny Colon)을 욕망했다. 그리고 틈틈이 산책하고 방황했다.

나는 여기서 독일과 영국, 이탈리아, 네덜란드 여행 혹은 그보다 더 먼 곳인 중동 여행(알렉산드리아, 카이로, 베이루트, 콘스탄티노플)에 대해 말하고 싶지 않다.

그보다는 차라리 몽마르트르에서 내려가 중앙시장 레알 주변의 골목길을 헤매고 다니며 파리 거리를 걷는 것에 대해 말하고 싶다. 아니면, 에름농빌 숲이나 모르트퐁텐 숲, 퐁타르메 숲, 생 로랑, 엔Aisne 강가나 테브 강가를 걷는, 그리고 마지막으로 항상 퐈플리에 섬에 있는 장 자크 루소의 무덤까지 가는 그 오랜 산책에 대해 말하고 싶다. 네르발의 작품에 묘사되는 풍경에는 성들과 톱니 모양으로 들쭉날쭉한 탑들, 푸르른 계곡 위에서 끊임없이 움직이는 붉은 덩어리 모양의 작은 숲, 지는 해의 오렌지색이 섞인 황금빛 나무들, 그리고 또 다른 나무들이 등장한다. 꼭 잠처럼 단조로운 풍경이다. 푸르스름한 아침 안개가 끼면 도처에서 유령들이 깨어난다. 10월의 밤은 오래된 금빛이다. 마치 심한 기복이 없는 꿈속에서처럼 애쓰지 않고 천천히 걷는다. 낙엽이 바스락거리는 소리가 들려온다.

네르발에게서는 우울이라는 걷기의 의미가 발견된다. 이름과 추억 속에 우울함(《불의 딸들》과 《산책과 추억*Promenades et souvenirs*》의 우울함)이 존재한다. 걷다 보면 어느새 작은 마을에 도착한다. 안개에 뒤덮인 숲을 지나 가을빛에 잠겨 있는 마을에 닿는다. 퀴피와 샤알리스, 루아지, 오티스 등 그 이름을 오랫동안 꿈꾸어왔다. 부드러움과 우울함. 네르발의 걷기는 되살아나는 추억들 사이에서 정신없이 요동치는 정신을 항상 약하고 희미하게 깜박거리는 불빛 속에서 흔들어 달랜다. 그렇게 하면 완만하고 수월한 걷기를 통해 어린 시절의 슬픔이 되살아난다. 걷는 동안에는 오직 자신의 꿈만을 추억한다.

날카롭거나 강렬한 건 일체 없이 아침에는 푸른색, 저녁에는 주황

카미유 코로가 그린 〈모르트퐁텐의 추억〉. 네르발은 이 모르트퐁텐 숲에서 즐겨 산책하곤 했다

색으로 색깔을 바꾸며 산들거리는 숲 속에서 걷는다고 슬픔을 진정시키지는 못한다. 이때의 걷기는 어릴 적 슬픔을 치유하고 활력을 불어넣는 치료약도 되지 못하고, 힘의 원천도 되지 못한다. 어릴 때 겪었던 슬픔을 지우지는 못하고 변모시키는 것이다. 마치 어린아이들이 알고 행하는 연금술과 같다. 천천히 길을 걷는다. 마치 이 슬픔을 희석해 물에 떠내려 보내듯이 말이다. 자신의 슬픔이 밖에서 표류하도록 내버려두는 것이다. 자신을 내맡기는 것이다. 이것은 몽상의 걷기이며, 네르발은 고독한 산책자의 모습을 다시 찾는다. 항상 힘들게 올라가는 니체처럼 자신의 운명과 수직을 이루어 걷는 것이 아니라 어린 시절의 꿈을 다시 꾸며 걷는다.

옛 노래들이 절로 입가에서 흥얼거려진다. "기사 한 사람, 플랑드르에서 돌아왔다네……."(〈열한 번째 편지〉, 《불의 딸들》) 가을에 연한 햇빛을 받으며 오랫동안 걷고 나면 시간이 혼동된다. 기복이 완만한 지형에서는 시간이 흩어지고 길게 늘어나고 뒤섞인다. 그래서 항상 매미 울음소리가 나고, 바람 소리가 들려오고, 햇빛은 희미하다. 어린 시절, 그것은 그저께였고, 어제였고, 조금 전이었다. 그러다가 이제는 그때의 슬픔이 어둡고 서늘한 숲길에서 한없이 희석된다. 네르발에게서는 몽상적인 우울함의 이런 특성이 발견된다. 옛날의 유령들을 깨우는 느린 산책, 여인들의 부드러워진 얼굴. 걷다 보면, 오직 그 빛 속에서만 어린아이였다는 확신이 든다. 그건 흘러가버린 시간에 대한 향수나 어린 시절에 대한 향수가 아니라 향수로서의 어린 시절 그 자체다(오직 어린아이만이 이 과거가 없는 향수의 기적을 안다). 발루아 지방의 그 풍경 속을 느릿느릿 걸으면서 말이다.

그렇지 않으면 활기차고 어두운 《오렐리아*Aurélia*》의 우울함이 있다. 고정관념이 불러일으키는 우울함, 시간의 실현이 불러일으키는 우울함이다. 그것은 더 이상 가을의 그 부드럽고 심각하고 번민에 싸인 걷기가 아니다. 그것은 흥분에 사로잡힌 탐색의 걷기, 운명의 걷기, 시간의 종말이 화급하다는 것을 깨닫는 걷기다. 네르발은 1854년 여름 에스프리 블랑슈Esprit Blanche 의사(이 의사는 네르발이 치료되었다고 생각하지 않았다)의 병원에서 퇴원한 뒤로 계속해서 걸었다. 창녀들이 묵는 호텔에 방이 하나 있기는 했지만 지칠 대로 지친 몸이 휴식을 요구할 때만 겨우 거기서 잠을 잤다. 그는 걷고 또 걸었다. 그

네르발이 사랑했던 여배우 제니 콜롱(왼쪽)
네르발이 자살한 채 발견된 파리의 비에유-랑테른 거리(오른쪽)

러다가 카페에서 걸음을 멈추고 무언가를 마시고 나서 다시 출발했다. 열람실 앞에서 걸음을 멈추고 친구를 만난 뒤에 다시 걸을 때도 있었다. 그것은 도피가 아니라 예감을 확인하기 위한 현기증 나는 집요함이다.

이번 걷기는 활기찬 우울과도 같다. 《오렐리아》는 광기를 불러일으키는 걷기를 묘사한다. 도시를 걷는 미치광이의 불안한 흥분 상태. 길거리는 발작을 유지하고 키우고 심화시키는 최고의 장치다. 도처에 몰래 훔쳐보는 눈길들과 급격하고 불규칙한 움직임들, 서로 대립하는 소리들이 있다. 자동차 소리, 종소리, 갑작스러운 큰 목소리, 보도를 울리는 수많은 발걸음 소리. 그리고 요령껏 알아서 길을 찾아야 하므로 모든 것은 투쟁이 되고 정신착란이 일어난다.

나는 최후의 날인 1855년 1월 25일을 생각한다. 네르발의 마지막 방황은 비에유-랑테른 거리(이곳 창문에 쇠창살이 있었고, 그는 여기에 목을 맸다)에서 막을 내렸다. 그러나 '방황'에 대해 말하는 건 너무 이르다. 왜냐하면 그는 긴급한 고정관념을 따랐기 때문이다. 그의 다리 사이에는《오렐리아》가 놓여 있었다. 네르발은 자기를 부르는 별을 따라간 것일까.

그가 깊은 절망이나 갑작스러운 행복을 느꼈던 순간을 잘 살펴보면 걷기에 대한 유혹을 발견할 수 있다(아니, 차라리 강렬함을 느꼈던 순간을 잘 살펴보는 게 낫겠다. 두 순간 중에서 하나를 선택하기란 불가능하기 때문이다). 나가야 하고, 떠나야 하고, 가야 하고, 뒤따라야 한다. 억지로 걷는다. 어디를 가나 모두가 나를 쳐다보고, 나를 둘러싸고, 나를 비난하는 것 같다. 그렇지만 많은 사람에게 맞서며, 나 자신에게도 맞서며, 그렇게 나 자신과 함께 통과한다. 걷는다는 것은 마치 그대로 정신착란에 빠져 있기로 하는 것과 같고, 고독을 완전히 정복하는 것과도 같다. 그리고 여기서 모든 것이 다 반짝거리고 손짓하고 부르는 걸 본다. 네르발은 별이 점점 더 커지고 달이 몇 개로 늘어나는 것을 보았다. 걷다 보면 정신착란 상태가 심해진다. 걷기는 편집증을 불러온다. 걷다 보면 모든 게 다 논리적으로 되기 때문이다. 두 다리가 잘 버텨주면 걷는 사람은 '바로 이거야'라고 생각한다. 그리고 저 길을 걸어서 저기로 가야만 한다고 생각한다. 사람들은 우리가 방황한다고 믿지만, 사실은 생각을, 이끌고 받쳐주는 자기 생각을 따라가는 것이다. 단어들이 입가에 떠오른다. 마치 걷듯이 말을 한다. 모든 게 다 진실이다. 걷는다는 것은 곧 활기찬 우울이다.

"나는 걸어가면서 신비로운 찬가를 불렀다." 멜로디가 돌아온다. 그것은 항상 긍정의 멜로디다. 이제 걷기는 더 이상 추억을 서서히 돌아오게 만드는 것이 아니라 우연을 증가시킨다. 우연의 징조들이 빠르게 늘어난다.

그는 무척 어둡고 더럽고 외진 데다 상당히 좁고 접근하기 쉽지 않은 비에유-랑테른 거리에 도착한다. 샤틀레 광장에서 출발하여 튀리 거리로 가다 보면 이 거리가 나온다. 길이 확 좁아질 때까지 이 첫 번째 골목길을 따라가야 한다. 바로 여기서 골목길은 "좁고 더럽고 음산한" 계단이 되고, 이 계단은 저 아래, 짧고 어두운 보도에 불과한 것 쪽(비에유-랑테른 거리)으로 나 있다. 뒤마가 말했듯이 한밤중에 이곳에 간다는 것은 "지옥으로 내려가는 것"이나 다름없다.

자살(항상 다른 사람들의 불행에서 영감을 얻은 뒤마는 "목을 맨 네르발이 '머리에 모자를 쓴 채로' 아침에 발견되었다"라고 말할 것이다), 그것은 되찾았으나 견디기 힘든 명철함에 대한 쓰라린 감정일까, 아니면 정신착란의 극단적인 섬광과 그것의 완성일까?

그런데 우리는 우리가 왜 걷는지를 알고 있는 것일까?

18

# 일상적인 외출

이마누엘 칸트

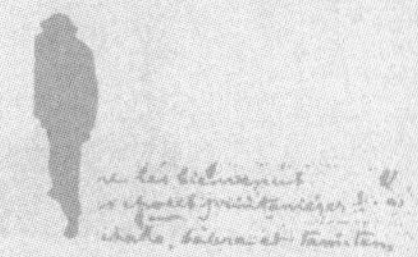

**이마누엘 칸트**Immanuel Kant(1724~1804)

경험론과 합리론으로 대표되는 서유럽 근세 철학의 두 흐름을 하나로 집대성한 18세기 독일의 철학자. 동프로이센의 항구도시 쾨니히스베르크에서 태어나 평생 그곳에 머물렀다. 쾨니히스베르크 대학 재학 시절 마르틴 크누첸Martin Knutzen에게서 아이작 뉴턴Isaac Newton의 물리학과 독일 계몽주의자 크리스티안 볼프Christian Wolff의 사상을 접하고 이를 엄밀한 학문의 표본으로 삼는다. 1770년 쾨니히스베르크 대학의 논리학·형이상학 교수로 임명되어 이때를 전후하여 독창적인 저작을 왕성하게 생산해낸다. 1781년《순수이성 비판》을 시작으로《실천이성 비판》과《판단력 비판》을 저술함으로써 과학적 인식론과 도덕적 실천, 미학을 아우르는 방대한 철학적 체계를 구축한다. 이성을 비판의 법정에 세우고 경험론과 이성론의 양극단을 종합한 칸트의 비판철학은 모든 학문의 정수로서 철학의 지위를 재정립하는 데 기여했으며, 현대 철학의 토대이자 출발점으로서 오늘에까지 이어지고 있다.

알다시피 칸트의 삶은 그다지 모험적이지 않았다. 그보다 더 활기 없는 삶은 상상하기가 힘들 정도다.

그는 쾨니히스베르크에서 태어나고 죽었다. 고향을 떠나본 적도 없고 여행이라는 걸 해본 적도 없다. 그의 아버지는 말 안장과 고삐를 만들었고, 어머니는 매우 독실하고 애정이 깊었다. 그는 집에서 욕설을 들어본 적이 단 한 번도 없었다. 그러나 어머니와 아버지는 그가 아직 어렸을 때 차례로 세상을 떠났다.

일을 하면서 공부를 했던 그는 가정교사와 조교에 이어 대학교수가 되었다. 그가 맨 처음으로 쓴 책의 서두에는 다음과 같은 문장이 나온다. "나는 내가 따라가게 될 길을 마음속으로 그려보았다. 내가 일단 한번 걷기 시작하면 이 세상 그 무엇도 그걸 중단시키지 못할 것이다."

크지도 작지도 않은 키, 진한 푸른색 눈, 커다란 머리, 왼쪽 어깨보다 더 높은 오른쪽 어깨. 그는 체질이 허약했고, 한쪽 눈은 더 이상 쓸모가 없었다.

잘 알려져 있다시피 칸트는 규칙성의 모델이었다. 오죽하면 '쾨니히스베르크의 시계'라고 불렸겠는가. 사람들은 강의가 있는 날이면 어김없이 아침 정각 8시에 집을 나서는 그를 볼 수 있었다. 그는 7시

50분에 모자를 썼고, 7시 55분에는 지팡이를 잡았다. 그리고 정각 8시에 집 현관을 통과했다.

손목시계가 없으면 절대 살지 못할 거라고 그는 말했다.

니체와 비슷하지만 그 강도는 다르게 칸트는 글쓰기와 독서 외에 오직 두 가지에만 관심을 두었는데, 바로 산책의 절대적 필요성과 먹는 것이었다. 니체와 칸트의 스타일은 완전히 다르다. 니체는 오랫동안 지치지 않고 걸었으며, 그가 걷는 길은 길고 때로는 가팔랐다. 그리고 마치 은자처럼 거의 먹지 않았으며, 약한 위를 최대한 보호하기 위해 애써 단식 횟수를 늘렸다.

반면에 칸트는 왕성한 식욕으로 먹었고, 과음까지는 아니지만 많이 마셨으며 오랫동안 식탁에 앉아 있었다. 그러나 매일같이 산책을 하는 동안에는 상당히 신경을 썼다. 그의 산책은 인색하고 쩨쩨하다고 말할 수도 있었다. 그는 땀 흘리는 걸 견디지 못했다. 그래서 여름에 아주 천천히 걸었고 땀이 몇 방울이라도 흐르는 게 느껴지면 곧바로 그늘에서 걸음을 멈추었다.

두 사람의 건강이 완벽하고 태양적이었다고 말할 수는 없다(그렇다고 해서 거기서 그들 철학의 생리학적 상징을 볼 수는 없다. 한 사람은 변비증 환자였고 또 한 사람은 구토 때문에 고통받았다는 사실을 인정해야 할 것이다).

체질이 허약했던 칸트는 자기가 오래 사는 게 엄격하고 절도 있는 생활 덕분이라고 생각했다(그는 여든 살까지 살았다). 자기가 노력을 기울였기에 건강을 유지할 수 있었고, 자신을 완벽하게 다스린 덕분

쾨니히스베르크 대학. 칸트는 이 대학에서 공부했고, 훗날 교수가 되어 학생들을 가르치기도 했다

에 오래 사는 것이라고 생각했다. 그는 식이요법 의학에도 열광했는데, 그의 말에 따르면 이 식이요법 의학은 삶을 즐기는 기술이 아니라 삶을 연장하는 기술이었다.

그러나 칸트는 말년에 접어들자 대기 중의 전기 유체流體가 그 당시에 바젤의 엄청나게 많은 고양이를 죽게 했다고 주장하며 이 전류가 자신의 건강을 해친다고 불만스러워했다. 빚이라고는 단 한 푼도 져본 적이 없는 칸트는, 그의 말을 들려주고 싶어 한 사람에게 큰 소리로 그 말을 하곤 했다. 그는 무질서를 받아들이지 못했다. 물건들이 항상 제자리에 놓여 있어야만 했다. 그는 모든 변화를 견디지 못했다.

정기적으로 그의 수업을 듣던 한 학생의 상의에는 오래전부터 단추가 하나 없었다. 그러던 어느 날 아침, 이 학생이 단추를 새로 달고 수업에 참석했다. 이 모습을 본 칸트는 마음이 몹시 불안해져서 자기도 모르게 이 젊은 학생에게 다가가 상의에 톡 튀어나온 그 단추를 뚫어지게 쳐다보았다. 그러고 나서 칸트는 그 새 단추를 떼어달라고 학생에게 정중히 부탁했다고 한다.

칸트는 어떤 사물에 대해 배우는 것도 중요하지만 일단 배우고 나면 그것을 어디에 분류시켜야 할지를 아는 것도 중요하다고 말했다. 그는 항상 같은 식으로 옷을 입고 다녔고, 도대체 변덕이라는 걸 부리는 적이 없었다.

알려진 것처럼 그의 생활은 오선지만큼이나 규칙적이었다. 그는 새벽 5시면 잠에서 깨어났다. 5시가 넘어서 일어난 적은 결코 없었다. 아침을 대신해 몇 잔의 차를 마신 다음 하루에 딱 한 번 파이프 담배를 피웠다.

강의가 있는 날에는 아침에 나가 강의를 마치고 돌아와, 실내복에 실내화 차림을 하고 정확히 12시 반까지 일을 하고 글을 썼다. 그런 다음 다시 옷을 차려입고 기쁜 마음으로 친구들을 집에 초대하여 과학과 철학, 날씨에 관해 얘기를 나누었다.

그는 반드시 요리 세 가지와 치즈(때로는 몇 가지 디저트), 그리고 한 사람당 포도주 작은 병 하나씩을 준비하여 식탁에 늘어놓고 손님을 맞았다. 이들은 오후 5시까지 얘기를 나누곤 했다.

그러고 나면 산책을 할 시간이었다. 날씨가 좋든 좋지 않든 산책은 반드시 해야 했다. 그는 혼자 산책했는데, 길을 가는 동안 입을 꼭 다문 채 코로 숨을 쉬기 위해서였다. 칸트는 그렇게 하는 게 몸에 매우 좋다고 생각했다. 친구들과 함께 가면 입을 열고 말을 해야 하기 때문이다.

항상 같은 길을 다녔던 칸트 덕에 공원 안으로 나 있는 이 산책로는 훗날 '철학자의 길'이라는 이름이 붙었을 정도다. 풍문에 따르면 그는 평생 동안 딱 두 번 길을 바꾸었다고 한다. 한 번은 루소의《에밀*Emile, ou de l'Education*》을 보다 일찍 손에 넣기 위해서였고, 또 한 번은 프랑스혁명이 일어났다는 소식을 듣고 정보를 얻으러 가기 위해서였다.

산책이 끝나면 밤 10시까지 책을 읽고 나서 자리에 누워(식사는 하루에 한 번밖에 하지 않았다) 바로 잠이 들었다.

별로 특별한 것도 없고 자연과의 신비로운 결합도 이뤄지지 않는 산책. 즐겁지는 않지만 건강을 유지하기 위해서 의무적으로 하는 산책. 한 시간이지만 하루도 빼놓지 않고 날마다 하는 산책. 이 산책에서는 걷기 체험의 중요한 세 가지 측면이 엿보인다.

첫 번째는 단조로움이다. 걷는 건 단조롭다. 정말 단조롭다. 위대한 걷기 이야기들(로돌페 퇴퍼*의 《지그재그로 하는 여행*Voyage en zigzag*》에서 미셸 비외상주**의 《스마라 여행 수첩*Smara Carnets de route*》까지)

---

* Rodolphe Toepffer(1799~1846). 스위스의 화가. 풍속화가의 아들로 태어났으나 선생이 되어 고대 언어를 가르치다가 만화《비외 부아 씨 이야기*Histoire de M. Vieux Bois*》를 그려 괴테의 찬사를 받았다.

** Michel Vieuchange(1904~1930). 프랑스의 모험가. 유럽인으로는 처음으로 모로코 서부 사하라의 스마라 유적을 탐험했다.

은 예상치 못하게 일어나는 사건들과 우연한 만남, 고통의 묘사에 의해서만 유지될 수 있다. 순례나 긴 산책에 관해 이야기하는 이런 서사시들에는 항상 여정 그 자체를 다루는 페이지보다는 휴식을 다루는 페이지가 훨씬 더 많다. 사건은 결코 걷기에 속하지 않는다. 사건은 걷기를 중단시킨다. 왜냐하면 걷기는 그 자체로 단조롭기 때문이다. 걷기가 '흥미를 불러일으키지' 않는다는 것은 어린아이들도 알고 있는 사실이다. 결국 걷는다는 것은 항상 똑같다. 한 발을 다른 발 앞에 놓는 것이다. 그러나 이 단조로움의 비밀은 바로 권태에 대한 치료제라는 사실이다. 권태란 사유의 공백에 직면한 육체의 부동성이다. 걷기의 반복은 권태를 소멸시킨다. 왜냐하면 걷기에서는 권태가 더 이상 육체의 무기력함을 먹고 살 수도 없고, 이 무기력함 속에서 무한한 나선이 불러일으키는 어렴풋한 현기증을 끌어낼 수도 없기 때문이다. 사람들은 항상 권태 속에서, 모든 움직임이 무의미하다는 명증성 속에서 무언가 할 일을 찾는다. 걷는 동안에는 항상 무언가 할 일이 있다. 즉, 걷는 것이다. 더 이상은 할 일이 없다. 그냥 걷기만 할 뿐이고, 어떤 장소에 가거나 어떤 코스를 다 걷고 난 뒤에는 오직 앞으로 나아가는 일만 남기 때문이다. 그것은 이 세상만큼이나 새로울 게 없는 명백한 사실이다. 이처럼 육체의 단조로운 의무는 사고를 해방시킨다. 걷는 동안에는 생각을 하지 않아도 된다. 이것저것 혹은 이렇게 저렇게 생각하지 않아도 되는 것이다. 정신은 육체의 지속적이고 자동적인 노력으로 사용 가능성을 되찾는다. 바로 그때 사고가 이루어진다.

두 번째 측면은 당연히 규칙성 주위에서 움직인다. 칸트에게서 인상적인 것은 바로 견고한 자기 통제력이다. 하루도 빠지지 않고 하는 산책은 매일 일을 하느라 보내는 시간의 부속물이나 상징과도 같다. 매일 한 페이지를 쓰고, 한 가지 생각을 전개하고, 한 가지 증거를 제시하고, 한 가지를 논증한다. 그러다 보면 결국 엄청난 작품이 만들어지는 것이다. 그렇지만 뭔가 해야 할 말이 있어야 하고 해야 할 생각이 있어야 한다는 사실이 금방 이해된다. 그러나 여기서 깊은 인상을 주는 것은 그것들 간의 관계다. 즉, 노력과 반복되는 작은 행위와 훈련이 굉장한 것을 만들어낸다. 작품은 시간을 중단시키는 영감의 번뜩이는 섬광 속에서 주어지는 것이 아니라 서서히 구성된다. 사나흘 걷고 나서 오른 언덕 꼭대기에서 되돌아보면, 자신이 출발했던 지점이 저 멀리 어렴풋이 보이는 것처럼 말이다. 먼 거리는 무한한 인내심을 발휘해가며 한 발 한 발 내딛는 아주 짧은 발걸음에 유괴당한다. 훈련이란, 곧 가능하다고 믿는 집요한 반복으로 정복된 불가능이다.

산책하는 칸트

마지막 측면은 필연성이다. 사람들은 오후 5시가 되면 그가 집에서 나와 산책을 하리라는 사실을 알고 있다. 그것은 해가 뜨는 것만큼이나 규칙적이고 절대적으로 중요하며 변함이 없는 의식과도 같왔다. 필연적인 것의 개념이 규칙성의 개념에 덧붙는 것, 그것이 바로 운명이다. 그러나 그것은 '~한 나머지' 자신을 제어하는 강제된 운명이다. 훈련을 통해 자기 자신을 위해서 운명이 되는 일이 일어나기도 한다. 20년, 30년, 40년이 지나 우리 위로 거의 불쑥 나와 있게 될 필연성에는, 그가 노력을 기울이게 만드는(그 자신의 건축은 아니지만) 의지의 극한치가 있다. 필연적인 것, 그것은 훈련이 단지 수동적인 습관만은 아니라는 사실을 알게 한다. 그것은 의지의 운명을 느끼도록 해준다. 니체는 필연적인 것으로 자유를 정의했다. 걷기에서의 필연성, 그것은 일단 떠나면 도착할 수밖에 없다는 것이다. 다른 방법이 없으니 앞으로 나아가야만 한다. 피로가 쌓이고 길이 끝나면 항상 도착한다. 시간에 시간을 덧붙이고 마음속으로 "자, 가자!"라고 외치는 것으로 충분하다. 그것은 이미 정해져 있다. 피할 수가 없다. 도착하려면 걸어야만 하는 것이다. 운명으로서의 의지다.

19

# 산책

마르셀 프루스트

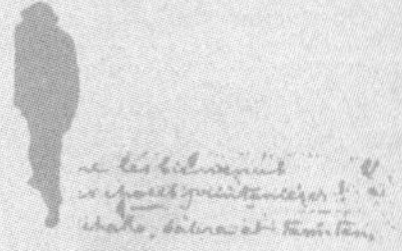

**마르셀 프루스트**Marcel Proust(1871~1922)

프랑스의 소설가. 아홉 살부터 천식을 앓았고, 평생 병약한 체질로 고생했다. 일곱 권으로 구성된 그의 장편 소설《잃어버린 시간을 찾아서*À la Recherche du Temps Perdu*》는 20세기 소설의 최대 걸작으로 평가받는다. 이 중 제1권《스완네 집 쪽으로*Du Côté de chez Swann*》는 여러 출판사로부터 거절당해 자비로 출판했지만 제2권《꽃핀 소녀들의 그늘에서*À l'ombre des jeunes filles en fleurs*》가 공쿠르상을 받으면서 프루스트는 작품성을 인정받는 최고의 작가가 되었다. 그 이후로 평생 이 대작을 완성하는 데 집중했다. 이 소설은 시간과 공간을 넘나드는 의식의 흐름 기법으로 서술되었으며 감각적이고 획기적인 형식으로 문학의 새로운 지평을 열었다고 평가받는다.

산책을 하는 동안에는 걷는다. 말을 타고 하거나 배를 타고 하는 산책이 있기는 하지만 말이다. 산책에서 걷는다는 행위가 장거리 여행과 같은 밀도를 갖지는 않지만, 신비로운 자세라든지 형이상학적인 기만, 엄숙한 선언 등에는 덜 어울리는 좀 더 소박한 다른 차원을 느낄 수 있다.

어린아이 같은 영혼을 만들어내는 절대적 의식으로서의 산책이 있고, 정신을 다시 창조해내는 자유로운 휴식으로서의 산책이 있으며, 재발견으로서의 산책이 있다.

절대적 의식으로서의 산책은 우리가 어린 시절에 하는 산책이다. 이때는 잘 짜인 코스와 그 범위가 엄격히 제한된 여정이 필요하다. 아무렇게나 무차별적으로 산책하지는 않는다. 어린아이들에게 산책은 서로 전혀 다른 것이다. 서로 다른 길을 이용하고, 그 길을 따라 이어져 있는 울타리는 단 하나밖에 없으며, 전망 역시 다른 것으로 대체할 수가 없다. 그것들은 서로 만나지 않는다.

성장한다는 것은 오직 보편성과 유사성, 존재의 유형에만 민감하다는 것을 의미한다. 숲, 산, 평야…… 그리고 자기 집 주변의 모든 것은 똑같아진다. 어른에게 산책길은 똑같이 광활한 풍경 속에 포함된다. 어른은 그가 살아온 햇수의 높이에서 모든 것을 본다. 경험의 전망이 모든 것을 평평하게 하고 압축하고 무미건조하게 만든다. 모든 것이 다 똑같다. 어른은 자기 집이 어느 지역에 위치하고 있는지 알고 있고, 여러 갈래의 길이 거기로 이어진다는 사실을 알고 있다.

어린아이는 길이 자기를 멀리 보낸다고 생각하여 불안해한다. 길은 세계로 이어지는 가능성들이다. 길들은 서로 비슷하지 않다. 길들은 서로 구분되는 세계를 향해 열려 있다. 아이들의 눈에는 나무조차 어느 한 그루도 서로 닮지 않았다. 마디가 많은 가지, 비틀린 줄기, 겉모습 등 어느 것 하나 닮지 않았다. 똑같은 두 그루의 뽕나무도 없고, 똑같은 두 그루의 떡갈나무도 없다. 무사가 있고, 마술사가 있고, 괴물이 있고, 아이가 있을 뿐이다. 그렇다면 그 자체의 나무들과 인물들, 길들의 색깔들, 거기서 만날 수 있는 사람들이 있는 두 차례의 산책에 대해서는 뭐라고 얘기해야 할까? 각각의 산책에는 들어맞는 별개의 이야기가 있으며, 각각의 산책은 서로 다르고, 다른 방법으로 살며 드나드는 왕국을 연다.

프루스트는 어렸을 때 두 개의 세계를 만드는 두 개의 산책을 하곤 했다. 스완네 집 쪽(혹은 메제글리즈 쪽)이 있었고, 게르망트가家 쪽이 있었던 것이다. 그것은 그 자체로 계절과 음색, 지속 기간, 색깔을 가진 두 개의 완전한 세계지도였다. 스완네 집 쪽은 날씨가 좋지 않아도 짧기 때문에 그냥 해볼 만한 산책이었다. 스완의 정원은 살그머니 어루만지는 라일락 꽃 장식이었고, 황홀한 향기를 풍기는 산사나무 꽃이었으며, 이따금 반항적이고 속마음을 헤아릴 수 없는 엉큼한 소녀 질베르트가 재스민 울타리 사이로 나타날 수도 있었다.

《잃어버린 시간을 찾아서》 제1권 〈스완네 집 쪽으로〉의 배경이 된 프랑스의 일리에-콩브레. 작품 속에 나오는, 스완네 집 쪽으로 가는 산책길이다

게르망트가 쪽으로 가려면 우선은 정원 안쪽에 있는 뒷문을 이용해야 했고, 멀리까지 가야 하니 반드시 날씨를 확인해야 했다. 게르망트가는 무엇보다도 결코 도달하지 못할 전설의 목적지였지만, 또한 비본 강의 강가(이따금 물가의 붓꽃들 사이에 앉아 있곤 했다)이기도 했고, 우아한 모습의 한 여인이 이따금 슬픈 표정으로 뭔가 깊은 생각에 잠겨 창가에 팔꿈치를 괴고 기대어 있곤 하는 숲 속의 그 집이기도 했다. 그것은 또한 "짙은 색깔을 띤 꽃송이들이 올라오는 작고 축축하며 울타리로 둘러싸인 땅"이기도 했다.

서로 분리된 두 개의 세계. 훨씬 나중에 알베르틴은 화자에게 메제글리즈를 통해 게르망트가 쪽으로 가자고 제안함으로써 그에게 정신적 타격을 준다……. 충격, 착란, 경악! 그때 지리地理라는 객관적 가능성들은 어린 시절의 또렷한 결정結晶에 정면으로 부딪쳐 그것을 부서뜨린다. 어린아이에게 산책은 하나의 완전한 정체성이자 얼굴이며 인격이기 때문이다. 그것은 사거리에서 서로 교차하는 도로들도 아니고 같은 하늘 아래의 오솔길도 아니다. 생 틸레르의 종탑에서 산책로를 한눈에 내려다볼 수는 있다. 그것은 오직 하나의 마을과 오직 하나의 빛의 색깔 속에 잠겨 있는 유일한 전망이다. 그러나 이처럼 툭 튀어나온 전망이 더 아름답다는 것은 잘못된 생각이다. 그런 전망은 산책길이 직선으로만 보이는 추상적인 시선을 가진 사람들의 흥미만 끌 뿐이다. 오솔길의 영역에서 살아가는 어린아이는 조약돌의 모양과 나무들의 윤곽, 꽃향기 등 모든 것이 다 다르다는 사실을 알고 있다.

여기서 어린아이들의 몽상적인 성향, 상상력이 풍부한 성향을 어른들의 현실적 객관성과 대립시켜서는 안 될 것이다. 정말 현실적인 것은 바로 어린아이들이다. 그들은 결코 보편적인 행동을 하지 않는다. 어른은 어떤 개별적인 경우에서 일반적 형태를, 종種 속에서 하나의 표본을 식별해낸 다음 그 나머지는 없애버리고 이렇게 말한다. 이건 라일락이야, 이건 물푸레나무야, 이건 사과나무야. 어린아이는 개인들을, 인격들을 지각한다. 아이는 오직 얼굴만을 볼 뿐 그것을 어떤 보통명사나 지위 같은 것으로 가리지 않는다. 아이들과 함께 걷다 보면 그들은 나뭇잎에서 전설의 동물을 보게 하고, 꽃잎의 부드러움을 느끼게 한다. 그것은 상상력의 승리가 아니라 편견 없는 현실주의다. 즉, 완전한 현실주의인 것이다. 그리고 자연은 그대로 시적詩的이다. 자라나면서 우리는 어린 시절의 절대적 세계인 이 산책의 매력을 잃게 된다. 결국은 모든 것에 대해 개념과 확실성을 갖게 되고, 이제는 사물들에 대해 객관적 표상(유감스럽게도 그것들의 '진실'이라고 이름 붙이는)만을 알려고 하기 때문이다.

어린 시절을 훨씬 지나면 덜 시적이기는 하지만 아직은 몽상적인 산책의 유형이 존재한다. 나는 가벼움으로서의, 이완으로서의 산책에 대해 말하려 한다. 즉 '분위기를 바꿔보기 위해' 걷는 것이다. 몹시 피곤하게 하는 일을 끝내거나 더 이상 참을 수 없을 정도로 권태로울 때 '생각을 바꿔보기 위해' 밖으로 나가 산책을 한다. 특히 봄의 태양과 집 밖의 맑은 공기, 그리고 사무실의 딱딱하고 어두운 분위기 사이의 대비가 눈에 확 띌 만큼 두드러질 때 그렇게 한다. 칸트와 친구 사이인 독일의 한 철학자는 이 기술을 매우 정확하고 요령 있게 묘사했다.

《산책의 기술*L'Art de se promener*》에서 칼 고트로프 쉘레*는 산책이 몸을 이완시키기도(본래의 의미에서 그렇다는 것인데, 몸이 펴지면 일을 함으로써 어쩔 수 없이 생기는 근육통에서 벗어나기 때문이다) 하지만 특히 그것을 넘어서 정신을 즐겁게 한다고 말한다. 왜냐하면 산책은 영혼에 휴식을 제공하기 때문이다. 일할 때는 자신의 주제에

* Karl Gottlob Schelle(1777~1825). 독일의 철학자. 할레와 라이프치히에서 고대 언어를 가르치는 교사였다. 산책과 철학에 대한 성찰을 담은《산책의 기술》을 집필했다.

사로잡혀야 하고, 자기가 맡은 임무에 정신을 집중시켜야 하며, 오직 한 번에 한 가지씩만 생각해야 한다. 앉아 있는 자세에서 몸이 지나치게 많이 움직이면 안 된다. 그리고 몸을 쓸 때는 동작이 정확해야 하고 근육에 대한 압력이 일정하고 조화롭게 이뤄져야 한다. 그러다 보면 일은 결국 집중이 지나치게 오랫동안 계속되면서 짜증이 나게 한다.

그렇다고 해서 산책을 한다는 것이 갑작스럽고 단순한 휴식을 의미하지는 않는다. 마치 걸음을 멈추는 것만이 중요한 것처럼 말이다. 산책은 오히려 리듬이 달라지게 만든다. 즉, 억압받던 팔다리와 영혼의 능력을 해방시킨다. 산책을 한다는 것, 그것은 우선 억압을 무시한다는 것이다. 즉, 나는 나의 여정과 나의 리듬, 나의 표상을 선택할 수 있다. 이미 말했던 것처럼 쉘레는 칸트의 친구였다. 아마도 그는 칸트의 저술을 읽었을 것이다. 그가 발견한 것은 산책에 적용된 칸트의 미학 전체였다.

산책한다는 것, 그것은 왔다 갔다 하는 것으로, 어떤 개념에 대한 강박이나 어떤 명상의 흐름을 발전시키는 또 하나의 방법과는 다르다. 결국 어떤 문제에 부딪혔을 때, 나는 자리에서 일어나 걸을 수 있지만 그렇다고 마지못해 떠나는 것은 아니다. 뒷짐을 지고 머리를 끄덕이며 몇 걸음 걷다가 내 몸의 움직임이 내 정신(어려움을 해결하고, 이상적인 정돈 방식을 발견하고, 정확한 논거를 정립하고, 좋은 생각에 접근하는)에 조금 더 큰 영향을 미치는 순간, 나는 다시 책상으로 달려가 다음에 또 거부반응을 일으킬 때까지 일할 것이다.

산책을 떠난다는 건 그와는 다르다. 자기 일과 작별하는 것이다. 책과 서류를 그냥 놓아두고 나가는 것이다. 일단 밖으로 나가면 걷는 사람의 몸은 자신의 리듬에 맞추어가고, 정신은 스스로 자유롭다고, 즉 한가하다고 느낀다. 나는 오른쪽 풍경에서 내 마음을 끄는 인상을 보다가 고개를 돌려 왼쪽 풍경에서 느껴지는 인상들과 비교한다. 색깔을 대비시키고, 계속 왔다 갔다 하면서 부분에서 전체로 옮겨 간다. 그리고 만일 내가 이미 잡다한 군중들로 가득 찬 공원의 넓은 산책길에 와 있다면, 관찰은 하지만 정신은 작업을 하지 않는다. 즉, 나는 나의 시선이 이 얼굴에서 저 얼굴로, 이 옷에서 저 모자로 옮겨 다니도록 내버려둘 뿐이다. 나는 나 자신이 그 어디에 매달리도록 내버려두지는 않는다. 오직 하나의 형태와 하나의 선, 하나의 표현만을 받아들인다. 칸트는 이처럼 가상의 연극을 자유롭게 구성하는 것을 '미학적 쾌감'이라고 부른다. 즉, 상상력은 그것이 구성하는 인상들을 가지고 놀면서 자유로운 몽상에 따라 그 인상들을 재구성하는 것이다. 상상력은 완전한 무상성無償性의 경지에 속한다. 정신은 상상력을 통해 심오한 내적 조화를 표현한다. 내가 가진 모든 능력이 자발적으로 일치함으로써 자유로이 함께 이 세계의 정경을 만들어내는 것이다.

쉘레에 따르면, 산책의 기술이 그 최고의 경지에 도달하기 위해서는 상당히 많은 외부적 여건이 필요하다. 만일 공공장소를 산책할 경우에는 지나가는 사람과 서로 부딪히지 않도록 넓은 산책길이 있어야 하고, 너무 많지도 않고 너무 적지도 않은 산책객들이 있어야 한다. 산책객들이 거의 없으면 아는 얼굴을 찾고 조사하려는 유혹(저 사람은 누구지?)을 느끼게 될 것이다. 그렇게 되면 원래의 사회적 역할로 되돌아갈 것이다. 이와 반대로 산책객이 너무 많으면 영상들이 쇄도하고 증가하여 자신의 종합 능력을 벗어나게 되므로 실망하게 될 것이다. 만일 시골길을 산책하기로 했다면 상상력이 색깔과 형태의 다양성에 매료될 수 있도록 산과 계곡, 개울, 초원, 숲이 교대로 나타나는 풍경을 택하고, 찬란한 태양을 선호해야 한다. 그렇지 않으면 상상력의 유희가 어두운 표상들 때문에 무거워지기 때문이다.

또한 도시에서의 산책과 시골에서의 산책을 교대로 해야만 한다. 둘 중 한 가지만 해서는 안 된다. 이 두 가지 산책의 본질은 똑같지만(그것의 인상을 구성하는 상상력의 자유로운 작용) 미덕은 다르기 때문이다. 공공장소의 산책길을 걷는다는 것은 인류의 다양성 및 우리 동류들의 행동에 대해 (정신에 대한 매혹인) 미세한 발견을 하도록 하는 소요逍遙를 전제로 한다. 개울들과 나무들을 벗 삼아 걷노라면 체계적인 자기 성찰의 완고함과는 거리가 멀지만 바로 그 사실 자체로 풍요한 몽상에 잠기게 된다. 그건 마치 영혼이 꽃과 지평선으로 이루어진 정경을 보며 기분이 즐거워져 스스로를 약간 잊고는, 보통 가면을 쓰고 있는 영혼의 얼굴들 가운데 일부를 영혼 자신의 눈에 드러내 보여주는 것과도 같다. 산책의 비밀이란, 다름 아닌 정신의 가용성인데, 무언가에 집중하여 늘 분주하고 고집에 사로잡혀 사는 우리 삶에서는 이 가용성을 갖기가 힘들다. 포기와 활동이 보기 드물게 합쳐져 가용성을 만들어내고, 산책을 하는 정신을 완전히 매혹시킨다. 영혼은 이 겉모습의 세계에서는 늘 한가하다. 누군가에게 보고를 해야 할 필요도 없고, 절대적으로 일관성을 가질 필요도 없다. 그리고 이 결과 없는 놀이에서 세계는 진지하고 체계적인 관찰자보다는 기이한 산책을 하는 산책자에게 자신을 더 많이 허락한다.

그렇지만 산책에서 얻는 모든 발견과 즐거움은 산책을 자유롭게 하는 사람에게만 주어진다. 산책이 제공하는 이 모든 발견과 즐거움이 마치 산책이 하나의 방법이라도 되는 듯 그것들 자체를 위해 추구되어서는 안 된다. 산책의 즐거움은 봄철의 태양이 부르면 자기 자신에게 약간의 자유 시간을 제공하기 위해 하던 일을 즐거운 마음으로 그만두는 사람에게만 자연적으로 제공될 것이다. 잠시나마 자신의 일을 제쳐두고 자신의 운명이 제멋대로 굴러가도록 내버려둔 채 가벼운 마음으로 외출해야 한다. 산책으로부터 어떤 특별한 이득을 얻어내겠다는 기대를 갖지 말고, 관심사와 근심거리를 전부 다 뒤에 남겨두어야만, 산책은 삶의 경쾌함과 영혼(그것 자체와, 그리고 세계와 자유롭게 일치하는 영혼)의 온화함을 다시 발견하는 그 무상적無償的이며 미적美的인 순간이 될 것이다.

산책의 기술과 더불어 기분을 전환시키는 기술도 중요하다. 이 같은 기분전환은 재창조가 될 수도 있다. 특히 도시에서 그렇다. 보통 우리는 빵을 산다거나 지하철역을 찾는다거나 장을 본다거나 친구를 만난다거나 등의 완전히 실질적인 이유로 길거리를 돌아다닌다. 그때의 길거리는 통로에 불과하다. 우리는 고개를 숙이고 걸으며, 유용하지만 하찮은 것만을 식별할 뿐이다. 아무것도 바라보지 않고 오직 나에게 쓸모 있는 것만을 알아보고 찾아낸다. 약국의 십자가 표시는 오른쪽으로 돌아가야 한다는 것을 내게 가르쳐주고, 넓은 갈색 출입구는 빵집이 모퉁이에 있다는 것을 상기시킨다. 이처럼 길거리는 희미하게 반짝이는 신호들의 조직이 된다. 그러나 내게는 그것의 정경이 보이지 않는다.

자신이 사는 동네를 산책하고, 불확실하고 주저하는 걸음으로 걸어 다니다, 드디어 눈을 든 채 천천히 그냥 자기 동네를 누비는 이 전례 없고 손쉬운 호사를 누려야 할 것이다. 바로 그때 놀라운 일이 일어난다. 달리지 않고 어떤 명확한 임무를 스스로에게 부여하지 않고 그냥 걷기만 하는데도, 도시가 그 도시를 처음으로 보는 사람에게 주는 느낌과 비슷하게 느껴지는 것이다. 특별히 그 어떤 것에도 주의를 기울이지 않으므로, 색깔과 세부, 형태, 외관 등 모든 것이 풍부하게 주어진다. 목적 없이 홀로 걷는 산책은 시각을 다시 발견하도록 해준다. 즉, 나는 덧문이 띠는 색깔을 보고, 벽에 어떤 색깔의 얼룩을 만들어놓는지를 보고, 길고 검은 격자창의 섬세한 아라베스크 무늬를 보고, 돌로 만든 기린처럼 길쭉한 집들과 뚱뚱한 거북이처럼 크면서도 납작한 집들의 기묘한 형태를 보고, 진열창들의 구성을 보고, 해 뜰 무렵에 걸을 때는 푸른색과 회색이 섞인 건물 정면과 주황색 창문들을 본다. 나는 이렇게 오랫동안 길거리들을 돌아다닌다.

# 20

# 공원

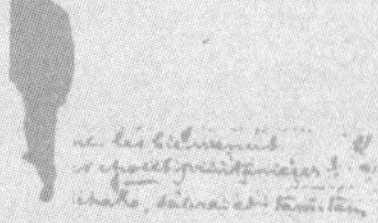

산책이 길거리나 시골의 본질을 드러내기보다는 사교계의 책략에 빠지는 상황이 있다. 여기서 나는 특히 남에게 보이기 위해 걷는 점잖고 우아한 산책에 대해 말하고자 한다. 파리에서 이 같은 산책을 상징하는 것은 의심의 여지 없이 튈르리 공원인데, 17세기의 극작가 피에르 코르네유Pierre Corneille는 《거짓말쟁이*Le Menteur*》에서 이 공원이 "사교계와 연애 사건의 나라"라고 썼다. 여기서 자연은 완전하게 길들어져 있다. 회양목 울타리는 가지런하게 잘려 있고, 통로는 직선으로 나 있으며, 나무들은 반듯하게 가지가 쳐져 있고, 인공으로 조성한 호수가 있으며, 관능적인 조각상들이 세워져 있다. 옛날에는 오직 상류사회 사람들만 이 공원에 드나들 수 있었고, 출입이 금지된 천민이나 '하인들'은 입구에서 욕을 하며 그들의 여주인들이 구애자들에게 아양을 떨고 나오기를 기다렸다. 하지만 옷을 잘 차려입은 젊은 여공들은 얼굴이 반반하거나 혹은 신분이 높은 남자와 함께 오면 드물게 출입이 허용되었다. 여름이 되면 사람들은 주황색과 자주색 반사광, 서서히 찾아오는 어둠의 감미로움, 그 수많은 발자국이 일으키는 먼지 속에서 밤늦게까지 머물러 있었다. 나무들은 슬픈 연인들이 칼로 새겨놓은 여인의 이름을 상처로 안고 있었다.

튈르리 공원에 가서

우리의 서글픈 공상을 계속해보세!

마르셀 포에트Marcel Poëte,

《튈르리 공원의 희극*La Comédie des Tuileries*》

그러므로 공원은 한창 아름다운 젊은 여성들, 애인을 구하러 나온 유부녀들이나 위안받아야 할 과부들을 위한 꿈의 장소였다. 왜냐하면 그곳은 남자라고는 남편 한 명밖에 없어서 죽을 만큼 권태로운 여성을 위한 장소였기 때문이다. 17세기의 작가이자 소설가 샤를 소렐Charles Sorel이 《폴리앙드르*Polyandre*》에서 지적하듯 정원의 발명은 바로 이런 요구에 부응한 산물이다.

재기발랄한 여성들 대부분은 뤽상부르 공원이나 튈르리 공원에서 산책하는 걸 좋아하는데, 이곳에 가면 새로운 남자들을 매일같이 쉽게 볼 수 있기 때문이다.

남편과 아내가 함께 이 공원에 가는 것은 정말이지 좋지 않은 취향이다.

정원의 주요 산책로를 천천히 걷다가 이따금 걸음을 멈추거나 포즈를 취하지만, 그것은 속도에 대한 정치적인 저항이 아니다. 무엇보다도 그것은 오직 느린 걸음만이 편하게 남자들 얼굴을 쳐다보고, 자신의 수단과 매력을 다른 사람들에게 보여주고, 자기가 얼마나 재기를 지녔는지를 짐작하도록 할 수 있기 때문이다. 겉모습에 세심하게 신경을 써야 한다(얼굴이 예쁘지 않으면 남자들이 거들떠보지도 않기 때문이다. 《퇼르리궁의 익살광대*Arlequin aux Tuileries*》에 나오는 "거기서 얼굴은 예술의 걸작, 자연은 아무런 역할도 하지 못한다네"라는 구절처럼 말이다). 그리고 동행을 선택한 다음(귀찮은 자들이 혹시 있을지도 모르는 구애자를 쫓아버리지 않도록 하기 위해) 뛰쳐나간다. 이것은 파리 여성의 승리다.

그들은 왜 산책을 하는가? 라브뤼에르*는 자신이 그 이유를 알고 있다고 믿었다. "아름다운 옷감을 보여주고 화장의 대가를 얻기 위해서"라는 것이다. 아름다운 여성이 지나가면 사람들은 황홀경에 빠져 중얼거린다. 그러나 그것은 사실 걷는 것이라기보다는 기교를 부린 발걸음이자 부자연스러운 균형 상태다. 그래서 한 하녀는 자신의 주인에게 이처럼 충고한다.

> 다른 예쁜 여자들처럼 여기서는 자연스러운 발걸음으로 걸으려 하지 말아야 해요. 예를 들어 아가씨는 저랑 함께 큰 산책로에 있어요. 신비롭게 보이기 위해 아무에게도 말하지 말고 제게만 말해야 하고, 쾌활한 것처럼 보이도록 하기 위해 아무 이유 없이 웃어야 하고, 언제 어느 때라도 일어나서 목구멍을 보여주어야 하고, 눈이 커 보이도록 동그랗

---

* Jean de La Bruyère(1645~1696). 프랑스의 부르주아 모럴리스트로서 귀족가의 교사였다. 그림을 그리고 글도 썼으며, 대표 저작으로 《성격론*Les Caractères de Théophraste*》이 있다.

게 떠야 하고, 입술은 물어뜯어서 붉게 보이도록 만들어야 한답니다.

《파리 산책*Les Promenades de Paris*》

그러므로 사람들이 자신의 모습을 보고 보이며, 판단하고 판단하도록 몰려드는 주 무대와도 같은 큰 산책로를 우선 구분해야 한다.

그곳은 사교계의 채석장.
해가 질 무렵이면 갈색 머리 여자와 금빛 머리 여자가
화려하게 차려입고 과시하러 온다.

바로 여기서 레이스와 옷감, 리본을 자랑한다.
산책하는 사람들이 모두 다 여기로 와서
자신들의 키와 얼굴을 경매에 부친다.
바로 여기서 사람들은 공개적으로 약속을 하고,
바로 여기서 모든 사람이 서로를 발견하고
바로 여기서 그들 모두가 서로를 비난한다.
왜냐하면 그들은 모두가 서로 닮았기 때문이다.

《파리 산책》

그러나 각각 그 자체의 특수성을 가진 작은 무대라고 할 수 있는 가로지르는 산책길이 있었다. 동쪽에는 일련의 벤치들이 있는데 사람들은 이것들이 '너무 편하다고 투덜거렸으며'(그것은 검열자들과 불평불만을 가진 자들의 길이다), 녹음에 더 많이 뒤덮인 다른 산책길들은 은밀한 약속 장소로 널리 알려져 있었다. 마지막으로 다른 몇 개의 완만하고 음산한 산책길은 우울증 환자들이 찾곤 했다.

무대의 증가는 튈르리 공원을 각자가 배우이자 관객인 희극 무대로 만들었다. 그곳에서는 마치 연극에서처럼 모든 유형의 인간을 볼 수 있었다. 정성을 다해 몸단장을 하고 교태를 부리는 여자, 우스꽝스러운 호색가, 이곳을 담당하는 거만한 사법관, 으스대는 경관, 이류 작가("나는 아무것도 아닌 것을 번지르르하게 부풀려 말하지만 실제로는 머릿속에 든 것도 없이 입에 발린 소리만 해대는 사람을 이류 작가라고 부른다."—〈여왕의 마당과 튈르리 공원, 생 베르나르 성문의 산책에 관한 새로운 사티로스극〉), 부르주아, 자존심이 강한 젊은이, 신학교 출신인 사람, 소문을 퍼트리는 '신문기자'(사람들은 그의 주변에 모여 최근의 거짓말에 대해 알아본다), 그리고 물론 몇몇 주정뱅이들이 있다. 라브뤼에르는 신문기자의 모습을 잘 묘사한다. "그는 분주히 뛰어다니기 위해 태어난 사람이다. 그는 도시에 떠돌아다니는 소문들과 이야기들을 알고 있다. 그는 아무 일도 하지 않고 단지 다른 사람들이 무얼 하는지 말하고 귀 기울일 뿐이다." 어쨌든 사람들은 각자 최대한 똑바로 선 채 많든 적든 자신의 부를 과시하고, 그것이 다른 사람에게 어떤 효과를 미치는지를 곁눈질로 살핀다. 가짜 장딴지를 하고 가짜 얼굴을 한 채 자신의 다이아몬드를 자랑하며 큰 소리로 이야기한다.

계속해서 돌아가는 회전목마에서 모두가 서로를 찾고, 서로를 무시하고, 서로를 평가하고, 표정을 짓느라 애쓴다(행복한 표정이든, 불행한 표정이든, 어쨌든 표정을 지어야만 한다). 시에도 나오는 것처럼 차이를 넘어서면 "그들은 모두가 다 비슷해 보인다". 말하자면 다시 한번 그들은 모두 서로에게 눈에 띌 정도로 예의를 차리지만 마음속으로는 서로를 경멸하고 멸시하는 것이다.

> 못생긴 남자는 삐딱하게 보고
> 애꾸눈은 당신을 조롱한다.
> 얼간이는 바보를 비웃고, 오쟁이진 남편은 사생아를 비웃는다.
> 여자들은 같이 온 남자를 비웃고 (……)
>
> 《파리 산책》

그리고 한꺼번에 쏟아지는 이 조롱들 속에서 음모가 꾸며진다. 서로 약속을 하고, 서로 다시 만난 척하고, 처음 보는 여인을 쫓아가고, 대화를 시작하고, 여자들은 장갑을 잃어버리고, 젊은 남자는 뛰어가 무릎을 꿇는다. 바로 이것이 '튈르리 공원의 시간'이다.

21

# 도시의 소요자

발터 벤야민

**발터 벤야민**Walter Bendix Schönflies Benjamin(1892~1940)

철학자이자 미학자, 문예비평가. 유대계 독일인으로 베를린에서 태어나 유복한 어린 시절을 보냈고 프라이부르크, 뮌헨 대학 등에서 철학, 독문학, 미술사를 공부했다. 박사 논문으로 〈독일 낭만주의에서의 예술 비평 개념〉을 썼고 번역가로도 활동했으며 사회주의에 관심을 갖고 마르크스주의자가 되었다. 교수 자격 논문 〈독일 비극의 근원〉을 프랑크푸르트 대학에 제출하려다 단념하고 27년간 파리에서 지냈다. '아우라Aura' 개념을 널리 알리며 현대매체미학의 선구적 역할을 한 〈기술복제시대의 예술작품〉을 비롯하여 대도시 파리의 아케이드를 소재로 자본주의와 모더니티의 근원에 대해 탐구한 미완의 대작《아케이드 프로젝트*Das Passagen-Werk*》 등을 남겼다. 나치에 쫓겨 스페인으로 향하던 중 피레네의 국경에서 스스로 목숨을 끊었다.

발터 벤야민은 자신의 파리 연구를 통하여 튈르리 공원의 바람기 다분한 산책자와는 거리가 먼 소요자逍遙者, 즉 한가로이 거리를 거니는 인물을 널리 알렸다. 벤야민은 《파리의 우울*Le Spleen de Paris*》, 《악의 꽃*Les Fleurs du Mal*》에 나오는 '파리의 묘사', 《현대적인 삶의 화가*Le Peintre de la vie moderne*》에 나오는 그림 등 샤를 보들레르Charles Baudelaire의 작품을 다시 읽으며 이 인물을 분석하고 묘사하고 포착했다. 소요는 도시와 군중, 자본주의라는 세 가지 요소를, 혹은 이 요소들의 중첩을 필요조건으로 한다.

소요자의 체험은 바로 걷기의 체험이다. 하지만 니체나 소로의 체험과는 거리가 멀다. 사실 도시를 걷는다는 것은 자연 속에서 오랫동안 걷는 것을 좋아하는 사람에게는 고통스러울 수도 있다. 나중에 보게 되겠지만, 그것이 충돌과 불규칙한 리듬을 전제로 하기 때문이다. 그래도 소요자는 걷는다. 계속해서 걸음을 멈추고 구경거리 앞에서 꼼짝 않고 서 있거나 진열장에 전시된 상품에 매혹당하는 단순한 구경꾼과는 다르다. 소요자는 걷는다. 그러다가 군중 속으로 슬그머니 미끄러져 들어가기도 한다.

소요는 19세기에 발달한 도시적 집중을, 시골을 조금도 보지 못하고 몇 시간 동안 걸을 수 있는 집중을 전제로 한다. 베를린, 런던, 파리 같은 새로운 거대 도시를 이렇게 걷다 보면 서로 분리된 완전히 별개의 동네를 여러 곳 통과하게 된다. 지역에 따라 집의 크기라든지 일반 건축술, 분위기, 들이마시는 공기, 생활 방식, 빛, 사회 유형 등 모든 것이 달라진다. 소요자는 도시가 하나의 풍경으로 변할 만큼의 규모가 되는 순간을 예상한다. 그는 마치 산을 넘듯 도시를 돌아다닌다. 산을 걸을 때와 마찬가지로 도시를 걸을 때도 언덕을 넘듯 아케이드를 통과한다. 전망이 바뀌기도 하고, 위험이 나타나기도 하고, 전혀 예상치 못한 일이 벌어지기도 하는 도시는 숲이 되고 정글이 된다.

소요하는 사람이 성숙해지도록 하는 데 알맞은 두 번째 요소는 군중이다. 소요자는 군중 속을, 군중을 뚫고 걷는다. 그가 함께 걸어가는 군중은 이미 분주히 움직이며 힘들게 일하는 익명의 무리다. 대규모 산업도시에서 일을 마치고 돌아오거나 일을 하러 가는 사람들은 비즈니스 미팅을 가거나, 소포를 배달하고자 서두르거나, 약속 장소로 향한다. 그들은 신문명의 대표자다. 군중은 군중을 구성하는 사람들 각자에게 적대적이다. 서로 빨리 가려 하기 때문에 타인은 자기 길을 가로막는 걸림돌이 된다. 군중은 타인을 즉시 경쟁자로 바꿔놓는다. 그것은 걷는 군중이 아니다. 시위와 파업을 벌이고, 단일한 요구를 하는 군중도 아니다. 웅장한 군중도 아니고, 활력이 넘치는 어마어마한 군중도 아니다. 이와 반대로, 각자는 그 속에서 모순되는 이익을 발견해내는데, 그것은 각자 이동하는 것의 가장 구체적인 수준에서 이루어진다. 거기서는 아무도 만나지 않는다. 낯선 얼굴들은 거의 항상 무감각해 보인다. 통계적으로 볼 때 그 얼굴의 주인공과 알고 지내게 될 가능성은 거의 없다. 도시에 나타난 이방인, 즉 처음 보는 얼굴이 불러일으키는 놀라움은 지난 몇 세기 동안의 공통된 체험이었다. 저 사람은 어디서 왔을까? 무얼 하러 온 것일까? 그러나 오늘날은 익명이 규칙이다. 알아본다는 것은 충격이다. 군중 속에서는 기본적인 만남의 코드들이 완전히 사라진다. 걸음을 멈추고 인사하거나 날씨에 대해 몇 마디 나누기란 불가능한 일이 되어버렸다.

파리의 파사주. 벤야민은 파리의 상점가 파사주(아케이드)를 모티브로 도시의 소요자와 소비 등 모더니티에 대해 연구하고자 했다

세 번째 요소는 자본주의다. 더 정확히 말해, 발터 벤야민에게 자본주의는 곧 상품의 지배를 의미한다. 자본주의는 공업제품을 넘어서서 예술작품과 사람들에게까지 그 존재 방식을 확대할 것이다. 세계의 상품화. 모든 것이 소비의 대상이 되고, 모든 것이 사고 팔리며, 모든 것이 무한한 수요가 있는 거대한 시장에서 제공된다. 보편화된 매춘의 지배, 즉 몸을 파는 것이다.

***

소요자는 전복적顚覆的이다. 그는 군중과 상품, 도시, 그리고 그것들의 가치를 전복시킨다. 드넓은 공간을 걷는 사람, 등에 배낭을 짊어진 일주 여행자는 결별의 광채와 부정의 단호함을 문명에 대립시킨다(비트 제너레이션의 케루악, 스나이더 등). 소요자의 걷는 행위는 그 의미가 더 불분명하고, 현대성에 대한 저항도 양면적이다. 전복이라는 것은 반대하는 것이 아니라 우회하고, 방향을 바꾸고, 변할 때까지 과장하고, 추월할 때까지 받아들이는 것이다.

소요자는 고독과 속도, 투기욕, 소비를 전복시킨다.

고독의 전복. 군중 속의 고독이 불러일으키는 결과에 대해서는 많은 사람이 기술했다. 낯선 얼굴들이 끊임없이 나타나고, 깊은 무관심 속에서 인간은 점점 더 고독해진다. 각자는 자신이 타인에게 이방인이라고 느끼고, 이 같은 감정의 확대는 강한 적대감을 불러일으켜 각자가 모든 사람의 먹이가 되도록 한다. 소요하는 사람은 이 익명성을 추구한다. 거기에 숨을 수 있기 때문이다. 그는 기계적인 군중 속에 잘 섞인다. 그러나 그것은 그 속에 자신을 숨기기 위해서다. 이때부터 그에게 익명성은 그를 짓누르는 속박이 아니라 즐거움을 느끼는 기회가 된다. 자신을 내면적으로 다스리기 시작한 뒤부터는 자기가 더한층 자기 자신이 된 것처럼 느끼는 것이다. 그리고 자신을 숨기고 있기 때문에 익명성을 속박이 아니라 하나의 기회로 느낀다. 그는 군중의 깊고 음울한 고독 속에서 관찰자와 시인의 고독을 파낸다. 그가 바라보는 것을 아는 사람은 아무도 없다! 그는 마치 군중의 주름과도 같다. 소요하는 사람은 빠져나와 있다. 이 결정적인 옮겨짐은 그를 배제하거나 멀리 떼어놓는 것이 아니라 그를 익명의 대중으로부터 분리해서 그가 자기 자신을 볼 수 있도록 만든다.

속도의 전복. 군중 속에서는 각자가 이중의 의미로 서두른다. 즉, 모두가 빨리 가고 싶어 하지만 방해를 받는 것이다. 소요하는 사람은 여기에, 혹은 저기에 갈 필요가 없다. 그래서 그는 빛의 광채에 걸음을 멈추고, 다른 사람들의 얼굴에 관심을 가지며, 교차로에서 걷는 속도를 늦춘다. 그러나 분주함의 속도에 저항하는 그의 느림은 최고의 민첩함, 즉 민첩한 정신의 조건이 된다. 왜냐하면 그는 심상을 재빨리 포착하기 때문이다. 급히 서두르는 행인은 육체의 빠른 속도를 정신의 우둔함과 결합한다. 그는 오직 빨리 가기만을 원하므로 그의 정신은 헛돌아가면서 단순히 간격을 계산하는 데만 몰두한다. 소요하는 사람은 자기 몸의 속도는 늦추지만 그의 두 눈은 빙글빙글 돌고, 그의 정신은 동시에 수많은 것에 점거당한다.

투기욕의 전복. 소요자는 주변의 생산성 지상주의와 그를 둘러싸고 있는 실리주의에 강력히 저항한다. 그는 완전히 무용한 존재이며, 그의 무위無爲는 그를 가장자리로 쫓아낸다. 그렇다고 해서 그가 영원토록 완전히 수동적이기만 한 것은 아니다. 그는 아무것도 하지 않지만 모든 것을 쫓고 관찰한다. 그의 정신은 늘 깨어 있다. 그는 재빨리 접촉과 충격을 받아들이면서 시적 심상들을 끊임없이 만들어낸다. 소요자가 아니라 하더라도 인간은 자기 자신의 길을 따라가고, 자기 자신의 고유한 현상들을 만들어낸다. 물론 그 누구도 사거리 다음에 무엇이 나타날지는 증명하지 못한다. 소요하는 사람은 광채와 마찰, 만남을 지각할 뿐이다.

소비의 전복. 군중이란 곧 상품이 되는 것의 체험이다. 군중에 의해 흔들리고 끌려가면서 나는 익명의 움직임에 제공된 제품에 불과하다. 나는 순환에 나 자신을 맡겨버린다. 군중 속에서는 항상 나의 몸을 속박하는 움직임과 나를 덮치려는 교통수단에 의해 소비된다는 느낌을 받는다. 나는 길거리에 의해, 대로大路에 의해 소비된다. 간판과 진열장은 오직 상품의 순환과 교환을 증가시키기 위해서만 존재한다. 소요객은 소비하지도 않고 소비되지도 않는다. 그는 이삭을 줍거나 심지어는 도둑질을 한다. 평원이나 산을 걷는 사람처럼 자기가 기울인 노력의 선물로 풍경을 받지는 않는다. 그러나 그는 있을 법하지 않은 만남들과 은밀한 순간들, 순간적인 일치들을 재빨리 포착한다. 그는 소비하지는 않지만 있을 법하지 않은 만남의 순간에 훔친 심상들의 보슬비가 자신에게 계속해서 떨어지도록 만든다.

그렇지만 소요자의 이 같은 시적 창조성은 아직은 애매모호한 단계에 머물러 있다. 발터 벤야민이 말했던 것처럼 그것은 "몽환적이다". 창조성은 도시의 잔혹함을 추월하여 일시적인 경이로움을 포착하고, 충격의 시정詩情을 탐색한다. 그러나 노동과 대중의 소외를 고발하기 위해 멈추지는 않는다. 소요자에게는 해야 할 일이 더 있다. 도시를 다시 신화화하고, 새로운 신들을 만들어내고, 펼쳐진 도시 전경의 시적 표면을 탐사해야 한다.

보들레르적 소요의 후계자들은 많다. 우리는 '우연'과 '밤'이라는 새로운 두 차원을 덧붙여 걷기의 기술을 풍요롭게 만들 초현실주의자들의 배회를 발견하게 될 것이다(루이 아라공*은 《파리의 농부*Le Paysan de Paris*》에서 뷔트-쇼몽 공원을 배회하고, 앙드레 브르통**은 《나자*Nadja*》에서 환각에 사로잡혀 사랑을 찾아 헤맨다). 또한 철학자 기 드보르Guy Debord의 이론화된 상황주의적 배회도 발견할 수 있다. 그는 차이들을 감각적으로 탐색했는데, 분위기가 자신을 변화시키도록 내버려두었다. 지금은 간판들의 획일화(사람들은 이것을 '사슬'이라고 부른다. 비꼬려는 것은 아니고, 똑같이 생긴 사슬 고리들이 산책자들을 집어삼켜 버린다는 의미에서다)와 자동차들의 공격적인 쇄도가 소요를 더 어렵고 덜 유쾌하고 덜 경이롭게 만든 것은 아닌지 의문을 제기한다. 의무적인 산책 공간이 많이 만들어졌지만, 이 공간들에는 상품을 사야 한다는 암묵적인 명령이 존재한다.

이 낭만적인 위대하고 영원한 산책자는 존재와 교감한다. 걷기는 신비적 결합 의식이었다. 걷는 사람은 위대한 존재의 현존을 목격하고, 어머니 같은 자연의 순결한 품에 안기는 것이다. 루소나 워즈워스***도

---

* Louis Aragon(1897~1982). 프랑스의 시인이자 작가. 다다이즘에 참여하고 초현실주의에 가담했으며 《파리의 농부》로 호평을 받았다. 1930년에 소련으로 가서 공산주의에 경도되었으며 제2차 세계대전 때에는 레지스탕스 운동에 참여하기도 했다.

** André Breton(1896~1966). 프랑스의 시인이자 평론가. 상상력을 인간의 최고 능력으로 본 그는 잡지 《문학*Littérature*》 등을 창간하고 세 차례에 걸쳐 '초현실주의 선언'을 발표하는 등 초현실주의 사상을 보급하는 데 힘썼다.

*** William Wordsworth(1770~1850). 영국의 낭만파 시인. 주로 서정적인 어조로 자연의 아름다움을 노래하는 전원시를 썼다.

이처럼 걷기를 신비로운 현존과 융합의 증거로 찬양한다. 워즈워스의 균형 잡힌 시나 루소의 음악적인 산문이 간직하고 있는 것은 바로 이 호흡의 깊이이자 리듬의 부드러움이다.

도시의 소요자는 존재의 충만함을 목격하는 것이 아니라 단지 여기저기서 가해지는 가시적인 충격을 받아들일 뿐이다. 걷는 사람은 융합의 심연 속에서 자신을 실현하고, 소요자는 끝없이 흩어지는 광채의 폭발 속에서 자신을 실현한다.

# 22

# 중력

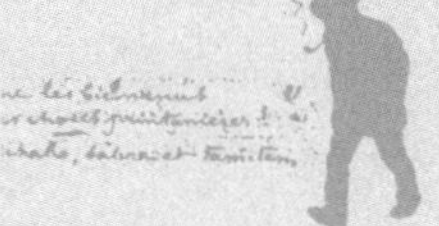

나는 이따금 극심한 피로 때문에 은총의 짧은 순간들을, 몸이 마치 바람에 휩쓸려 가는 한 장의 낙엽처럼 아무것도 느끼지 못한 채 앞으로 걸어나가는 그 짧은 도취의 순간들을 잊어버린다. 특히 아주 오래 걸어서 지독하게 피곤해지면, 느끼는 것을 불현듯 멈춰버린다. 그럴 경우 길이 똑바로 나 있고 너무 경사지지만 않으면 더 이상 길을 바라보지도 않고 더 이상 생각하지도 않는다. 그러면 의식이 하던 일을 두 발이 해낸다. 발은 디딜 만한 곳을 찾아내고 장애물을 피한다. 이제는 오직 완전한 포기의 길만 남아 있을 뿐이다. 지금까지는 꼭 꿈속에서 걷는 것처럼 걸어왔다. 그러나 더 이상은 그렇게 걷지 않는다. 걸음은 안정되고 더 빨라진다. 그러면서 더 이상 생각이라는 걸 하지 않기로 한다. 더 이상 아무것도 느끼지 않아 온몸은 깃털처럼 가벼워진다. 길이 두 다리를 들이마시고, 정신은 위에서 떠다닌다. 꽤 오랫동안 달려도 마치 자신의 달리기에 실려 가는 것처럼 경쾌하다는 느낌이 강하게 든다. '발을 내딛는' 순간, 때로는 길어질 수도 있는 이 순간이 지나고 나면 드디어 몸 전체가 숨을 고르고 두 발은 다시 앞으로 나아가라는 신호를 받는다. 그래서 그것은 마치 규칙적으로 되풀이되는 비상飛上 같기도 하다. 달리면서 받는 경쾌한 느낌은 걷기가 느려지는 순간의 느낌과 확연히 구분된다. 그것은 달리는 동안 근육이 완전하게 긴장하는 것을 느낄 때의 그 도취감이 아니라 피로와 점진적인 도취 상태로 도달하는 정신의 초연함에 가깝다. 달리기의 경쾌함이란 곧 피로해하지 않고 중력을 이겨내는 것이며, 육체야말로 최고의 존재라고 확인하는 것이다. 결국 두 발이 길에 딱 붙어 일체를 이룰 때 걷기의 부유浮游가 이루어지고, 피로해진 정신은 두 발의 피로에 반향反響하는 것을 잊어버린다.

거의 대부분의 경우에, 걸을 때는 항상 중력을 받는 느낌이 든다. 나는 지금 무겁고 둔중한 몸을 얘기하는 게 아니다. 물론 몸이 그런 상태가 될 수도 있다. 다음 숙소까지 아직도 여러 시간을 더 걸어야 하고, 길이 오르막이고, 한 걸음 내디딜 때마다 몸의 중량이 느껴지고, 정말이지 무릎에 쇳덩어리를 올려놓은 것 같은 느낌이 들 때는 그럴 수도 있다. 그러나 나는 오히려 숨김없이 드러난 저 무한한 나날들을 통과하는 것들을 표현하고 싶다. 한 걸음 내디딜 때마다 느껴지는 밀착감, 끊임없이 땅에 내려놓는 두 발, 매 순간의 발 누르기, 다시 몸을 일으키기 위해 반복해야 하는 착지. 다시 떠나기 위해서는 매번 뿌리를 박아야 한다. 땅을 얼싸안는 이 행위를 되풀이해야만 한다. 한 걸음 한 걸음은 그만큼의 매듭을 새로 만들어낸다. 걷는 것보다 더 확실하게 시골 사람이 되는 방법은 없다. 땅바닥의 한없는 단조로움.

나는 사무실에서 키보드를 두드리며 살아가는 순수한 정착민들을 생각한다. 그들은 키보드를 손가락으로 톡톡 두드린다. 그들 말에 따르면, 접속되어 있는 것이다. 무엇에 접속되어 있다는 것인가? 시시

각각 바뀌는 다양한 정보에, 다량 유통되는 이미지와 숫자에, 도표와 일람표에 접속되어 있다. 일을 마치고 나면 지하철과 기차를 탄다. 여전히 속도를 따진다. 시선은 휴대전화 화면에 고정되어 있다. 화면을 살짝 터치하면 메시지들과 이미지들이 줄지어 지나간다. 빛이 사라지고 어둠이 내린다. 이번에는 텔레비전을 본다. 또 다른 화면이 등장한다. 먼지를 일으키지도 않고 접촉도 하지 않는 그들은 도대체 어떤 차원에 사는 것인가. 기복 없는 곳에 사는 그들은 도대체 어떤 공간에서 사는 것인가. 태양도 비도 중요하지 않게 생각하는 그들이 사는 시간은 어떤 것인가. 이처럼 오솔길과 도로에서 멀리 떨어져 살다 보면 우리의 상황을 잊게 된다. 계절과 시간은 전혀 마모되지 않는 것처럼 보이는 것이다.

한 도인은 말했다. "지면 위의 두 발은 공간을 거의 차지하지 않는다. 그러나 우리는 두 발이 차지하지 않는 공간 전체를 걸을 수 있다." 이 말은 우선 한자리에 가만있지 않는다는 것을 뜻한다. 꼼짝 않고 서서 누군가를 기다리고 있는 사람을 보라. 그는 얼마 지나지 않아 발을 구르고 제자리걸음을 하다가 금세 발이 저리는 걸 느낀다. 그는 두 팔을 어떻게 처리해야 할지를 몰라 앞뒤로 살짝 흔들거나 몸에 딱 붙이고 있다. 불안정한 균형 상태를 유지하고 있는 것이다. 그러나 이 사람은 걷기 시작하자마자 안정된 균형 상태를 되찾는다. 자연이 펼쳐지고 실현되며, 존재의 태엽이 느슨해진다. 그러면 율동이 다시 시작된다. 발이 균형을 제대로 유지한다.

장자莊子는 "발은 그 자체로서 공간의 작은 부분에 속하지만 임무

('걷는 것')는 이 세계의 공간을 연결하는 것"이라고 말했다. 발의 치수, 두 다리의 간격은 자리를 차지하지 않으며, 그 어디에도 포함되지 않는다. 우리의 두 발은 차지해야 하는 것이 아니라 그냥 폭만 재보면 되는 자리만을 가진 컴퍼스를 만든다. 그러나 그것들은 그 밖의 모든 것을 측정한다. 성큼성큼 걷는 두 다리의 간격은 상당한 넓이에 해당한다.

결국 '내가 앞으로 가야 할 길이 나를 걷게 한다'는 말은 분명히 도교의 공백과 연관되어 있다. 이때 공백은 아무 의미 없는 무無가 아니라 순수한 잠재성이며, 영감과 유희(말의 생명력을 만들어내는 문자들과 소리들 간의 유희)를 창조해내는 것이다. 이렇게 걸으면 공간의 깊이가 유기적으로 구성되고 풍경이 살아난다.

나는 마지막으로, 많은 활동과 운동에서 얻는 즐거움은 속도와 고양高揚, 도약, 수직적인 초월을 부추기는 것에 의해 중력을 위반하는 데서, 중력에 대해 승리를 거두는 데서 비롯된다는 말을 하고 싶다. 이와 반대로, 걷는다는 것은 한 걸음 내디딜 때마다 중력, 즉 끌어당기는 땅의 힘을 체험하는 것을 의미한다. 뛰기에서 휴식으로의 이행은 격렬하게 이루어진다. 허리가 끊어질 것 같고, 얼마 안 있으면 땀이 비 오듯 쏟아지며, 얼굴이 벌겋게 달아오른다. 몸이 삐거덕거리고 더 이상 숨쉬기가 힘들어지면 뛰는 걸 멈춘다. 반대로 걷다가 멈춰 선다는 것은 꼭 자연 속에서 수행하는 것과도 같다. 즉, 새로운 전망을 받아들이고 풍경을 들이마시기 위해 멈춰 서는 것이다. 그러고 나서 다시 길을 떠나도 단절은 이루어지지 않는다. 걷기와 휴식 사이에는 일종의 연속성이 존재한다. 중력을 위반하는 것이 아니라 실현하기 때문이다.

그러므로 걷기는 우리의 유한성(거친 욕구로 인해 무거워진 육체, 결정적인 땅에 못 박히듯 고정된 육체)을 끊임없이 상기시킨다. 걷는다는 것, 그것은 자신을 고양시키거나 중력을 속이거나 속도나 고양에 의해 언젠가는 죽어야 하는 자신의 조건에 환상을 품는 것이 아니라, 지면의 단단함과 육체의 허약함을 깨닫고 땅에 발을 내딛는 느린 동작으로 자신을 드러냄으로써 자신의 조건을 실현하는 것이다. 걷는다는 것, 그것은 곧 모든 것을 체념한 뒤 몸을 숙이고 걷는 바로 그 육체가 되는 것이다. 그러나 놀라운 것은, 이 같은 더딘 체념과 엄청난 피곤함이 우리에게 존재의 즐거움을 안겨준다는 사실이다. 천근만근 무거운 우리의 육체는 마치 뿌리를 내리려는 것처럼 땅에 떨어진다. 걷는다는 것은 곧 서서 죽으라는 권유다.

# 23

# 기본적인 것

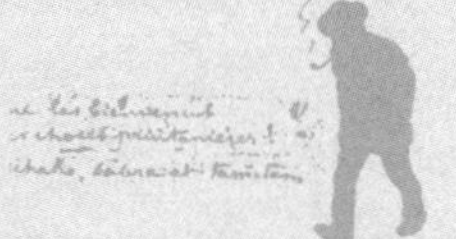

며칠 이상, 그러니까 1주일 이상 걷기 위해 떠나려고 배낭을 꾸릴 때마다 항상 같은 의문이 든다. 이게 꼭 필요할까? 물론 이건 무게의 문제다. 설사 편안함과 관련한 수사修辭들을 열거할 수 있다 하더라도, 배낭에 너무 많은 걸 집어넣으면 걷기가 악몽으로 변할 수도 있기 때문이다. 그렇기에 다시 의문이 든다. 이게 꼭 필요할까? 왜냐하면 최대한 줄여야 하기 때문이다. 약과 세면도구, 옷가지, 먹을거리, 침구는 불필요한 것은 들어내고 쓸모없는 것은 덜어내야 한다는 강박관념을 늘 불러일으킨다. 걷는 데 필요한 것만을, 살아가는 데 필요한 것만을 들고 가야 한다. 걸을 때 무엇이 필요할까? 추위와 배고픔으로부터 자신을 지켜줄 것이 필요하다. 시간을 죽이려고 여행을 할 때 흔히 가져가는 것들 중에서 걸을 때 필요한 것은 단 하나도 없다.

소로는 이렇게 썼다. "시간을 죽이면 그 즉시 영원성이 훼손된다." 시간을 죽이려고 걷는 게 아니라 한 걸음 한 걸음 내디디면서 그것을 맞아들이려고, 그것에 꼭 꽃잎처럼 달린 초秒들을 하나씩 떼어내려고 걷는 것이다. 시간을 죽이고, 권태를 잠시 잊게 하고, 몸과 마음을 즐겁게 하고, 일을 하도록 하고, 하루하루를 채우고, 믿게 하는 모든 것은 정말이지 너무나 무겁다. 가져가는 것과 남겨두는 것을 구별하면, 결과에 대한 염려도, 겉모습에 대한 고려도, 심지어는 안락함이나 스타일에 대한 참작도, 그리고 사회적 타산도 이루어지지 않을 것이다. 중요한 건 오직 무게와 효율성 사이의 어떤 관계뿐이다. 걸으면서 필요한 건 오직 필수품밖에 없다. 걷는다는 것, 그것은 곧 사회적 술책을 닦아내고(사회적 외형이 용해되어버린다) 덜어내고 치워버린, 쓸데없는 것을 제거하고 가면을 벗어던진 삶을 산다는 것을 의미한다.

필요한 것은 유용한 것의 아래 수준에 자리 잡는다. 유용한 것, 그것은 곧 행동의 힘을 강화하고 결과의 생산을 증가시키며 능력을 증대시키는 것이다. 유용하지 않은 것, 필요하지 않은 것이란 곧 다른 사람들의 평가나 그 자신의 허영에 맡겨져 있는 모든 것이다.

유용한 것 바로 밑에 필요한 것이 있다.* 그것은 다른 것으로 대치할 수 없는 것, 고려하지 않을 수 없는 것, 대용으로 쓸 수 없는 것이다. 필요한 것을 가지고 있지 않다면 동결과 중단, 고통으로 그 즉시 대가가 치러진다. 튼튼한 신발, 몸을 보호해주는 옷이나 갈아입을 옷, 식량, 약품, 지도……. 단지 유용하기만 한 것은 나뭇가지(말뚝, 막대기, 지팡이)나 풀(냅킨, 방석) 등 자연에서 등가물을 발견할 수 있다.

마지막 수준, 그것은 기본적인 것이다. 그것은 거의 전도顚倒에 가깝다. 내가 세벤 지방의 어느 산기슭에 있었을 때가 기억난다. 산꼭

---

* 여기서 필요한 것과 기본적인 것의 구분은 견유학자들에 대해 이루어진 구분과 일치하지 않는다. 견유학자들이 중요하게 생각한 것은 이 두 가지 개념이 따로따로 작용하도록 하고, 특히 이 각각의 개념이 어떻게 해서 고전적인 이원성, 즉 외관과 본질, 유용한 것과 무용한 것을 나타나게 하는지를 보여주는 일이다. 여기서는 기본적인 것을 필요한 것과 유용한 것의 초월로 생각해야 한다(지은이).

대기까지는 아직 예닐곱 시간을 더 걸어 올라가야만 했다. 날씨는 계속해서 맑았고, 밤에도 여전히 무더웠다. 그 순간 나는 결정을 내렸다. 배낭을 나무의 움푹 들어간 곳에 처박아두기로 한 것이다. 더 이상 아무것도 없었다. 어깨 위에도, 호주머니 속에도. 이렇게 이틀을 아무것도 없이 걸었다. 필요한 것까지도 비워버려 엄청나게 가벼워진 이 첫 느낌. 최소한의 것도 없었다. 전혀 아무것도 없었다. 그 이후로 나와 하늘, 나와 땅 사이에는 더 이상 아무것도 없었다(두 손을 모아 손바닥에 담은 차가운 개울물, 산딸기와 월귤나무 열매, 잠자는 땅의 부드러움).

기본적인 것은 현존의 충만함으로 드러난다. 필요한 것은 또한 유용한 것과 구분된다. 기본적인 것은 더 이상 대조되지 않는다. 아무것도 가지지 않은 사람에게는 그것이 전부이기 때문이다. 기본적인 것, 그것은 최초의 시원적始原的 단계인데, 여간해서는 이 단계가 얼마나 견고한지 느낄 수가 없다. 왜냐하면 어느 순간에 필요한 것을 벗어던진 사람에게 그 순수함 속에서 자신을 주기 때문이다. 걷기는 이따금, 그리고 순간순간 그것을 느끼게 한다. 다른 식으로 그런 상태에 도달하려면 격렬하고 위험하며 극단적인 대화가 필요하다.

여기서는 자신감과 신뢰를 구분해야 할 것이다. 자신감이 우리에게 주어지는 것은, 맞서기 위해 필요한 것들을, 즉 악천후와 다양한 오솔길, 샘의 부재, 밤의 차가움 등에 맞서는 데 필요한 것들을 갖고 있다는 사실을 알고 있기 때문이다. 그때 우리는 우리 자신이 가지고 있는 장비와 경험, 예측 능력에 의지할 수 있다는 것을 느낀다. 상황을 제어하는 것은 기술적 인간의 자신감이다. 빈틈이 없어야 하고 책임감을 갖춰야 한다.

심지어는 필수품조차 없이 걷는다는 것은 자신을 자연 요소에 맡긴다는 것이다. 이렇게 하고 나면 더 이상 아무것도 중요하지 않다. 더 이상 계산도 필요 없고, 자신감도 필요 없다. 그 대신 이 세계의 관대함에 대한 완전하고도 충만한 신뢰가 생겨난다. 돌들과 하늘, 땅, 나무들. 우리에게는 이 모든 것들이 보조자가 되고 자연이 준 선물이 되고 무궁무진한 도움이 된다. 이 모든 것에 자신을 맡기면 마음을 가득 채워주는 어떤 생소한 신뢰감을 얻게 된다. 이런 신뢰감은 타자에게 자신을 완전히 의존하도록 만들고, 자신을 지켜야 한다는 근심에서까지도 벗어나게 하기 때문이다. 기본적인 것, 그것은 곧 우리가 거기에 우리 자신을 맡겨버리는 것이고, 우리에게 절대적으로 주어지는 것이다. 그러나 그 견실함을 느끼기 위해서는 위험을, 필수품 없이 사는 위험을 감수해야 한다.

24

# 신비론과 정치

## 모한다스 카람찬드 간디

우리는 결코 돌아서지 않을 것이다.

간디, 1930년 3월 10일

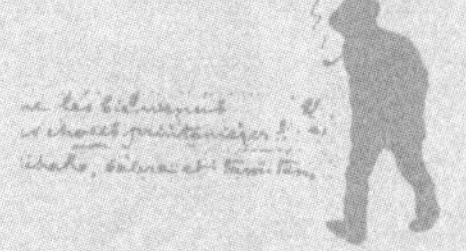

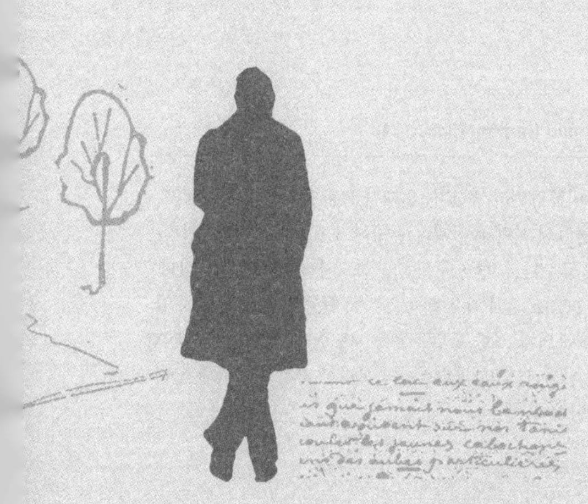

**모한다스 카람찬드 간디**Mohandas Karamchand Gandhi(1869~1948)

20세기 인도의 정치가이자 민족운동 지도자, 비폭력주의 제창자. '위대한 영혼'을 의미하는 '마하트마Mahatma'라고도 불린다. 영국의 지배를 받았던 서벵골 구자라트 주의 포르반다르에서 태어난 그는 영국 유학을 떠나 런던 대학에서 법률을 공부한 후 변호사 활동을 하고자 남아프리카에 갔다. 거기서 행해지는 인종 차별에 큰 충격을 받고는 인도인의 자유 획득을 위해 활동했고, 1915년에 인도로 돌아와 무저항 · 불복종 · 비폭력 · 비협력주의에 의한 독립운동을 지도했다. 제2차 세계대전이 끝난 후에는 힌두교와 이슬람교의 화합을 위해, 인도와 파키스탄의 분리를 저지하기 위해 노력하다가 1948년 힌두교 광신도 청년에게 암살당했다.

1920년 12월에 간디는 만일 자기가 영국의 통치에서 벗어나기 위해 그려놓은 길을 모두가 따른다면 '그다음 해'에 인도가 독립할 것이라고 예언했다. 모든 활동 영역으로 비협조를 확대시키고, 시민불복종운동을 점진적으로 확산시키고, 경제 자치를 더 큰 규모로 추구하고, 특히 이런 저항운동에 필연적으로 동반되는 모든 탄압에 비폭력으로 대응해야 한다는 것이었다. 간디는 이렇게 예언하고 난 다음 인도 전역을 돌아다니며 전통적인 방법으로 베를 짜야 한다고 역설하고, 축제 때는 환희의 불을 피워 수입된 직물을 불태웠다.

그러나 영국인들은 꿈쩍도 하지 않았고, 이 '위대한 영혼(마하트마)'의 섣부른 예언은 수많은 사람이 체포되는 결과를 낳았다. 하지만 시민불복종운동은 순조롭게 퍼져 나갔고, 곳곳에서 사람들은 주류 판매점 앞에서 파업 푯말 들고 있기, 수입된 직물 사지 않기, 법원의 소환에 응하지 않기 등의 지시를 따랐다. 그러나 결국은 폭력사태가 발생했다. 시위자들을 죽음으로 몰아간 경찰과 대치하던 농민들은 분노하여 경찰 막사에 불을 질렀고, 그 안에 피신해 있던 스무 명가량의 경찰이 산 채로 불에 타 죽었다. 간디는 1919년 암리차르 시市에서 일어난 학살 사건 이후에 했던 것처럼 반응했다. 그는 다시 한번 불복종운동을 중단했던 것이다. 그리고 경찰들의 죽음에 대한 책임을 자신이 지는 동시에 폭력을 행사한 자들의 죄의식을 일깨우기 위해 단식을 한다(그는 평생 수도 없는 단식을 하게 된다).

10년이 지나고 나서 1930년 1월에 간디는 다시 대영제국에 맞서기로 결심하고 비협력운동을 시작했다. (지난 10년 동안 간디는 감옥에 갇혀 있다 출소했으며, 불가촉천민에 대한 배척을 반대하기 위해 인도 전역을 오랫동안 여행했고, 기본적인 위생 조치를 널리 보급하기도 했다.) 간디는 처음과는 달리 이번에는 비협력운동에 어떻게 몰두할지를, 이 운동을 어떻게 시작할지를, 복종하지 않겠다는 뜻을 어떻게 차분하면서도 최대한 공개적으로 표명할지를 알지 못했다. 1월 18일, 그는 자신을 찾은 위대한 시인 라빈드라나트 타고르Rabindranath Tagore에게 이렇게 고백했다. "어둠만이 저를 둘러싸고 있을 뿐, 빛이 보이지 않아요."

잠시 후 그의 '작은 목소리'(간디는 타고르를 이렇게 불렀다)가 이렇게 말했다. "걸으라. 바다까지 걸으라. 그리고 거기서 소금을 긁어모으라." 간디는 새로운 '사티아그라하satyagraha'를, 즉 소금 행진을 시작하기로 결심했다.* 직관은 두 가지로 이루어졌다. 더욱 급진적인 저항의 서곡으로서 소금세를 비난하는 한편, 이 같은 비난의 형태를 거대한 걷기 행렬로 연출한 것이었다. 실제로 소금을 수확하는 독점권을 영국인들이 갖고 있어서, 권리를 갖지 않은 사람은 거래를 할

---

* 나중에 보게 되겠지만, '진실의 힘'이라고 번역할 수 있을 이 표현은 결단 속에서 시작되고 모든 폭력을 미리 거부하는 집단행동을 가리킨다(지은이).

대영제국의 소금세에 맞서기 위한 소금 행진을 이끄는 간디

수 없었다. 심지어는 자신이 쓸 목적으로 소금을 캘 수도 없었다. 천연소금광산이 인도인의 마을 근처에 있어서 그들이 개인적 용도로 소금을 캘 가능성이 있다 싶으면 아예 광산을 파괴해버릴 정도였다. 바다가 공짜로 주는 선물인 소금은 비록 보잘것없어 보이지만 반드시 필요한 식품이었다. 소금세가 얼마나 부당한지는 즉시 느껴졌고, 얼마나 파렴치한 것인지 비난하기 위해서는 이 세금에 대해 말하는 것만으로도 충분했다. 두 번째 천재적인 아이디어는 천천히 걸어서 (사바르마티 아쉬람*에서 잘라푸르 인근의 바닷가에 있는 단디 염전까

* Sabarmati ashram. 이 용어는 간디의 생각에 충실한 규율들과 원칙들을 중심으로 만들어진 공동체 조직들을 가리킨다. 간디는 이 공동체들을 만들어서 그 안에서 일하는 한편, 추종자들을 양성했다(지은이).

지) 해안에 도달하는 것이었다.

간디는 걷기의 정신적·정치적 가치를 이미 오래전부터 깨닫고 있었다. 그는 젊은 시절 런던에서 공부할 때부터 법과대학 강의를 들으러 가거나 채식 식당을 찾으러 이미 매일 규칙적으로 7킬로미터에서 15킬로미터까지 걷고는 했다. 간디에게 이 같은 걷기는, 그가 인도를 떠날 때 어머니와 한 세 가지 약속(여자, 술, 고기를 멀리하는 것)을 다시 한번 다짐하고, 그 약속의 굳건함을 느끼며 약속을 잘 지켜나가고 있는 자신을 자랑스럽게 여길 수 있는 기회였다. 간디는 다른 사람과 자기 자신에게 하는 맹세에 대해, 즉 어떠어떠한 일이나 행동을 하지 않겠다는 엄숙한 약속에 대해 큰 중요성을 부여했다. 그는 맹세나 약속 자체를 결정적인 것으로 여겼다. 그리고 언제나 자신을 통제하면서 자제력을 키워나갔다. 걷다 보면 자신과 확고한 관계를, 무한한 자기 관찰의 범주에 속하는 것이 아니라(이 무한한 자기 관찰은 소파에 길게 드러눕는 자세를 좋아한다) 면밀한 성찰의 범주에 속하는 관계를 맺을 수 있게 된다.

우리는 걸으면서 자기 자신과 결산을 한다. 자신을 바로잡고, 자신에게 말을 걸고, 자신을 평가하는 것이다. 나중에 간디는 남아프리카에서 변호사로 일할 때도 계속 걸었는데, 예를 들면 톨스토이 농장에서 요하네스버그까지 34킬로미터 거리를 정기적으로 걸었다. 그러나 간디는 나탈에서 투쟁하면서 걷기의 정치적 차원을 다시 한번 체험했다. 억압 조치나 과중한 세금에 복종하는 남아프리카 인도인들의 권리를 옹호하던 그는 1913년 공공 공간을 점유하기 위해 단순히 시위를 벌이는 대신 며칠 동안 걷는 것을 택했다. 폭력을 사용하지 않고 끝까지 저항하면서 체포될 수 있는 방법을 찾아낸다는 것이 그의 생각이었다. 간디는 한 지방에서 다른 지방까지(나탈 지방에서 트란스바알 지방까지) 걷기로 결심했지만 대규모의 집단적이고 평온한 불복종운동을 일으키기 위해, 의무적으로 소지해야 하는 통행증을 불태웠다. 그리하여 1913년 10월 13일 간디는 수많은 군중을 이끌고 맨 앞에서 걸었다. 2,000명이 넘는 사람들이 빵과 설탕만 조금씩 먹으며 맨발로 걸었다. 걷기는 1주일 동안 계속되었다. 얼마 지나지 않아 간디가 체포당하자 5만 명에 달하는 인도인들이 파업을 선언했다. 스무츠Jan Christian Smuts 장군은 어쩔 수 없이 협상을 해야만 했고, 인도인에게 유리한 협정을 간디와 맺었다.

1930년 2월, 이제 환갑의 나이가 된 간디는 소금 행진 계획을 세운다. 그것은 집단 서사시라고 부를 만한 극적인 계획이었다. 간디는 믿을 만한 핵심 활동가들을 자기 주변으로 모았다. 간디가 교육한 그들은 내부적으로 규율이 잘 잡혀 있으며 기꺼이 자신을 희생할 준비가 되어 있는 사티아그라히satyagrahi들이었다. 선발된 78명의 활동가가 행진에 참여하기로 예정되었다. 그중에서 가장 나이가 어린 사람이 열여섯 살이었다. 3월 11일, 간디는 저녁기도를 마치고 나서 수천 명의 군중 앞에서 연설했다. 그는 만일 자기가 체포된다 하더라도 차분하고 평화롭게 불복종운동을 계속해줄 것을 모두에게 부탁했다. 다음 날 아침 6시 30분, 그는 걸을 때 항상 들고 다니는 긴 막대기(쇠를 씌운 대나무)를 손에 쥐고 그와 똑같이 손으로 짠 흰색 면 옷을 입은 추종자들에게 둘러싸여 길을 떠났다. 출발할 때만 해도 그들의 숫자는 80명이 채 안 되었다. 그러나 그들의 행렬은 44일 뒤에는 수천 명으로 늘어나 바닷가에 도착하게 될 것이다.

하루가 지나고 이틀이 지나면서 하나의 리듬이 형성되었다. 즉, 아침 6시에 일어나 기도를 올리고 명상을 하며 노래를 부르는 것이었다. 그런 다음 세수를 하고 가벼운 식사를 마친 뒤 행렬은 걷기 시작했다. 그들이 통과하는 마을마다 축제 분위기였다. 마을 사람들은 행진하는 사람들의 발이 덜 아프도록 길에 물을 뿌리고 나뭇잎과 꽃을 깔아두었다. 간디가 걸음을 멈추고 차분한 태도로 연설할 때마다 사람들은 이제 더 이상 수입품을 사지 않을 것이라고 다짐했으며, 대영제국을 대리하는 지역 책임자인 경우에는 그 자리에서 사표를 내는 등 대영제국에 대한 적극적인 협력을 거부하겠다고 맹세했다. 그리고 특히 도발에 일절 반응하지 않고, 비 오듯 쏟아질 주먹질을 감내할 각오를 하고, 체포하려고 하면 저항하지 않고 그냥 가만있겠다고 했다. 행진은 어마어마한 성공을 거두었다. 외국 신문기자들이 매일같이 행진 대열을 따라다니며 전 세계에 소식을 알렸다. 인도 총독은 기자들의 질문에 제대로 대답하지 못하고 쩔쩔맸다. 하루 일정은 언제나 똑같았다. 아침에는 기도하고, 낮에는 걷고, 저녁에는 베를 짜고, 밤에는 일기를 썼다. 행진을 시작하고 나서 한 달 반이 더 지난 4월 5일, 간디는 드디어 바닷가에 있는 단디에 도착하여 추종자들과 함께 밤새 기도를 올렸다. 그는 아침 8시 30분에 넓은 바다로 나가 목욕재계를 한 다음 바닷가로 돌아와 거기 모인 수많은 사람들

앞에서 그들에게 금지된 행동을 했다. 그는 천천히 허리를 숙여 소금 한 조각을 주웠다. 그동안 시인 사로지니 나이두*는 소리쳤다. "늘 건강하세요, 해방자시여!"

이 거대한 행진의 아이디어와 실현에는 간디의 확신과 연결된 여러 가지의 영적 차원이 느껴진다.

걷기의 느림에서는 우선 속도에 대한 거부가 존재하며, 이를 통해 기계와 가속화되는 소비, 맹목적인 생산제일주의에 대한 마하트마의 경계심이 표현된다. 1909년 11월, 런던에서 남아프리카로 가는 배 안에서 쓴 글에서 간디는 현대문명을 비난한다. 이 글은 비폭력의 변호인 동시에 전통의 옹호와 느림의 찬양으로도 보인다. 간디에게 있어 진짜 대립은 서양과 동양 사이에 존재하지 않는다. 그것은 오히려 속도와 기계, 힘의 축적으로 이루어지는 문명과 계승과 기도, 육체노동으로 이루어지는 문명 사이에 존재한다. 그렇다고 해서 이것은 무기력한 전통과 활기찬 정복 가운데 택일하라는 것을 의미하지는 않는다. 이것은 오히려 옛날의 에너지와 변화의 에너지 중 하나를 선택하라는 얘기다. 간디가 볼 때는 보수적인 반혁신주의와 모험적인 대담함 사이에서 선택하는 것이 아니라 조용한 힘과 영원한 동요 사이, 은은한 빛과 눈부신 빛 사이에서 선택하는 것이다.

간디는 이 평온한 에너지가 모성적이고 여성적이라고 생각했다.

---

* Sarojini Naidu(1879~1949). 인도의 시인이자 사회운동가. 대영제국에 맞선 민족운동과 여성해방운동에 참여했으며 인도국민회의 최초 여성의장으로 일하는 등 정치가로도 활동했다.

수백 년 동안 전통사회에서 느린 걷기는 여성들의 속성이었다. 여성들은 멀리 떨어져 있는 샘으로 물을 길러 가거나, 길을 걸어 식물이나 약초를 채집하러 가곤 했다. 남성들은 사냥을 할 때처럼 기습공격을 하고 별안간 빠른 속도로 달리는 등 힘을 거칠게 쏟아붓는 것을 더 좋아했다. 간디가 생각하는 걷기는 인내가 필요한 느린 에너지다. 걷는 동안에는 눈부신 활동이나 뛰어난 공로, 공적에서 멀어진다. 걷기는 간디가 좋아하는 겸허함 속에서 이루어진다. 즉, 우리가 얼마나 약한 존재인가를 상기하는 것이다. 걷는다는 것, 그것은 곧 가난한 자의 상황이다. 그렇지만 겸허함이 정확히 빈궁함을 의미하는 것은 아니다. 그것은 우리의 유한성을 확실하게 인정하는 것이다. 우리는 아는 게 아무것도 없고, 할 수 있는 게 아무것도 없다. 우리가 알고 있는 거라고 해봤자 진리의 여신이 보면 아무것도 아니고, 우리가 할 수 있는 거라고 해봤자 힘의 여신이 보면 아무것도 아니라는 것이다. 그래서 이렇게 자신의 유한성을 인정하면 우리는 우리의 진짜 자리가 어디인지를 알 수 있게 된다. 자리를 잡을 수 있게 되는 것이다. 걷는 동안에는 모든 기구와 모든 기계, 모든 매개물로부터 멀어져 땅에서 살아가야 하는 인간 본연으로 되돌아가 인간이 타고나는 본질인 청빈함을 다시금 구현한다. 그러므로 겸허함은 창피한 것이 아니다. 겸허한 사람은 우쭐해하지도 않고 자만하지도 않는다. 겸허함은 우리로 하여금 오히려 우리의 진정한 모습에 접근할 수 있도록 해줄 것이다. 그래서 걷는 동안에는 자랑스러운 무엇인가가 계속해서 존재한다. 즉, 우리는 당당하게 서 있는 것이다. 간디에게 있어 겸허함은 인간으로서의 존엄성을 표현한다.

걷기는 그가 무소유(아파리그라하aparigraha)의 길로 접어들면서 평생 동안 추구하는 간소화의 성격을 띠기도 한다. 완벽한 젠틀맨에서 윈스턴 처칠Winston Churchill이 비웃었던 '웃통 벗은 수행자'에 이르기까지 간디는 의복과 거처, 음식, 교통수단 등 모든 생활수준에서 이 궁핍을 계속 추구한다. 런던에서는 프록코트와 앞이 겹쳐진 조끼, 줄무늬 바지 차림을 하고 둥근 은장식이 달린 지팡이를 자랑스럽게 들고 다녔던 그가 자신의 외양을 서서히 간소화시켜 말년에는 손으로 직접 짠 흰색 면 옷만을 입었다. 남아프리카에서 그는 요하네스버그의 안락한 아파트를 떠나 공동농장에 살면서 집안일에 적극적으로 참여했다. 얼마 지나지 않아 그는 3등 열차를 타고 여행을 하기 시작했으며, 말년에는 신선한 과일과 호두만 먹고 살았다. 이 같은 생활의 간소화는 그로 하여금 본질적인 것에 더 빨리, 더 똑바로, 더 확실히 접근할 수 있도록 해주었다. 걷기는 완벽한 간소화를 가능하게 한다. 한 발을 다른 발 앞에 내딛기만 하면 앞으로 나아갈 수 있다. 이 간소함은 정치적 목표도 가지게 한다. 간디는 "자신에게 꼭 필요한 것보다 더 많이 가지는 것은 곧 자신의 이웃을 착취하는 것이다"라고 비난한다.

공연히 혼잡하게 하고 거추장스럽게 하고 방해할 수 있는 모든 것을 치워버려야만 한다. 걷기는 자율이라는 이상을 고무시킨다. 우리는 간디가 평생 인도인들의 가내수공업과 각 지방에서의 상품 생산에 얼마나 높은 가치를 부여했는지를 잘 알고 있다. 그는 물레의 가치를 다시 높여놓았으며, 매일 손으로 베 짜는 것을 의무로 삼았다. 자신의 두 손을 사용하여 일하는 것, 그것은 곧 타인을 착취하기를 거부한다는 뜻이다. 걷기는 '스와데시swadeshi'라는 단어 속에 포함된 두 가지 이상을 그 자체로써 실현한다. 간디는 영국산 직물과 알코올, 공장제품을 보이콧할 것을 인도인들에게 호소하기 위해 이 단어를 자주 사용했다. 스와데시는 '가까움'과 '자급자족'을 동시에 의미한다. 걷다 보면 일상생활을 하는 사람들과 접촉하게 된다. 사람들이 일하고 있는 밭을 따라 걸어가거나, 그들이 사는 집 앞을 지나간다. 그러면 걸음을 멈추고 얘기를 나눈다. 걷는다는 것, 그것은 곧 이해를 하고 자신이 가까이 있다고 느끼기 위한 적당한 리듬이다. 한편, 앞으로 걸어나가기 위해서는 오직 자기 자신에게만 의지한다. 타당하기만 하다면, 그것은 걷는 사람을 움직이는 유일한 의지이며, 그 뒤로 걷는 사람은 오직 자기 자신의 명령만을 기다린다. 기계도 연료도 필요하지 않다. 이런 것들이 없어도 걸을 수 있기 때문에 더더욱 그렇다. 간디는 1930년의 오랜 행진에서 이미 그것을 체험했는데, 이때 390킬로미터 이상을 걷고 난 그는 출발했을 때보다 더 행복해하며 목적지에 도착했다.

간디는 걷기의 움직임에서 꿋꿋하고 참을성 있게 잘 참아내는 차원을 찬미한다. 이 차원은 매우 기본적이다. 왜냐하면 걷기는 완만하지만 지속적인 노력을 필요로 하기 때문이다. 자신이 벌이려는 투쟁 방식을 특징짓기 위해 간디는 남아프리카에서 한 정치집회가 열렸던 당시에 자신의 행동 양식을 널리 알릴 수 있는 '사티아그라하satyagraha'라는 단어를 만들어냈다. 사티아그라하란 힘의 개념인 동시에 진리의 개념이며, 마치 단단한 바위와 결합되듯 참된 것과 결합되는 개념이다. 걷기는 결단력을, 즉 단호함과 의지를 필요로 한다. 간디는 몇 년에 걸쳐 투쟁을 벌이며 여기저기에 설립한 공동체 조직에서 추종자들을 격려하고 교육시킬 수 있었다. 사티아그라하가 가지는 주요한 힘은 자제력이다. 누가 자기를 때려도 앙갚음하지 않고, 부당하게 체포당해도 저항하지 않으며, 모욕과 굴욕을 당해도 반응을 보이지 않는 것이다. 이 같은 자제력은 이중적이어서, 울컥 치밀어 오르는 분노와 폭발하는 무력감이나 절망감을 모두 동시에 다스릴 수 있다는 것을 의미한다. 늘 온화하고 한결같고 차분하고 자기 자신을 믿어야 하며, 진리에 대해서도 그렇게 해야 한다. 걷기는 분노를 진정시킨다. 분노를 순화시키는 것이다. 사티아그라히들이 바다에 도착했을 때 그들의 분개에서는 일체의 증오와 분노가 사라졌다. 분개는 법을 지키지 않겠다는 결연한 의지로 바뀐다. 법이 심하게 부당하고 편파적이어서 그것에 복종하지 않는 것은 기도를 할 때처럼 평안하고 단호해야만 완수할 수 있는 의무가 되었기 때문이다.

이 완벽한 자제력은 모든 존재에 대한 완전한 사랑과 비폭력('아힘사ahimsa')을 가능하게 하는 조건이다. 여기서 우리는 간디 사상의 핵심에 도달한다. 간디에게 비폭력은 수동적인 거부도 아니고, 무감각한 체념도 아니며, 복종도 아니다. 그것은 위엄과 자제, 단호함, 겸허함, 힘 등 구분이 가능했던 모든 차원을 묶어 오직 한 단어로 표시한다. 비폭력은 단순히 힘을 거부하는 것이 아니다. 그것은 오히려 육체적 힘에 영혼의 힘만을 대립시키는 것이라고 말할 수 있다. 간디는 주먹질이 비 오듯 퍼부어지고 폭력이 훨씬 더 심해지더라도 저항하지 말라고 얘기하는 것이 아니다. 그는 이와 반대로 얘기한다. 가능한 한 오랫동안 곧은 자세를 유지하며 마음을 다해 저항하라. 위엄을 결코 잃지 마라. 공격성을 표출하지 마라. 폭력과 증오의 공동체 안에서 때리는 자와 맞는 자 사이에 평등함과 상호성이 자리 잡도록 만들 수 있는 감정을 일체 표출하지 마라. 그냥 그대를 때리는 자에게 깊은 연민을 표하라. 관계는 모든 면에서 불균형해야 한다. 한쪽에는 맹목적이고 육체적이며 증오 어린 분노가 있고, 또 다른 쪽에는 사랑이 부여하는 영적靈的 힘이 있다. 잘 버티면 관계가 역전될 것이고, 육체적 힘은 그것을 사용하여 난폭한 짐승이 된 자를 타락시킨다. 반면에 모든 인간들은 땅바닥에 쓰러져 있는 자를 일으키고, 남들이 그를 깎아내리려고 할 때 그를 순수한 인간으로 드높인다. 비폭력은 폭력을 부끄럽게 만든다. 자신의 순수한 인간성과 올곧은 위엄을 신체적 폭력에 대립시키는 사람을 계속 때리면 결국 때리는 사람은 자신의 명예와 영혼을 잃게 된다.

1930년 5월에 사티아그라히들이 국민의 이름으로 제염소를 소유하기 위해 걷기 시작했던 무시무시한 다라사나Dharasana 행진이 그랬다. 간디는 총독에게 편지를 보내 이 행진과 자신의 목적에 대해 알리면서 소금세를 폐지하기만 하면 이 행진 계획을 취소할 것이라고 말했다. 그러나 간디는 체포당해 그 자신이 계획했던 염전의 평화적 점유에는 참여할 수가 없었다. 끝 부분에 쇠를 입힌 무거운 몽둥이를 든 경찰 400명이 염전에서 기다리고 있었다. 사티아그라히들은 해산하라는 명령을 거부하고 천천히 앞으로 걸어나갔다. 경찰들 가까이에 도착해서도 그들은 눈썹 하나 까딱하지 않고 무시무시한 몽둥이질을 당하다가 털썩 쓰러졌다. 그러자 뒤에서 걷던 사티아그라히들이 즉시 그들의 뒤를 이었고, 이들 역시 몽둥이질을 당해 땅바닥에 주저앉았다. 사티아그라히들이 어깨가 부러지고 머리가 깨져나가는데도 팔로 자기 몸을 방어하지도 않고 그대로 몽둥이질을 당하는 바람에 그 광경은 더욱더 참혹했다. 그러자 경찰들은 한층 더 사나워져서 결국에는 땅에 쓰러져 있던 사람들에게까지 죽도록 몽둥이질을 해댔다. 이 끔찍한 살육 광경을 목격한 유나이티드 프레스 통신사 소속의 미국인 기자 웹 밀러Webb Miller는 사티아그라히들이 "단호하고 당당한 걸음으로" 묵묵히 걸어나가다가 쓰러졌다고 말했다. 그것은 오직 몽둥이로 후려치는 소리와 뼈가 탈구되는 소리, 그리고 어렴풋한 신음만 들려오는 비장한 침묵의 세계였다. 부상자는 수백 명에 달했다.

그러나 1930년의 이 행진이 남긴 정치적 이익은 애초의 기대에도, 이 행동의 위대함에도 미치지 못했다. 1931년 3월 영국인 인도 총독 어윈Lord Irwin과 맺은 간디-어윈 협정은 최소한의 양보로 그쳤으며, 그해 9월 런던에서 열린 회담에 간디도 참석했지만 결정적인 진척은 이루어지지 않았다. 1939년 세계대전이 발발했을 때도 인도는 여전히 종속국으로 남아 있었다. 독립은 1947년 8월이 되어서야 인도와 파키스탄의 분리라는 대가를 치르고 이루어졌는데, 오직 통일과 우애 속에서의 자유를 희망했던 간디에게 그것은 최악의 해결책이었다.

간디는 평생을 걷고 또 걸었다. 그는 자기가 이 걷는 습관 덕분에 탁월한 건강을 유지한다고 말하곤 했다. 그는 끝까지 걸었다. 그의 말년에는 꿈이 실현되기도 하고 좌절되기도 했다. 비유적으로 표현하자면, 마음의 고통 속에서 자유를 누렸다고 할 수 있다. 1940년대 말, 영국이 인도 식민지를 포기할 각오를 진지하게 하고 있다는 소식이 알려졌다. 그러자 그때까지만 해도 영국인들이 이 나라를 효율적으로 지배하기 위해 철저히 억눌러 잠복하고 있던 공동체 간의 갈등이 폭발하고 말았다. 얼마 지나지 않아 갈등은 힌두교도와 이슬람교도, 시크sikh교도 간의 믿을 수 없을 만큼 잔혹한 살육이라는 형태로 나타났다.

1946년 겨울, 순례자의 지팡이를 다시 집어 든 간디는 증오로 갈기갈기 찢긴 지역(벵골 지방과 비하르 지방)을 걷기로 결심했다. 이 마을 저 마을 걸어 돌아다니면서 주민들에게 말을 하고 모두를 위해 기도하며, 잃어버린 사랑과 우애를 회복시키려고 했다. 1946년 11월 7일부터 1947년 3월 2일까지 그는 계속 걸어서 수십 개의 마을을 지나갔다. 그는 걸었다. 궁핍한 사람들에게는 평화가 반드시 필요하다는 사실을 받아들이도록 해야 했기 때문이다. 그는 매일 새벽 4시에 일어나 글을 읽고 썼다. 면 옷을 직접 짰고, 모든 사람이 함께 할 수 있는 기도를 했으며, 힌두교 성전과 이슬람교 성전을 함께 암송하면서 이 두 종교가 함께 평화를 추구한다는 사실을 보여주었다.

그리고 다시 걸었다. 타고르의 빼어난 시를 암송하며 매일 아침 출발했다.

혼자 걸으라.
그들이 그대의 호소에 귀 기울이지 않아도 혼자 걸으라.
그들이 두려워 겁먹은 표정을 지으며 벽 쪽으로 돌아서더라도.

오, 그대여. 전조가 불길하더라도
그대의 마음을 활짝 열고 혼자서 말하라.
사막을 횡단하는 곳에서 그들이 당신을 혼자 내버려두고
목적지를 바꾸어도.

오, 그대여. 전조가 불길하더라도
가시나무를 밟으며 걸으라.
피로 얼룩진 길을 혼자 걸으라.

1947년 9월, '콜카타의 기적'이 일어났다. 간디가 모습을 나타내고 단식을 하겠다는 결심을 한 것만으로 이 도시에 큰 피해를 주었던 증오의 불길이 꺼진 것이다. 같은 해 8월에 독립이 선포되었고, 인도와 파키스탄이 분리되면서 공동체들 사이에 잔혹한 폭력 사태가 재연되었다.

간디는 1948년 1월 30일, 한 힌두교 광신도에게 암살당했다.

일흔일곱 살이 다된 이 나이 든 인물이 한 손에 순례자용 지팡이를 들고 조카딸의 어깨에 몸을 의지한 채 이 마을에서 저 마을로 이 학살 현장에서 저 학살 현장으로 걸어 다니던 모습은 지금도 많은 사람들의 뇌리에 남아 있다. 그는 꼭 극빈자처럼 옷을 입고 오직 자신의 믿음 하나에 의지하며 이 세상에 절대적으로 필요한 것은 사랑이라고, 증오는 지독하게 비인간적인 것이라고 역설했다. 그리고 끝없이 이어지는 느리고 겸허한 걷기의 영원한 평화를 이 세계의 폭력과 대립시켰다.

지칠 줄 모르는 간디의 동반자로서, 해방된 인도의 첫 위대한 지도자가 된 자와할랄 네루Jawaharlal Nehru 역시 간디의 이런 모습을 간직한다. 그는 간디에 대해 생각할 때마다 특히 소금 행진을 떠올린다.

> 늘 환히 웃고 있었지만 동시에 한없는 슬픔이 담긴 호수를 연상시키기도 했던 눈을 가진 이 인물의 수많은 모습들이 뇌리에 떠오른다. 그러나 그 모습들 중 가장 의미심장한 것은 바로 그가 1930년의 소금 행진 때 지팡이를 들고 단디를 향해 걷기 시작하던 모습이다. 그는 아무런 두려움 없이 진리를 찾아 떠나는 조용하고 평화롭고 단호한 순례자였다.
>
> 자와할랄 네루, 《지켜진 약속》

25

# 반복

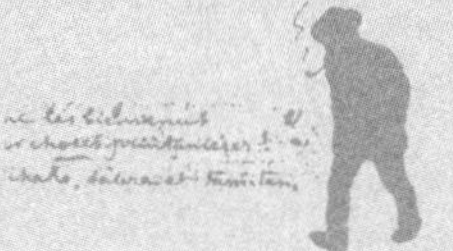

걷기는 활기 없고 반복적이고 단조롭다. 이건 정말 사실이다. 하지만 바로 이런 이유로 결코 지루하지가 않다. 사람들 말대로 단조로움은 권태로움에 맞서도록 해야 한다. 권태로움은 계획의 부재, 전망의 부재다. 할 일이 없어 자기 주변을 뱅뱅 도는 것이다. 기다리기는 한다. 그러나 분명한 무언가를 기다리는 것은 아니다. 비어 있는 시간의 영원히 정지된 차원만을 기다림으로부터 받아들이는 것이다. 권태로운 육체는 누웠다가 다시 일어났다가 두 팔로 허공을 휘저었다가 두 다리를 한 방향에서 다른 방향으로 내뻗었다가 별안간 멈추었다가 다시 출발하여 재차 몸을 움직인다. 육체는 매 순간을 메우려고 필사적으로 애쓴다. 권태, 그것은 부동성에 대한 공허한 저항이다. 할 일도 없고, 무슨 일인가를 하려고 애쓰지도 않는다. 권태로우면 자기 자신에 대해 절망한다. 모든 것은 순식간에 진력난다. 왜냐하면 개인행동의 결과이기 때문이다. 단절은 외부로부터 이루어지게 될 것이다. 그때 우리는 자신이 품고 있는 욕망이 얼마나 보잘것없는지를 깨닫고 견디기 힘들어한다. 권태, 그것은 매 순간 되풀이되는 불만족이며, 시작하는 것에 대한 싫증이다. 무슨 일이건 시작하자마자 바로 지겨워진다. 시작하는 사람이 바로 나 자신이기 때문이다.

걷기는 지루하지 않다. 그냥 단조로울 뿐이다. 우리는 걸어서 어디인가에 간다. 규칙적인 걸음으로 계속 움직인다. 걷기에는 규칙성과 리드미컬한 운동성이 존재하기에 공허한 동요(꼼짝하지 않고 있는 육체 속에서 동그라미를 그리며 도는 영혼)로 유지되는 권태로움이 거기 끼어들 여지가 없다. 그래서 수도사들은 영혼을 좀먹어 들어가는 잠복성 병인 '아세디아acedia'를 치유하기 위해서는 산책을 해야 한다고 역설했다. 그러므로 어떤 목표를 정해놓고 앞으로 걸어나가는 걷기를 우울한 방황과 구분해야 한다.

미셸 드 몽테뉴*는 자신의 '산책'에 대해 말하길, 사유를 자극하고 더 깊이 성찰하고 더 심오한 것을 창작하기 위해서, 정신은 단련되어 있는 몸을 이용해야 한다고 했다.

> 만일 내가 나의 사유를 앉혀놓으면 그것은 잠을 잔다. 나의 정신은 마치 두 다리로부터 위협이라도 받은 듯 절대 자기 혼자 가지 않는다.
>
> 몽테뉴, 《수상록*Essais*》 제3권

그러므로 생각이 막힐 때는 사무실에 그냥 앉아 있어봤자 아무 소용이 없다. 의자에서 일어나 몇 걸음 걸어야 한다. 자신을 움직여 육체의 도약으로부터 자극받아 다시 사유를 시작하고 싶다면 걸으라.

여기서 완벽한 작동의 역학이 작용한다. 걷는다는 건 곧 움직이기

---

* Michel de Montaigne(1533~1592). 르네상스 시기에 활동한 프랑스의 사상가이자 문필가, 모럴리스트. 종교에 대한 관용을 지지하고 인간 중심의 도덕을 제창했다. 자기 자신과 삶에 대한 성찰을 담은 대표작《수상록》을 통해 인간 존중을 바탕으로 한 관용 정신을 설파했다.

시작하는 것이다. 걷기 시작하고 나면 규칙성이 몸을 흔들도록 만들고, 흔들림은 다시 운문시를 쓰는 데 도움을 준다. 즉 리듬에 몸을 맡기고, 나누어진 운각韻脚 속에 자리 잡는 것이다. 영국의 낭만주의 시인 워즈워스가 그 대표적인 예다. 그의 누이동생에게 워즈워스가 어디서 일하느냐고 물으면 그녀는 대충 정원 쪽을 가리키며 말한다. "저기가 오빠 사무실이에요." 실제로 워즈워스는 걸으면서 긴 서정시들을 썼다. 중얼거리며 이리저리 서성거리면서 몸의 리듬을 이용하여 시행을 찾아내는 것이었다.

워즈워스는 걷기의 역사에서 반드시 고려해야 하는 인물로, 많은 학자가 그를 진정한 의미에서 긴 산책의 원조로 간주한다. 걷기라는 것이 아직 서커스단원들이나 행상들, 가난한 사람들, 떠돌이들, 혹은 노상강도들만의 행위였던 시대인 18세기 말에 처음으로 시적 행위와 자연과의 소통, 육체의 성숙, 풍경의 감상으로서 걷기를 시작한 사람이 바로 워즈워스이다. 미국의 저널리스트이자 소설가 크리스토퍼 몰리Christopher Morley는 그에 대해 "두 다리를 철학을 위해 사용한 최초의 인물이다"라고 썼다. 워즈워스는 영국에서는 호수 지역을 탐사했으며, 걸어서 프랑스를 두루 돌아다니고 알프스 산맥을 넘었다. 그는 이 모든 산책을 시의 소재로 삼았다. 그의 엄청나게 긴 자전적 시 〈서곡The Prelude〉은 그를 유년기에서 장년기로 데려가는 걷기, 프랑스와 이탈리아로 이어지는 도로로 떠밀어낸 걷기, 그리고 마지막으로 마치 망치질을 하듯 규칙적이고 낭랑한 소리를 내며 단어들을 두들겨 시를 빚어내는 걷기 등 세 가지 걷기의 중첩으로 소개되기까지 한다.

> 그래서 나는 그 조용한 오솔길을 걸었네.
> 내 몸은 평온 속에서 마셨지.
> 잠의 고요함과도 같은 재생을
> 그러나 훨씬 더 푸근한. 내 위와 앞, 뒤,
> 그리고 내 주변의 모든 것은 평화와 고독.

워즈워스가 그 당시 직면해야만 했던 몰이해, 심지어 적대감은 걷기와 산책 사이에 존재하는 차이를 이해하게 한다. 사람들은 성에 딸린 넓은 공원에서 하는 산책을 자신과 다른 사람들을 구분 짓게 해주는 행위로 규정했다. 복잡하게 얽혀 있는 오솔길과 은밀히 통하는 작은 숲, 기적을 만들어내는 갈림길이 있는 영국식 공원에서 사람들은 숨기도 하고 서로 만나기도 한다. 그것은 왕복과 계속되는 휴식으로 이루어지며 재치 있는 대화와 익살스러운 행동, 멋 부린 말의 주고받음, 속내 이야기로 점철되는 가벼운 걷기다. 산책은 유혹의 기술을 발휘하는 장소다. 특히 밭으로 노동력을 팔러 가는 날품팔이꾼이나 자신의 불행과 행운을 끌고 텅 빈 오솔길을 따라가는 집 없는 떠돌이의 걷기와는 정확히 반대된다. 정원 오솔길에서는 거의 걷지 않는다. 춤을 출 뿐이다.

워즈워스는 필요해서가 아니라 오직 자신의 즐거움을 위해 마치 가난한 사람처럼 길로 들어섰다. 그는 이 같은 체험을 '부유함'이라고 불러 모든 사람을 깜짝 놀라게 만든다. 그의 시는 이 거대한 문화적 창조물(오랜 산책, 풍경의 아름다움)을 넘어서서 규칙적이고 소박하며 단조로운 걷기의 리듬을 무한히 담고 있다. 그것은 마치 파도소리처럼 권태로움을 불러일으키지 않고 고통을 가라앉혀준다.

역시 걷기를 좋아했던 또 다른 시인 샤를 페기*는 훨씬 나중에 이 주목할 만한 단조로움을 그의 시에서 다시 발견한다. 이 시인은 1912년 장티푸스에 걸린 아들 피에르의 치료를 위해 샤르트르 성당을 순례할 때 길을 따라 걸으며 쓴 장시 〈샤르트르 성모聖母에게 보스 지방을 바치는 시Présentation de la Beauce à Notre-Dame de Chartres〉에서 이렇게 쓴다.

> 우리, 두 손을 주머니에 갖다 붙이고 앞으로 걸어나가자
> 도구도, 잡동사니도, 말도 없이
> 서두르거나 의지하지 않고 늘 한결같은 걸음으로
> 내가 지금 있는 들판에서 가장 가까운 들판을 향해
> 당신들은 우리가 걷는 걸 보네, 우리는 조무래기들
> 우리는 동시에 한 걸음으로만 앞으로 나아간다네.

아주 오랫동안 걷다 보면 읊조리는 듯 단조로운 시가 절로 입가에

---

* Charles Péguy(1873~1914). 프랑스의 시인이자 사상가, 평론가. 드레퓌스 사건 때에는 드레퓌스파로서 싸웠고 사회정의와 애국심을 촉구했다. 실증주의를 비판하고 휴머니즘을 옹호한 그는 제1차 세계대전에 참전하여 전사했다.

떠오른다. 시편詩篇은 본래 순례자의 것이며, 길을 걷는 사람의 것이다. 그것은 유배의 비탄과, 영원한 이방인("예루살렘이여, 만일 내가 널 잊는다면…….")의 슬픔을 노래한다. 그것은 또 상승의 찬송가("나는 눈을 들어 산들을 올려다보네. 신의 구원은 어디에서 올까?")에서처럼 약속의 땅에 대한 노력과 희망을 말한다.

시편은 그 의미를 이해하기 위해 특별히 애쓰는 것을 요하지 않는다. 시편은 발음되고, 말해지고, 노래 불리고, 실현되어야 한다. 그것은 무엇보다도 몸 안에서 구체화해야 한다. 구체화하는 것은 공동체 안에서 여러 차례 노래하다 보면 더 잘 느낄 수 있다. 인도에서는 지금도 판다르푸르에 걸어서 갈 때 투카람Tukārām 시편을 부르는데, 1698년 인도의 최하층 계급인 수드라 계급으로 태어난("나 투카람은 비천한 계급으로 태어나 책 같은 건 아예 읽어보지도 못했다") 이 마라트 족 출신의 문맹자 투카람은 언덕에서 자신의 신을 만났고, 얼마 지나지 않아 시를 지어 읊었는데, 그가 글을 쓸 줄 몰랐기 때문에 주변의 제자들이 그 시를 받아 적었다. 그 이후로 힌두교 순례자들은 글을 읽을 줄 모르는 이 시인이 쓴 시편을 길 위에서 노래한다.

> 신이시여, 저는 판다르푸르로 가는 길 위의
> 작은 조약돌, 큰 돌, 혹은 먼지에 불과합니다.
> 성자들이 발로 밟고 가는!

걷다 보면 시 한 편이, 길을 걸어가는 발걸음 소리처럼 단순한 단어들이 자연스럽고 무의식적이며 반복적으로 입가에 떠오른다. 우리는 시편을 "번갈아가며 함께 부르며" 걷기의 울림을 다시 발견할 수 있을 것이다. 그럴 경우 한 무리는 한 절을 단 하나의 음으로 노래하고 다른 무리는 거기에 화답한다. 이런 식으로 같이 부르다 보면 번갈아가며 노래하고 듣는 것이 가능해지고, 특히 암브로시우스 성인이 바다의 소리와 비교한 반복과 교대의 효과를 낳는다. 암브로시우스 성인은 "파도가 해안에 밀려와 부드럽게 부서지면 그 소리의 규칙성은 침묵을 깨트릴 뿐만 아니라 그 침묵에 리듬을 붙이고, 그것이 귀에 들리게 한다. 그리하여 시편 영창은 번갈아가며 이루어지는 응답을 통해 영혼을 행복하고 평온하게 만든다"라고 말한다. 밀물과 썰물처럼 반복되는 노래는 걷는 동안 교차하는 다리의 움직임과 흡사하다. 그리고 여기서는 세계의 현존을 부서뜨리는 대신 그것에 리듬을 붙이고 그것이 느껴지도록 해야 한다. 시인 폴 클로델Paul Claudel은 소리를 통해 침묵에 접근할 수 있고, 그래야 침묵이 유용해진다고 말한다. 그렇다면 걷기를 통해 존재에 접근할 수 있고, 그래야 존재가 유용해진다고 말해야 할 것이다.

걷기에서는 이처럼 똑같은 것의 반복이 지니는 그 엄청난 힘을 발견하게 된다. 걷다 보면 몸이 진동하면서 어떤 믿음이 운율로 만들어지는 시편이 탄생한다. 이 반복의 힘은 다른 곳에, 즉 기도의 형태 속에 존재한다. 여기서 나는 특히 동방정교회의 영성에서 '마음의 필로칼리'*라고 부르는 것을 생각한다. 그것은 오직 몇 개의 단어로만 이루어진 완전히 기본적인 기도("하나님의 아들이신 주 예수 그리스도시여, 죄악에 빠진 저를 불쌍히 여기소서")를 단순히 반복하는 실천 행위다. 매분 그리고 매시간 기도를 되풀이하고, 기도문을 분명히 말하는 것으로 자신의 하루를 채워야 한다. 이때 호흡을 엄격히 제어해야 한다. 마음속으로 되풀이하는 문장의 첫 번째 절반 부분("하나님의 아들이신 주 예수 그리스도시여")은 들숨과 일치하도록 하고, 두 번째 절반 부분("죄악에 빠진 저를 불쌍히 여기소서")은 날숨과 일치하도록 해야 이 반복 행위가 강화된다.**

이 반복 행위가 추구하는 목표는 어떤 집중 상태에 도달하는 것이다(오직 한 가지만 해야 한다면, 단 하나의 문장만을 반복해야 한다). 그러나 그것은 지적인 집중은 아니다. 정신이 긴장하는 것이 아니라 존재 전체가 오직 기도문의 암송에만 몰두하는 것이다. (이때는 몸 전체가 숨을 쉬고 중얼거리며, 모든 감각들이 서로 응답하고, 모든 정신적 능력이 이 기도문의 내용에 대해 깊이 생각한다.) 이것은 동방정교회 사제들이 "정신을 마음속으로 다시 가져간다"라고 부르는 것이다. 분산과 방심, 탕진은 크나큰 위험으로, 그들에게는 곧 신을 잊어버리는 것과 마찬가지다. 몸을 지치게 하는 일을 하거나 상상력을 자극하는 놀이를 할 때, 또는 명상이 무상無償의 사변思辨으로 변할 때도 신을 잊어버린다. 매우 간절하고 소박한 마음의 기도를 반복하면 모든 자기 상실을 뛰어넘어 우리의 내적 왕국을 다시 발견할 수 있다

---

* 그리스어로 '아름다운 것에 대한 사랑'을 가리키며, 미가 참이나 선과 섞이는 것을 의미한다.

** 이 호흡법은 형이상학적 가치를 지닌다. 들숨은 능력의 통일을, 날숨은 필요한 정신적 진정을 의미하기 때문이다(지은이).

고 동방정교회 사제들은 말한다. 마음은 곧 통합점이다. 왜냐하면 마음은 육신의 유혹이나 정신의 일탈을 거역하는 현존의 출구이자 에너지이기 때문이다. 오직 하나의 의미만을 가지는 단문장의 반복을 통해 영혼은 거짓된 사유의 풍부함을 완전히 버리고 단 하나의 의미 내용만을 마음속으로 반복하는 데 몰두한다.

집중, 단일성, 절제. 오직 짧은 문장 하나만 꾸준히 반복하면 된다. "하나님의 아들이신 주 예수 그리스도시여, 죄악에 빠진 저를 불쌍히 여기소서." 몇 분 뒤, 몇 시간 뒤에는 더 이상 인간이 기도를 하는 것이 아니라 인간이 기도가 된다. 그는 이제 더 이상 그리스도에게 계속해서 기원만 하지는 않는다. 끔찍한 불편, 같은 문장을 되풀이하느라 숨이 찬 정신의 포화 상태, 입술을 움직이느라 힘들어진 입에 이어서 어느 한순간 신성화된 갑작스러움 속에서 순수한 평온(저 유명한 헤시키아hesychia)이 서서히 찾아온다. 반복은 마치 심장이 뛰는 것처럼 무의식적이며, 노력 없이도 아주 잘 이루어진다. 그리고 수도사는 끝없이 이어지는 무한한 중얼거림 속에서, 기도의 무한한 호흡 속에서 완전한 안전을 발견한다. 게다가 단조로운 걸음걸이로 반복되는 걷기를 하다 보면 문득 절대적으로 평온해지는 순간이 존재한다. 더 이상 아무 생각이 나지 않고, 그 어떤 걱정거리도 우리를 불안하게 하지 않는다. 오직 우리와 함께하는 규칙적인 움직임만이 존재한다. 아니, 우리는 조용하게 반복되는 발걸음 그 자체가 된다.

신부들은 마음의 기도를 하기 위해서는 꼼짝하지 않고 앉아 있어야 하고, 턱을 가슴에 바짝 갖다 대야 하며(예를 들자면 의疑시메온이

나 시나이 사람 그레고리우스 등이 이런 자세를 요구했다), 몇 시간 동안 몰입하여 오직 한 문장만 반복해야 한다고 가르쳤다. 그러나 필로칼리는 걸으면서 실천한 19세기 러시아의 한 익명의 순례자의 유명한 이야기에 의해 대중화되었다. 그것은 "끊임없이 기도하라"는 바울 성인의 설교를 온전히 수행하려고 했던 소박한 영혼을 가진 사람의 이야기다. 한 수도사가 필로칼리의 비밀을 그에게 가르쳐주었고, 선량한 그는 몇 주 동안 어느 정원에 혼자 머무르면서 수도 없이(처음에는 하루 6,000번, 그다음에는 1만 2,000번) 기도를 되풀이했다. 피곤과 노력, 낙담과 권태로 점철된 며칠 동안 계속 그리스도의 이름을 부르자, 결국 마치 마르지 않는 무궁무진한 즐거움과 위안의 원천처럼 그리스도가 그의 안에 깃들었다. 그것이 마치 숨을 쉬는 것만큼이나 자연스러워져서 그는 길을 나서면 피로를 느끼지 않고 하루 종일 걷는다. 그는 꼭 기도문을 암송할 때처럼 지칠 줄 모르고 리듬에 맞추어 걷는다.

> 자, 이제 나는 내가 이 세상 그 어느 것보다 더 소중하고 감미롭다고 생각하는 예수의 기도문을 쉴 새 없이 암송하며 간다. 이따금 나는 하루에 70개 이상의 구절을 외지만, 내가 간다는 것을 느끼지는 못한다. 단지 내가 기도를 올린다는 것만을 느낄 뿐이다. 극심한 추위가 나를 덮치면 나는 한층 더 주의를 기울여 기도를 올린다. 그러면 얼마 지나지 않아 온몸이 따뜻해진다. 배고픔이 너무 심해지면 보다 자주 예수 그리스도를 찾게 되는데, 이로써 내가 배고팠었다는 사실을 더 이상 기

억하지 않게 된다. 몸이 아프다고 느껴지고 등이나 다리가 아파올 때 기도에 집중하면 통증이 씻은 듯 사라진다. (……) 나는 좀 이상해졌다. 걱정되는 일도 없고, 관심 가는 일도 없다. 외부의 그 어느 것도 나를 붙잡지 않는다. 나는 언제나 정적 속에 있고 싶을 따름이다. 습관 때문에 나는 쉴 새 없이 기도한다는 오직 하나의 욕구만을 품는다.

《어느 러시아 순례자의 이야기》

규칙성의 반복은 피로가 느껴지지 않는 걷기의 비밀이다. '룽곰파 Lung-gom-pa'라는 거의 마술적인 인물이 등장하는 티베트의 영성에서도 이 점이 강조된다. 이 룽곰은 몇 년간에 걸쳐 이루어지는 호흡과 체조 훈련으로서, 매우 높은 경지의 민첩함과 날렵함을 발휘하도록 해준다. 수도사는 자신의 호흡을 완벽히 제어하는 훈련을 하면서 호흡에 맞추어 신비한 문구들을 반복해 말하는 법을 배운다. 나중에는 이 문구들에 그의 발걸음 리듬을 일치하도록 만든다. 입문이 끝나면 그는 룽곰파가 될 것이다. 이때가 되면 수도사는 어떤 상황에서도 전혀 피로를 느끼지 않고 엄청나게 먼 거리를 아주 빨리 걸을 수 있다. 물론 평평한 지형이라든지 사막 같은 풍경, 황혼이나 별이 뜬 밤 등 특별한 조건이 필요하다. 이처럼 공상적인 공간에서는 그 어느 것도 주의를 흐트러트리지 않아 집중력을 최대한 높일 수 있다. 걷는 사람은 정신을 집중시켜 아무것도 생각하지 않으며, 오른쪽도 왼쪽도 바라보지 않고 앞의 어느 한 지점에 시선을 집중시킨 채 걷기 시작해, 기도 문구들을 박자에 맞추어 암송한다. 얼마 지나지 않아 그는 발걸음의 반복과 무한히 되풀이되는 문장들, 규칙적인 호흡이 만들어내는 환각성 망아지경忘我之境의 상태에 빠진다. 그리고 그는 꼭 땅 위에서 뛰어오르는 것처럼 성큼성큼 걷는다.

알렉상드라 다비드 넬*은 오랫동안 히말라야 산맥을 걸을 때 고립된 드넓은 고원 위를 이동하면서 멀리서부터 검은 점 하나가 빠르게 접근하는 것을 보았다고 말한다. 얼마 지나지 않아 그녀는 그것이 아주 빠른 속도로 걸어오는 남자라는 사실을 알아차렸다. 그녀의 길동무들은 그것이 룽곰파이며, 절대 그에게 말을 걸거나 걸음을 중단시켜서는 안 된다고 말했다. 법열의 상태에 들어가 있으므로 만일 그걸 깨우면 죽을지도 모른다는 것이었다. 그들은 그가 무표정한 얼굴로 두 눈을 뜨고 지나가는 것을 바라보기만 했는데, 분명 뛰어가지 않는데도 마치 바람이 가벼운 옷감을 들어 올리는 것처럼 한 걸음 한 걸음 앞으로 나아가는 것이었다.

---

* Alexandra David-Neel(1868~1969). 프랑스의 여행가이자 문화인류학자. 서양 여성으로서는 최초로 1924년 티베트 라싸를 찾았다. 평화주의자로서 북아프리카, 아시아 등지를 두루 여행했다. 자신의 체험을 바탕으로 쓴 《영혼의 도시 라싸로 가는 길》과 《티베트 마법의 서》 등의 저서를 남겼다.

26

# 신의 은신처를 걷다

## 프리드리히 횔덜린

내게 필요한 건 오직 구두 한 켤레뿐이야.

횔덜린, 1800년 12월 11일에 누이동생에게 보낸 편지

**프리드리히 횔덜린**Johann Chritian Friedrich Hölderlin(1770~1843)

고대 그리스에 대한 동경을 노래한 독일의 서정시인. 슈바벤 지방의 네카어 강변에 있는 소도시에서 태어나 두 살 때 수도원 교사인 아버지를 여의고 어머니의 손에서 자라났다. 어머니는 그가 신학 공부를 하여 성직자가 되길 원했으나 튀빙겐 대학 신학과에 다니면서 그리스어와 철학, 시 짓기에 몰두했다. 이때 헤겔Hegel, 셸링Schelling과 친교를 맺었고, 프랑스혁명에 대해 우호적인 입장을 보였다. 예나에서 가정교사로 일하다 귀향하고는, 프랑크푸르트의 부유한 은행가 곤타르트Gontard의 집에 가정교사로 들어가게 되었다. 주인의 부인 주제테Susette에게 깊이 빠져버린 횔덜린은 주제테에 대한 열정적인 사랑을 등장인물 디오티마Diotima에게 투영해 서간체 소설《히페리온*Hyperion*》을 집필했다. 3년 후 주제테와 비통하게 이별하고는 독일, 프랑스 각처를 떠돌다가 1802년 정신착란을 일으켜 그 이후로 내내 시달리다가 불우한 인생을 마감했다.

횔덜린은 그의 인생 중반기에(그러나 그의 이성은 이미 황혼기에 접어들었다) 보르도까지 여행했는데, 그가 이 여행에서 거의 대부분을 걸었다는 데 사람들의 의견이 일치한다.

2주일 동안 스트라스부르에 머물며 상태를 검진받았는데, 콜마르와 브장송, 리옹을 거쳐 보르도까지 가도 좋다는 허가를 받았다. 그러고 나서 1월 10일부터 클레르몽까지 먼 길을 갔고, 다시 오베르뉴 지방의 산들을 넘었다. 살을 에듯 추웠고, 땅은 꽁꽁 얼었으며, 하늘은 금방이라도 내려앉을 것처럼 낮았다. 눈 덮인 대지 위의 검은색 하늘, 거칠고 투박한 사람들, 그리고 돌풍. 횔덜린은 초라한 침대에서 잠을 잤던 혹한의 밤에 대해 어머니에게 얘기했으며(1802년 1월 9일), 친구 뵐렌도르프Böhlendorf에게는 "프랑스에서 슬프고 황량한 땅을 보았다네"라고 썼다(1802년 가을). 그는 1월 말 보르도에 있는 독일 영사의 집에 도착하여 아이들의 가정교사로 일했다. 그랬다가 5월 말에 아무 설명도 없이 보르도를 떠났다.

이번에도 걸어서 갔지만, 가는 길은 달랐다. 파리를 지나간 것이다. 루브르에서 걸음을 멈추고 고대 그리스와 로마의 유물들을 감상한 뒤에 다시 길을 떠났다. 슈투트가르트에 도착했을 때는 그의 모습을 알아보기가 힘들었다. 헝클어진 머리칼에 덥수룩한 수염, 얼이 빠져나간 듯한 얼굴, 그는 꼭 거지처럼 보였다. 그리고 말이 없었다.

그는 이 길고도 외로운 걷기 때문에 미쳐버린 것일까? 아니면 이 걷기는 그가 마지막으로 쓴 시들, 이전에 쓴 시들과는 너무나 다른 이 시들에 영감을 준 것일까? 걷기가 그에게 특별한 목소리를, 이 벌거벗은 목소리를 발견하게 해주었을까? 그의 전기를 쓴 사람들은 모두 이 보르도 여행을 두고 '단절'이었다고 말한다. 아마 절단이라고 말해도 될 것이다. 횔덜린 자신도 "아폴론이 자기를 후려쳤다"고 말한다.

그 전까지만 해도 그는 실패에 실패를 거듭해왔다. 아이들의 가정교사 노릇을 했지만 그들을 바로잡을 수가 없었고, 유부녀를 사랑했으며, 쓰기가 정말 힘든 비극을 썼다(영원히 미완성으로 남은 〈엠페도클레스의 죽음Der Tod des Empedokles〉). 물론 그는《히페리온》을 펴냈고, 잡지에 몇 편의 시를 발표하기도 했다. 그를 높이 평가하는 실러Schiller나 헤겔, 셸링 등과 좋은 관계를 유지하기도 했다. 그러나 많은 사람이 인정하고 당대의 사람들이 그가 위대한 시인이라고 결정했을 때, 그는 더 이상 아무것도 들을 수 없는 상태가 되어 있었다.

그는 보르도에서 돌아와서는 짤막한 시를 몇 편 쓰고 소포클레스의 작품을 번역했다. 그러나 하루 종일 얌전하게 침묵을 지키고 있다가도 돌연 분노의 발작을 일으키곤 했으며, 그 정도가 점점 더 심해졌다. 그의 이성은 점점 더 흐려졌다. 그는 네카르 북부에 있는 탑의 작은 방에서 30년 이상을 지내며 소목장이인 짐머Zimmer의 극진한 보살핌을 받았다.

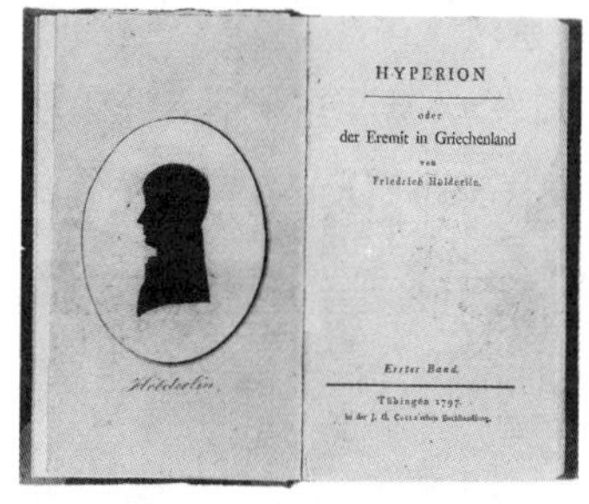

《히페리온》 초판에 실린 횔덜린의 실루엣(왼쪽)
1826년 화가 요한 게오르크 슈라이너가 목탄으로 그린 횔덜린. 구부러진 자세와 정신 나간 표정으로, 정신병에 시달리던 횔덜린의 모습을 잘 표현했다(오른쪽)

나는 기진맥진하도록 힘든 걷기의 어떤 부분이 그가 말년에 쓴 작품에서 읽을 수 있는 시적 흔들림을 가져왔는지 알고 싶을 따름이다. 그걸 이해하려면 추위 속에서 광활하고 황량한 땅을 혼자 지나가는 경험이 과연 어떤 감정을 불러일으키는지를 알아야 할 것이다.

무엇보다도 나를 분리시켜야 한다. 물론 걷기와 조화, 융합, 풍경의 황홀한 관조 등에 의한 일체됨에 대해 그럴듯하게 이야기하는 글은 많다. 과장하지 말라며 소리 지르지는 않을 것이다. 그러나 몹시 힘들게 걸을 때는 '신으로부터 벗어나야만' 한다. 부재나 공백 속을 걷지 말고 뱃속이 두려움으로 가득 찬 채 추위와 눈, 완전한 고독 속에서 걸으라. 얼마 지나지 않으면 걷는 사람은 더 이상 고집과 집요함, 끈질김만은 아니게 된다. 무한히 먼 곳을 내려다보는 이 현존 속에서는 수직으로 자세를 유지해야 한다. 하늘은 항상 내 위에 있다. 인내하라. 신에게서 멀리 떨어져 있어야 한다. 노스탤지어도, 신화적 하늘을 향한 갈망도, 잃어버린 일체성(혼돈의 무한, 원시의 불)을 향한 움직임도 최초의 창작에서처럼 이제는 다 끝났다. 시는 바로 이 이행되고 체념하고 받아들인 거리를 엮어내야 할 것이다. 피로 속에서 걷는다는 것은, 이 거리 속에서 걷는 것이다. 황홀도 없고, 도취도 없다. 그저 지속시키고, 견디고, 다시 떠나야 한다. 그리고 분리하는 것 속에 머물러 있어야 한다.

오랫동안, 아주 오랫동안 걷는다는 것, 그것은 단지 하늘을 내 머리 위에 두는 것일 뿐만 아니라 얼마 지나지 않아서는 내 주변에 두는 것이기도 하다. 만물은 완고한 현존을 갖는다. 낙엽과 나무껍질, 어떤 돌들은 현존의 파편화된 단순함이다. 참고 견디며 걷는 사람은 사물이 된다는 단순함이 얼마나 아름다운지를 알게 된다. 연마되고, 제공되고, 광채 나지 않는 아름다움이다. 이제는 다른 신화를 만들지 않아도 되고, 뒤에서 이야기를 찾아내지 않아도 되며, 자신의 꿈을 투영하지 않아도 된다. 그냥 이름만 붙여주면 되는 것이다. 시는 현존의, 사물들이 가지는 단순한 현존의 단순한 반향이 된다.

여행자가 걷는 길!

나무 그늘과
햇빛 속의 언덕
여기서 길은
교회를 향해 간다.

〈미완성 찬가-그리스〉(초판)

횔덜린이 말년에 쓴 시들을 보면 책에서 얻은 참조 사항이라든가 암시적 의미, 문화적 은유 같은 것이 전혀 등장하지 않는다. 그것은 닦아내고 벌거벗겨 생살을 드러낸 시다. 그것을 간파하여 의미를 부여하는 이상을 향해 가기 위해 초월해야 할 현실도 없고, 꾸며낼 이야기도 없으며, 이면에서 분간해내야 할 신도 없고, 팔아먹어야 할 독서의 기억도 없다. 오랫동안 걷고 나면 '자연'도 더 이상 존재하지 않고, 문화적 기법이나 작시가作詩家들을 위한 알리바이, 문학적 주제도 존재하지 않는다. 어디를 가나 여기저기 흩어진 현존의 파편들만 존재할 뿐이다. 그리고 어쩌면 이때 걸으면서 눈을 살짝 찌푸려야 할지도 모른다. 거대한 전체 속에 융합되거나 존재 속으로 사라지기 위해서가 아니라 두 눈을 감고 이 같은 불일치의 공동空洞 속에서 살기 위해서다. 횔덜린은 "불성실에 성실하라"라고 말한다. 그러므로 길을 걷는 자는 언덕 위에 서 있는 한 그루 나무 같기도 하고, 낭떠러지의 가장자리에 박혀 있는 바위 같기도 하다.

자기 발걸음의 유일한 주인이며

그렇지만 삶을 사랑하여 그것을 재어보는 여행자
그 여행자의 길은
더 아름다운 꽃을 피운다.

〈미완성 찬가-그리스〉(제3판)

27

# 세상의 종말

엄청난 천재지변이 일어나 모든 게 파괴되고 문명도 사라져버리면 연기가 솟아오르는 인류의 폐허 위에서 할 일이라고는 걷는 것밖에 남지 않게 될지도 모른다.

8월에 나는 외따로 떨어져 있는 넓은 집에 있었다. 밤은 무시무시한 뇌우雷雨에 의해 갈기갈기 찢겼다. 번개가 몇 초 동안 집의 벽을 움켜쥐자 백색 섬광이 벽의 민낯을 그대로 드러내 보여주었다. 그러고 나자 모든 것이 다시 어둠에 잠기고, 엄청난 굉음이 들려왔다. 그렇게 아주 오랫동안 계속되었다. 새벽 동틀 무렵이 되자 하늘에는 구름이 금방이라도 땅에 닿을 것처럼 낮게 깔렸고, 차가운 보슬비가 규칙적으로 쉴 새 없이 내렸다. 나는 집에서 나와 노란빛 속을 걸었다. 사람은 단 한 명도 보이지 않았다. 그것은 차가운 영원이었다. 무심한 비의, 꼼짝하지 않고 있는 회색 구름의 영원이었다. 걸으면서 나는 내가 지금 영원 속을 걷고 있는 게 아닌가 하는 생각이 들었다. 걷기는 중단되지 않을 것이다. 눈물 없는 절망의 부드러움 같은 것이 비극적인 것의 훨씬 너머에 존재하고 있었다. 코맥 매카시Cormac McCarthy가 쓴 《길*The Road*》이라는 소설에서 우리는 아버지와 아들의 뒤를 따라가는데, 이 세상에는 이제 인간적인 것이 그다지 남아 있지 않다는 사실을 금세 깨닫는다. 떠돌아다니는 사람들을 보기가 어려운 것이다. 그들은 꼭 지옥에서나 받는 영원한 벌을 받은 사람처럼 노천광산에서 운반차를 밀고 있다. 그들은 어디로 가는 것일까?

때로는 우울을 넘어서까지 걷는다. 우울은 검고, 동요하고, 고통스럽고, 푸른색 섬광으로 가득 차 있다. 여기서 내가 말하려고 하는 건 차라리 회색의 걷기, 더러운 노란색의 걷기, 연한 초록색의 걷기다. 그때는 꼭 숨을 쉬듯 걷는다. 조르주 페렉*의 《잠자는 남자*L'Homme qui dort*》 속의 인물 역시 걷는 남자다. 나는 마음이 텅 비어 누워 있다. 용기가 부족한 것은 아니다. 하지만 용기를 내봤자 뭘 한단 말인가? 할 것도 없고, 체험해야 할 것도 없다. 나는 삶에서 아무것도 배우지 않았다. 삶에서 배우는 것은 우리가 서로에게 해주는 이야기들이다. 이야기의 끝. 배운 것보다 잊어버린 것이 더 많으면 바닥에 가닿게 된다. 그러다가 다시 몸을 일으킨다. 계속 누워 있다는 건 너무나 피곤한 일이기 때문이다. 정말 피곤해진다. 누워 있으면, '난 아무것도 안 하고 있어, 난 그냥 잠도 자지 않고 여기 이렇게 누워 있기만 할 뿐 아무것도 안 해'라는 생각이 반드시 들게 되기 때문이다. 물론 내가 아무 일도 안 하는 것은, 할 일이 전혀 없기 때문이다. 꼭 해야 한다는 당위성을 띤 일도 없고, 반드시 해야만 하는 일도 없다. 그런 생각을 하다 보면 결국은 피곤해지고 만다. 그러면 나는 일어나

---

* Georges Perec(1936~1982). 프랑스의 소설가. 제2차 세계대전 중에 폴란드계 유대인 부모님을 잃고 불행한 유년기를 보냈으며 1965년에 첫 소설 《사물들*Les Choses*》이 르노도Renaudot상을 수상하면서 작가의 길을 걷기 시작했다. 이후 '잠재문학작업실'이란 뜻의 울리포OuLiPo에 가입하여 일반적인 문학의 틀에서 벗어난 실험적인 글쓰기를 시도했고, 시, 희곡, 시나리오, 평론 등 다양한 장르를 자유롭게 넘나들면서 자신만의 작품 세계를 구축했다.

서 땅바닥에 떨어진 열쇠를 주운 다음, 웃옷을 어깨에 걸치고 다시 나가 걷기 시작한다. 그건 그냥 '난 아무것도 하지 않아. 심지어는 휴식도 취하지 않아'라고 되풀이함으로써 듣는 사람을 피곤하게 만드는 그 목소리를 더 이상 듣지 않기 위해서일 뿐이다. 다시 걷기 시작하면 이것 역시 아무 일도 하지 않는 것인데도, 목소리는 들려오지 않고 오직 길거리의 소음과 발걸음 소리만 희미하게 들려올 따름이다. 이것은 회색의 걷기다. 밖에서는 모든 것이 다 회색이기 때문이다. 그건 시적인 산책도 아니고 구원의 산책도 아니다. 서정적이지도 않고, 서사적이지도 않고, 극적이지도 않다. 숨을 쉬듯 그렇게 걸을 뿐이다. 자기가 살아 있다고 느끼기 위해 그렇게 걷는 게 아니다. 그냥 가만있으면 아무 일도 하지 않고 있다는 느낌이 너무 강하게 들어서 걷는 것이다. 밖에서는 모든 것이 다 회색이고, 아무것도 말을 하지 않는다. 폭발하는 것도 없고, 부르는 것도 없고, 유인하는 것도 없고, 반짝이는 것도 없다. 모든 것이 다 합쳐져 융합된다. 자동차 헤드라이트는 음울한 태양이자 눈에 보이지 않는 진열장이며, 사람들은 소리 없는 웅성거림이다. 내 앞에서 어떤 여자가 택시를 소리쳐 부르지만, 택시는 서지 않는다. 그녀는 발을 구르다가 배낭을 단단히 메더니 다시 씩씩하게 걷기 시작한다. 멈추지 않는, 불러도 멈추지 않는 택시 같은 삶이다. 그리고 나도 걷는다. 핵전쟁으로 인한 세상의 종말도 필요 없고, 잿빛 하늘도 필요 없다. 그냥 모든 것에 '무관심'(이번에도 또 페렉이다)하면 된다. 삶으로부터 아무것도 배우지 말고, 지나치다 싶을 정도로 많은 것을 잊어버려라. 그러면 얼마 안 있어 자기가 걷는 것을 보게 되고, 자기 자신의 몇 미터 뒤에 서서 자신을 뒤따라가게 된다. 그냥 계속 걷기 위해 왼쪽으로 가기도 하고 오른쪽으로 가기도 한다. 세상의 종말은 모든 것이 멈출 때가 아니라 모든 것이 끝도 없이 계속될 때다. 그러니 차가운 달빛 아래서 한 발을 다른 발 앞에 내딛기만 하면 된다.

나는 파리에서 이따금 이렇게 걸어본 적이 있다.

**옮긴이** 이재형

한국외국어대학교 프랑스어과 박사 과정을 수료하고 한국외국어대학교, 강원대학교, 상명여자대학교 강사를 지냈다. 옮긴 책으로 《어느 하녀의 일기》, 《패자의 기억》, 《꾸뻬 씨의 사랑 여행》, 《사회계약론》, 《시티 오브 조이》, 《군중심리》, 《마법의 백과사전》, 《지구는 우리의 조국》, 《밤의 노예》, 《최후의 성 말빌》, 《세월의 거품》, 《신혼여행》, 《레이스 뜨는 여자》, 《눈 이야기》 등이 있다.

# 걷기, 두 발로 사유하는 철학

초판 1쇄 발행 2014년 4월 20일
초판 11쇄 발행 2024년 1월 19일

**지은이** 프레데리크 그로
**옮긴이** 이재형

**펴낸이** 김준성
**펴낸곳** 책세상
**등록** 1975년 5월 21일 제2017-000226호
**주소** 서울시 마포구 동교로23길 27, 3층(03992)
**전화** 02-704-1251
**팩스** 02-719-1258
**이메일** editor@chaeksesang.com
**광고·제휴 문의** creator@chaeksesang.com
**홈페이지** chaeksesang.com
**페이스북** /chaeksesang **트위터** @chaeksesang
**인스타그램** @chaeksesang **네이버포스트** bkworldpub

ISBN 978-89-7013-869-5 03160

* 잘못되거나 파손된 책은 구입하신 서점에서 교환해드립니다.
* 책값은 뒤표지에 있습니다.